《教师教育课程标准（试行）》教材大系
教师教育国家级精品资源共享课配套教材

中学数学课程标准与教材研究

Zhongxue Shuxue Kecheng Biaozhun yu Jiaocai Yanjiu

曹一鸣　严　虹　主编

高等教育出版社·北京

内容提要

本书为教师教育国家级精品资源共享课配套教材，也是《教师教育课程标准（试行）》教材大系之一。本书紧扣中学数学课程标准要求与教材内容分析，突出中学数学知识模块的整体性，注重初中和高中数学知识主线的衔接，拓展国际视野。全书包括：义务教育和普通高中数学课程标准解析，中学数学代数内容、几何内容、统计与概率、研究性学习、微积分及其他内容分析，以及中学数学课程改革与发展趋势。本书以二维码形式呈现与课程内容相关的部分视频和文本资源，辅助学生学习，文字表述精炼，学习资源丰富。本课程已在精品开放课程共享系统“爱课程”网（www.icourses.cn）上线。

本书可作为高等院校相关专业本科生教材；也可作为高等学校相关专业研究生、教育硕士的教材或参考书；还可供中学数学教师、教研员阅读参考，作为中学数学教师的培训教材或研修读本。

图书在版编目（CIP）数据

中学数学课程标准与教材研究 / 曹一鸣，严虹主编. --北京：高等教育出版社，2017.1（2021.9 重印）
iCourse·教材
ISBN 978-7-04-046342-2

Ⅰ.①中… Ⅱ.①曹… ②严… Ⅲ.①中学数学课-课程标准-高等学校-教材②中学数学课-教材-研究-高等学校-教材 Ⅳ.①G633.602

中国版本图书馆 CIP 数据核字（2016）第 198506 号

策划编辑 王文颖　责任编辑 王文颖　封面设计 张申申　版式设计 童 丹
插图绘制 杜晓丹　责任校对 陈旭颖　责任印制 存 怡

出版发行	高等教育出版社	网　址	http://www.hep.edu.cn
社　址	北京市西城区德外大街 4 号		http://www.hep.com.cn
邮政编码	100120	网上订购	http://www.hepmall.com.cn
印　刷	北京市大天乐投资管理有限公司		http://www.hepmall.com
开　本	787 mm×1092 mm 1/16		http://www.hepmall.cn
印　张	15.5		
字　数	300 千字	版　次	2017 年 1 月第 1 版
购书热线	010-58581118	印　次	2021 年 9 月第 6 次印刷
咨询电话	400-810-0598	定　价	32.00 元

物 料 号　46342-00

前　言

基础教育的改革和发展向传统的师范类专业人才培养模式提出了挑战。师范生在走上中学数学教学岗位时，常常发现，所用的教材、所教的内容、教学的理念和方式以及考试和评价方式与自己在校学习时所学的有不同程度的变化。这其中的一个主要原因就是，数学课程标准以及在课程标准指导下的数学教材改革，已经直接影响到日常数学教学与评价活动。如何让即将入职以及在职的中学数学教师熟悉并掌握中学数学课程的性质、基本理念、目标和内容，准确掌握中学数学课程标准的核心思想成为教师专业发展的重要途径。

准确理解和把握数学课程标准和数学教材，是对一名合格的中学数学教师的基本要求。“中学数学课程标准与教材研究”是一门研究数学课程标准与教材理论及应用的综合性课程，作为该课程的配套教材，本书力图为广大在校师范类学生及数学教师提供中学数学课程标准及教材研究的理论参考和实践案例。综合来说，本书以适应当前我国中学数学课程改革的需要为目标，以指导中学数学教师的专业发展为导向，以培养新型数学教师为目的，深入解读我国中学数学课程标准，全面分析中学数学教材的组织结构和内容特点，立足于国际数学课程改革的视角，回顾我国数学课程改革的历史与进程。

本书以“理解课标”“读懂教材”为核心目标，掌握钻研教材的基本策略；依托中学数学课程改革现状和发展趋势的国际比较，拓展读者的国际视野，帮助读者树立课程资源意识；将教材中的初中与高中知识按模块进行整合与分类，在此基础上深入解析，有效实现初中、高中乃至大学数学知识的内容衔接。同时，在相应章节增加了“拓展阅读”内容，为有兴趣的读者提供更为丰富的素材。

全书共有九章，第一章主要介绍“中学数学课程标准与教材研究”课程的目标、意义、学习方法以及研究中学数学教材的基本策略；第二、三章分别较为系统地解析了义务教育数学课程标准（初中部分）和普通高中数学课程标准；第四、五、六章分别针对中学数学中的“代数”“几何”“统计与概率”三大部分，在理解课程标准内容的基础上，着重分析相应部分教材的编写思路、结构以及内容处理；第七章针对中学数学课程中“研究性学习”的内容进行了基于理论与实践的初步分析；第八章所讨论的主要是高中数学课程中一些重要的工具性知识，如微积分、集合、常用逻辑用语、向量以及算法等，对其展开教材分析与研究；最后一章基于国际视角，分别对国内外中学数学课程改革及其发展趋势进行了研究。

全书由曹一鸣（北京师范大学教授）提出整体设想，教师教育国家级精品资源共享课“中学数学课程标准与教材研究”项目组核心成员，在多次反复研讨、调研的基础上搭建全书的构架，分工协作完成。具体写作分工如下：前言：曹一鸣，第一章：曹一鸣、吴立宝（天津师范大学副教授）、贾思雨（北京市101中学教师），第二章：郭玉峰（北京师范大学教授）、严虹（贵州师范大学副教授），第三章：曹一鸣、严虹，第四章：伍春兰（北京教育学院副教授），第五章：马波（北京师范大学副教授），第六章：赵昕（北京师范大学二附中高级教师）、金宝铮（北京师范大学二附中研究员、特级教师），第七章：王立东（中国人民大学附属中学高级教师）、周建华（中国人民大学附属中学教授，特级教师），第八章：严虹、曹一鸣，第九章：康玥媛（天津师范大学讲师）、吴立宝。天津师范大学秦华博士与北京市海淀区教研员刘忠新老师对于书稿中第四、五章的教材分析部分进行修改和补充，严虹和北京师范大学数学科学学院研究生郭鹏晓协助通读了书稿。

虽然我们投入了很大的精力，通过各种途径试图为读者提供准确、丰富的信息，但由于水平有限，一定存在许多不足之处，恳请各位同仁谅解，并提出宝贵意见。

曹一鸣

2016年8月

目　录

第一章　　绪　论

编者的话

通过本章的学习，可以了解“中学数学课程标准与教材研究”课程的主要内容结构；课程的目标及其意义；课程的学习方法；中学数学教材的研究策略。

如果想要了解更多，使用手机扫描二维码，可以深入思考“数学课堂教学目标设计”，可以从不同的视角“分析中学数学教材”。

如果你还有更多的课余时间，本章推荐了两本关于“数学教学”“教科书的编写、评估、使用”的学术著作，读一读，会让你在本章的学习中获得意外的收获哦!

要点提示

本章作为全书的开始，旨在说明“中学数学课程标准与教材研究”课程的主要内容，使学习者掌握本课程学习的学习方法和建议。通过本课程的学习，能掌握中学数学教材的分析研究策略。

学习目标

1. 知道“中学数学课程标准与教材研究”课程的主要内容框架，能说明本课程在数学课程知识、数学课程标准、数学教材知识及教材分析与课程实践活动四个方面的具体知识点，能解释各部分内容之间的逻辑关系。

2. 能从知识目标、能力目标与价值观念三方面了解中学数学课程标准与教材研究的课程目标，明确本课程的定位，并理解各培养目标对教学实践的意义。

3. 掌握中学数学课程标准与教材研究的学习方法，理解运用这些学习方法的关键点。

4. 了解中学数学教材与课程标准之间的关系，知道教材在教师的教与学生的学中的地位和作用，增强对教材的认同，从而树立正确的教材观；初步掌握分析和处理教材的一般策略，能针对具体某章节教材内容进行初步教材分析。

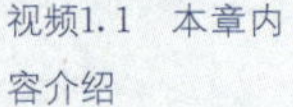

视频1.1　本章内容介绍

PPT1.1

第一节 “中学数学课程标准与教材研究”课程内容简介

改革开放以来，我国基础教育取得了辉煌成就。随着课程改革的推进，无论是教育理论背景的转型、教育政策的变化，还是一系列教育思想、教育观念的推广与传播，都促使“课程标准”这样一个强音应运而生，出现在基础教育改革与发展的历史进程中，也使我们身处一场基于标准的基础教育改革浪潮中。这片浪潮带来了许多新的强有力的动力，很多教育工作者和研究者在课程与教材、教学、评价以及教师教育与专业发展等领域内做出了深入而系统的努力。

数学课程标准正是在基础教育改革的大背景下，在数学学科和学生发展的需求下形成的，对教材、教学和评价都具有重要的指导意义。中学数学教师不仅是数学课程标准顺利实施的保障者，也是基础教育改革的实践者，而新课程标准的理念已逐渐深入数学课程及日常教学，这就对传统的师范类人才培养模式提出了新的挑战。如何使中学数学教师熟悉并掌握中学数学课程的性质、基本理念、目标和内容，准确掌握中学数学课程标准的核心思想成为教师教育工作的首要任务。

从课程标准与教材的关系来看，一方面，课程标准对教材的编写具有指导性意义，也是教材的评价依据；另一方面，教材是课程标准的载体，是对课程标准的再一次创造和组织，是教师实现课程目标的重要资源以及教学过程的重要参考。教学过程的最优化是实现教学最优化的重要保障，而教材分析正是实现教学过程最优化的重要方法和内容。因此，关注教师教材分析能力的培养和提升，是实现新课程目标和教学过程的重要前提和有力保障。

随着课程改革的不断深入，中学数学教材在课程标准框架内实现了多元化，不同版本的教材在内容选择、切入视角、呈现方式等方面都各有特点和一定的差异，这对广大中学教师的教材分析能力提出了新的要求。如何全面掌握分析教材的要领，提高对教材的分析、研究和处理能力，灵活运用教材，成为每个中学数学教师面临的问题。正确分析教材，领会教材的编写意图，有效组织教材，以便更有效地开展教学活动，是每个中学数学教师必备的基本教学技能。

一名合格的中学数学教师，作为学生学习活动的组织者、引导者和参与者，必须具有实施课程标准所倡导的新理念的能力及驾驭中学数学教材的能力。“中学数学课程标准与教材研究”是一门研究数学课程标准与教材理论及应用的综合性课程，作为本课程的配套教材，本书力图为广大在校师范类学生以及数学教师提供中学数学课程标准及教材研究的理论参考和实际案例。本书以指导中学数学教师的专业发展为导向，以培养新型数学教师为目的，深入解读我国中学数学课程标准，全面分析中学数学教材的组织结构和内容特点，同时站在国际数学课程改革的制高点上，回顾我国数学课程改革的历史与进程。本课程的知识点主要包括以下三个部分：

（1）关于数学课程及课程标准的知识。分别依据《义务教育数学课程标准（2011 年版）》（以下简称《义教数学课标（2011 年版）》）和《普通高中数学课程标准（实验）》（以下简称《高中数学课标（实验）》），详细说明初中数学课程和高中数学课程的基本性质、主要特征及其内涵，初中、高中数学课程的基本理念、课程目标、课程目标各部分之间的关系，以及国内外数学课程发展所经历的主要阶段和现代数学课程的主要特点等。关于课程标准，主要包括数学课程标准的研制背景、结构要素作用及各要素之间的相互关系；初中、高中内容标准在数学教学实践中的指导意义；正确分析数学课程标准的内容切入点等。

（2）关于数学教材及教材分析的知识。在数学教材知识方面，主要包括影响数学教材设计的主要因素，如社会需要、教育发展、学生心理及学科特点等；国内外编写数学教材的主要模式及我国主流数学教材编写的特点，最重要的是初中、高中主要知识模块在教材中的内容分布与结构。在教材分析方面，主要包括数学课程标准与数学教材之间的关系；中学数学教材的地位与作用；整体把握中学数学教材的策略；分析和处理数学教材的一般策略等。

（3）关于课程实践活动的知识。在各章节具体内容的基础上，主要利用课堂交流、团队合作、专家引领、网络教研实践等活动方式进一步研究课程标准和教材。

第二节　“中学数学课程标准与教材研究”课程目标与意义

课程目标是课程编制、实施和评价的准则和指南，确定课程目标“不仅有助于明确课程与教育目的的衔接关系，从而明确课程编制工作的方向，而且还有助于课程内容的选择和组织，并可作为课程实施的依据和课程评价的准则”①。“中学数学课程标准与教材研究”是为即将步入中学数学教学的师范生、教育硕士而开设的一门专业必修课程，是根据基础教育改革和发展的需要而设置，以培养适应中学素质教育发展要求的教师为总目标的综合课程。

---

① 施良方. 课程理论［M］. 北京：教育科学出版社，2001：83.

具体来说，“中学数学课程标准与教材研究”课程目标可以概括为：使学生获得现代教育理念，熟悉并掌握中学数学课程的相关理论知识，例如中学数学课程的性质、基本理念、目标和内容；习得分析课程标准与教材的基本技能，准确掌握中学数学课程标准的核心思想，提高驾驭中学数学教材的能力；培养学生实施课标所倡导的新理念的能力，了解国内外数学课程改革的发展趋势，即培养师范生具备一名合格的中学数学教师必备的基本素质。

为了落实这些课程目标，本书进一步具体化学习目标的内容和要求，即学习本课程之后，学生应达到以下知识目标、能力目标和价值观念目标。

一、知识目标

（一）数学课程论的基本知识

掌握好数学课程论的基本知识，能帮助学生更好地理解课程标准及利用课程标准指导教学实践。学习本课程之后，关于数学课程论的基本知识，学习者应达到的学习目标具体包括：了解国内外数学课程改革的基本趋势和发展走向，树立正确的数学课程观，能认识我国数学课程改革的背景、过程、意义、现状和困惑；掌握课程论的基本知识，包括课程含义、课程目标、课程内容的选择和组织、课程实施和评价，能结合数学教学实践，解释中学数学课程的含义及类型、性质及理念，了解国内外数学课程发展所经历的主要阶段和现阶段数学课程的主要特点，了解我国中学数学课程构建的模式和目标。

（二）数学课程标准的知识

学习目标主要包括：了解我国义务教育数学课程标准和普通高中数学课程标准的研制背景和研制过程，准确把握数学课程标准的结构要素及其相互关系，熟悉数学课程标准的内容标准、活动探究建议，并能结合实际的教学案例说明数学课程标准在数学教学实践中的指导意义，学会对数学课程标准的内容进行分析和把握，初步了解世界主要发达国家数学课程标准的特点并能与我国相应的课程标准进行一定的比较。

（三）数学教材和数学教材分析的基本知识

数学教材知识的学习目标主要包括：掌握教材的基本知识，包括教材的含义、教材的发展、教材的开发与编写等；熟悉初中、高中主要知识模块在教材中的内容分布与结构，各知识单元的编写理念、编排特点和呈现方式等，区别不同版本数学教材的编写模式；理解数学课程标准与数学教材之间的关系，即数学课程标准对数学教材设计和编写的指导作用，教材又是课程标准的载体；能根据已有的教材分析知识，初步了解国外教材尤其是主要发达国家数学教材的编写特点，并能与我国数学教材进行一些简单的比较。

数学教材分析的学习目标包括：掌握数学教材分析的一般原理，主要包括分析的原则、模式、内容和方法；能结合数学教学案例，针对我国初中数学教材和普通高中数学教材的某一章节进行具体分析，并能说明进行教材分析在指导教学实践中产生的教学价值；理解初中数学教材、普通高中数学必修教材、普通高中数学选修教材以及发达国家的主流数学教材的一些分析实例。

二、能力目标

（一）分析和运用数学课程标准的能力

数学课程标准对数学课程的性质和理念、教学目标和教学内容有明确的规定，对各部分教学内容进行了顺序安排并规定了应占的课时数，明确了数学教学活动的基本特征并给出相应的教学建议和课程评价建议。可以说，数学课程标准是教学实践、教学评价、教材编写等的基本依据，每一位中学数学教师都应具备分析和运用数学课程标准的能力。分析和运用数学课程标准的能力表现在以下三个方面：

第一，分析和运用数学课程标准指导教学目标设计的能力。教师确定教学目标的主要依据是课程标准，但对于教师而言，课程标准是上位目标，因此教师需要学会分解课程标准，要在把握课程目标的基础上，将课程标准特别是内容标准部分分解成具体的、可操作的、可评价的教学目标。但无论是《义教数学课标（2011 年版）》，还是《高中数学课标（实验）》都是分学段描述各领域、主题、知识点的学习结果和要求。要将课程标准分解为各个层级的教学目标是一个复杂的过程。这种分解课程标准的复杂性和多样性使得各个层级的教学目标变得更为丰富，教师的自主性也变得更强。如何合理、科学地设计教学目标，就需要正确分析和运用数学课程标准进行指导。

第二，分析和运用数学课程标准指导教学过程的能力。分析和运用数学课程标准的基本理念，重在提高数学教学能力，尤其是达到规范教学过程的目的。数学课程标准中的“内容标准”对数学课程的内容进行了明确规定，是教师在数学教学过程中安排教学内容的重要参考。除此之外，课程标准针对一些重点和难点内容给出了具体的说明和教学建议。教师在教学实践中，应对课程标准进行详细解读，细化单元教学和课时教学的具体内涵，明确各部分教学的意义，规范整个教学过程。

第三，分析和运用数学课程标准指导学习、教学评价的能力。传统的教学评价观是导致课堂忽视全面提高学生数学素质的根源，目前升学率是学校和家长尤其重视的，社会的需求和家长的希望都聚焦在学生的考试成绩上。教师应该树立正确的教育质量观，关注数学教学评价的改革。数学课程标准对数学学习评价和教学评价给出了建议，合格的数学教师应能够分析和运用数学课程标准指导数学学习评价和教学评价，注重学习过程评价和学习结果评价相结合的实践探索，使评价内容更加全面。重视发展，淡化甄别与选拔，实现评价功能的转化。实现评价主体多元化、评价目标多元化、评价方法和形式多样化。在评价实施上，从终结性评价转向形成性评价，定性评价和定量评价相结合，力图结合数学学科的特点采用有效的策略和具体的评价手段，体现评价促进学生发展的教育功能。

（二）分析数学教材的能力

关注教师教材分析能力的培养和提升，是实现新课程目标和教学过程的重要前提和有力保障。学习本课程后，学生应能在掌握数学教材分析的一般原则和方法的基础上，对数学教材进行整体分析和具体分析。数学教材整体分析是指在思想观念上基本把握尊重教材、厘清教材的正确教材观，遵循科学分析体系理解教材的产生的背景、基本理念和内容框架，能说明教材的地位和作用，从全局上把握教材。数学教材具体分析主要是指对教材进行细致、深入的分析和钻研，把握教材的重点、难点，深入研究教材中提供的材料背后所蕴含的数学知识、思想方法和数学能力。具体来说，就是结合“数与代数”“图形与几何”“统计与概率”“研究性学习”等教学内容对教材的内容和结构进行单元分析和课时分析；说明各教学内容之间的关系，分析教材的数学能力构成，明确教材在培养学生知识与能力、方法与过程、情感态度与价值观方面的主要目标和基本类型；以源于教材、把握教材并高于教材为前提，从而可以创造性地使用教材，真正驾驭中学数学教材。

（三）进行数学课程与教学的科研活动的能力

新型教师人才既要掌握一定的基本理论和专业知识，也要具备一定的科研能力。课程学习的过程是掌握知识的过程，科研实践的过程是运用知识的过程。本课程结束后，学生在熟悉国内外数学课程与教材研究现状的基础上，了解一定的学科前沿知识，具有一定的问题意识，善于发现问题，并根据教学实践的需要从新的角度研究和探讨问题，在实践中结合数学课程与教学研究的特点，运用数学课程理论方法开展实践研究，在具体的研究中理解和掌握知识，在科研实践中对理论进行再认识，真正提高解决问题的能力，具有一定的学术基础、学术视野和综合能力。

三、价值观念

当前乃至未来的知识型社会对数学教育工作者的价值观念要求越来越高，也越来越迫切。首先就是数学教育观，作为数学教师整体素质的一个重要组成部分，数学教师的数学教育观是决定数学课程改革能否成功的一个至关重要的因素，不仅决定新一轮数学课程改革的成败和培养什么样的人才，也是数学教师专业成长的必然要求。通过数学课程标准与教材研究的学习，学习者应树立新的数学教育观，并对自身角色进行重新定位和转换。

（一）具有使命感、责任意识和初步的数学教育哲学思想

教育体现了国家意志和社会意志，肩负着以社会需要和要求塑造人才的使命，为社会的变革与发展做贡献，为社会的繁荣与进步服务。因此，中学数学教师应从更高的角度和更广的意义上，理解数学新课程改革是数学教育发展具有积极意义的活动，形成积极投入数学新课程改革的社会使命感和责任意识。初步的数学教育哲学思想有助于教师的数学教育观从经验上升到理论，也是从传统的“教书匠”角色定位向“教书匠＋教育家”双重角色定位转变的客观要求。

（二）树立“课标本位”的课程观

数学课程标准是国家对数学教育的规范，指导教师应该教给学生什么样的数学知识，社会对数学的需求在课程设计中怎样体现，哪些数学知识是基础和必需的，这些数学知识应该以怎样的方式加以组织、用什么形式加以呈现。教师在教学实践中努力贯彻和落实课标理念，树立以课程标准为本位的课程观。

（三）树立“用教材教”的教材观

教师“用教材教”是新课标所要求的。教材是教学的素材，在教学过程中应以教材为依托，把教材当成指导教学的素材和蓝本，创造性地使用和突破教材，从传统的“教教材”变为“用教材教”。而真正做到“用教材教”的前提是要研究教材、吃透教材，教师在对教材的处理中，要对数学有一个横向的透视和纵向的穿透，要瞻前顾后，寻求数学的源与流，先深刻分析教材的编写意图，把握教材的特点，逐步在课堂教学中加以实践，再跳出教材。

（四）以学生全面发展为本的教学观

人类个体的存在是一个整体性的存在，“学生全面发展为本”意味着学生智力与人格的协调发展。新课程努力改革课程注重知识传授的倾向，力图把“过程与方法”“知识与技能”“情感态度与价值观”作为同等重要的目标维度，注重学习过程的重要性，强调在学习过程中把知识学习与能力培养融为一体。新课改关注数学教学活动的交互性作用，教师和学生成为数学教学活动的共同设计者。教师也从学生数学思想方法和学生思维活动的决定者、控制者向引导者、参与者的转变，从数学教学管理方式上的管理者、灌输者、命令者向合作者、质询者和对话者的转变。教师在课堂中应注重为学生

创造交流、合作的舞台，运用发现法、探究法、合作学习法等，帮助学生参与数学教学过程，培养学生乐于探究、勤于动手、搜集和处理信息、获取新知识、分析解决问题及交流合作的能力，为学生的全面发展和健康成长创造有利的条件。

（五）树立发展性人才观和评价观

评价在课程改革中起着导向与质量监控的作用，传统的教学评价把学生的学业成绩从整个课程中、教育中和学生的社会生活中游离出来，作为学校教育的焦点和全部重点，带来许多弊端。而数学课程标准所提倡的教学评价则重新认识到促进发展的评价观和人才观对学生成长的重要意义。因此，中学数学教师应结合课程标准，树立正确的评价理念，既要关注学生的学习结果，也要关注他们的学习过程；既要关注学生的学习水平，也要关注他们在活动中所表现出来的情感态度与价值观的变化。评价方式应多元化，关注学生的个性发展与潜能发展。总而言之，在数学教学实践中，要正确理解和创造性地实施课程标准中的评价理念，努力构建注重过程、促进发展、强调多元的评价体系。

阅读 1.1　关于数学课堂教学目标设计的几点思考

第三节　“中学数学课程标准与教材研究”课程学习方法

在信息化的今天，知识量和知识内容不断更新，知识的来源远远超出课堂之中和教师口中。“中学数学课程标准与教材研究”是一门注重理论与实践相结合的课程，这就要求学习者不仅要加强自己的理论知识，又要结合中学数学教学的实际情况，灵活运用所学的理论知识。因此，学习者不仅需要在课堂上认真听讲，及时消化课上所学的知识，还应掌握多种获取知识的途径，在课后多思考多探索，扩大自己的知识面。也就是说，不仅要学会知识，更重要的是要会学知识。针对本课程的学习特点，下面介绍几种学习方法，以供参考。

（一）阅读相关名著，关注国内外相关研究动态

苏联著名教育实践家和教育理论家苏霍姆林斯基曾经说过：“教师获得教育素养的主要途径就是读书、读书、再读书。”教师阅读是寻求教育思想和教育智慧的源头，也是情感与意志的交流与冲突。人类几千年的教育历史中，创造和积累了很多宝贵的教育思想财富，与教育家进行对话是教师成长的基

本条件。因此，学习者应选择具有代表性的专业论著和有价值的学术期刊，进行充分阅读、领会，并在教育实践中体验，为自己的专业成长打下基础。

根据“中学数学课程标准与教材研究”课程的需要，学习者应该阅读的书籍主要包括以下几类：一是与教育学相关的名著或者名篇，因为教育学理论是教师学习其他类型的教育知识的基础，也是教师开展任何形式的教育工作的理论方向。二是课程论方面的名著或期刊，了解课程论领域的历史，理解一些重要的课程论观点在学校课程设计、编制、实施和课程评价等方面的主张，才能更清楚地明白课程是什么、课程论要解决哪些问题，从而站在宏观的角度去审视数学课程与教材的相关问题。三是中学数学课程与教材方面的专著或论文等，这类专著具有较强的针对性，是结合中学数学学科、课程、教材等的特点而进行的专门研究，目前已有丰富的研究成果，值得学习者阅读和研究。对这些书籍和名篇的阅读和研究，有利于学习者厘清本课程的研究范围，熟悉课程的整个脉络，理解课程具有的重要意义与价值。

通过阅读大量的书籍、文献，学习者才能拥有一定的理论功底和扎实的研究基础。作为未来的新型教师，还应该密切关注与中学数学课程标准及教材有关的研究动向，多参加该领域的学术报告、专家讲座，了解该领域的教育专家的研究成果，学习其研究方法，并结合自身的实际情况，对前沿的研究成果进行深入的思考。这样才能充实自己的专业知识、开拓科研的视野，知识总量也能不断增加，知识系统才能更加科学。

（二）基于案例进行理解学习

在新课程改革过程中，数学课程标准的理论体系逐渐完善，具有丰富的内涵，具体涉及数学课程的性质、基本理念、课程目标、内容标准、教学建议与评价建议。而数学教材是一个由多因素组成的功能性体系，分析数学教材会涉及许多与数学课程、数学教学论和课程标准有关的理论。可见，中学数学课程标准与教材研究的学习会涉及很多基本理论和原理。为了达到举一反三的学习效果，学习者应该充分利用课上老师提供的案例或者课下自己搜集的素材，进行案例理解学习。

案例学习并不是要去接受某个不容置疑或唯一的标准答案，而是在于探讨某个问题的多样性和可能性。因此，在课堂上进行案例分析学习时，学习者应该积极参与讨论，通过自己的分析和思考得出判断和决策，并大胆发表自己的观点和看法，注重与同伴的交流，集思广益，相互促进。

（三）进行教学实践与反思

实践是检验真理的唯一标准，教育理论与教育实践是一个统一体，只有结合理论与实践，用科学的教育理论指导教学实践，在教学实践中检验并发展教育理论，才能够更深入地理解教育理论，在教学实践中找准方向。因此，本课程不仅要求学习者掌握与数学课程标准及教材有关的理论知识，更重要的是要结合中学数学教学的实际情况，了解中学数学教学的现状和存在的问题，有针对性地运用所学的理论去解决问题，培养从经验中学习和对自己的实践加以思考的能力。所以，在本门课程学习期间，鼓励大家积极与中学一线数学教师接触交流，走进中学一线教学，多利用在中学实习的机会听课、观摩和交流，真正走进数学课堂，对中学数学教学中的实际案例进行收集和分析。只有这样才能真正理解数学课程与教材，才能在实践中不断获取自己专业成长的养料，不断提升自己、完善自我，从而促进自身职业生涯的快速成长。事实上，具备反思能力早已成为新时代合格教师不可缺少的重要条件。

（四）参与网络环境的学习

网络学习是一种主动的、个性化的学习，是一种打破了时空限制的、开放的学习。与传统的学习活动相比，它具有丰富的资源、先进的技术和方便快捷的信息获取方式等特点。本课程具有完整配套的基本网络资源和拓展资源，充分反映课程改革成果，展现课程团队教学风采，在内容上具有信息量大、更新及时、生动直观等特点。其中基本资源系统完整，能充分反映课程教学理念、教学思想和教学设计，具体包括教学大纲、教学日历、章节具体的教学要求、章节重点和难点，与知识点对应的教学录像、演示文稿、案例素材、习题作业等。课程的拓展资源能充分反映本课程的教学特点、建设优势和特色，具有通用性、易用性、科学性和可扩展性。学习平台具有在线讨论、双向交流等功能，力图为学习者提供自学、讨论的自由空间。学习者可登录“爱课程”网（www. icourse. cn）搜索本课程进行学习。总之，学习者应该充分利用这些网络资源，经常上网浏览，综合使用这些丰富的信息资源，有针对性地学习或者复习，以收到事半功倍的学习效果。

（五）开展研究性学习

新的课程实施计划明确提出：教师是课程实施的组织者、促进者，也是课程的开发者和研究者；在教学目标的设计、教学活动的组织、课程资源的选择、现代教育技术的运用等方面都应有利于每一个学生的发展；教师的教学应是富有创造性的活动；教师应当不断提高师德素养和专业水平。也就是说，新课程要求教师成为“研究者”，优秀的中学数学教师要有一种研究者的主体意识。开展研究性学习是培养科研型、学者型教师的重要手段。

研究一般都始于问题。学习者通过学习本课程的理论知识，了解该领域研究课题已取得的成果之后，可以结合教学实践，从教育、教学现象中发现问题，或者在理论学习的过程中提炼出可研究的问题，进行相关的研究。研究性学习通常包括以下阶段：选题—收集资料—形成假设—开题论证—选择研究方法—确定研究对象和范围—制订研究方案—调查实验—实施研究方案—总结评价—撰写研究报告（论文）。主要过程为选题，制订计划与实施研究，总结与结果呈现。

拓展阅读

曹一鸣. 数学教学论［M］. 北京：高等教育出版社，2008.

第四节 中学数学教材的研究策略

一、中学数学教材的地位与作用

教材（主要指教科书）是学生学习最普及，无疑也是最有效的工具。但是部分教师在实际使用过程中，未能真正认识领悟教材价值，流于表面，甚至出现脱离教材的现象，过于注重知识和技能，忽视隐藏的数学思想方法；过于重视结果，忽视过程；过于注重对考试有用的例题习题，忽视阅读材料等。因此教师应更加关注教材，认清其在教学中的地位和作用。

（一）落实数学课程标准要求

中学数学教材是依据数学课程标准编写的。数学课程标准的理念、要求、基本内容规定等均在教材中加以体现。我国中学数学教材凸显编写者对数学、数学教育特别是对数学课程标准的理解与把握，遵循教材编写建议，不可避免地产生了现在教材编写趋同化。数学教材是数学课程标准理念的基本物化形式，是学生学习数学、教师教授数学最基本的蓝本。

（二）传递数学知识的功能

教育是传递知识，这好像是天经地义，无须在这个问题上吹毛求疵。教科书承载着这一传统的功能，虽然这一传统功能引起许多人的质疑，成为众多人批判的靶子，但不可否认的是，学生获取具体信息、概念、规则、公式、事实性知识、专用术语等内容的时候，教科书有助于传递知识。数学教科书就是向学生传递人类积累下来的数学知识，当然这里对数学知识的理解是广义的，包括数学基本知识、数学基本技能、数学基本思想方法等。

（三）引导教师的课堂教学

《义教数学课标（2011 年版）》明确了对教材的定位：数学教材是实现数学课程目标、实施数学教学的重要资源。教材是连接课程方案与教学实践的枢纽，是教师教和学生学的载体。教材本身暗含着教师的教学逻辑主线，教材不仅决定课堂教学内容，而且还提供了教学活动的基本线索和方法。

（四）引导学生的数学学习

除了向学生传递数学学科知识之外，教材力图让学生在这个过程中获得学习方法和态度，甚至学习和生活习惯。接受学习、自主学习、合作学习、探索学习等都是学习的主要方式。学会学习是非常重要的能力，自主学习是社会发展对 21 世纪人的基本要求，从数学角度，帮助学生学会读书，学会发现，提出问题和质疑，学会梳理知识、整体把握数学，学会用数学叙述、表达，这些都是在新时期需要重视的。数学教科书通过对具体问题或具体素材的观察、实验、归纳、类比等合情推理，但又不只停留在观察、实验、合情推理活动，而是在此基础上进一步通过比较、分析、综合、概括去揭示事物的本质，通过演绎推理得出数学结论。有研究表明，学生采用质量优良的教科书对学生的学业成绩有积极的影响。

（五）衔接功能

教材的衔接功能表现在两个方面：一是学科衔接；二是生活衔接。学科衔接体现数学与其他学科（尤其是物理、化学等）之间的关系。通过学科整合，整合数学内部与其他学科所学的知识和技能。此外，教材内容与生活的衔接，担负着一定的社会功能，这涉及与他人关系、社会生活有关的功能，从而利于学生以后的生活以及未来职业的选择。《高中数学课标（实验）》指出，学校应该关心学生毕业离校时世界将要发生的情况，要据此来培养青少年，使他们善于适应做成人时将要遇到的情况。同时，在“课程性质”部分提出：“高中数学课程对于认识数学与自然界、数学与人类社会的关系，认识数学的科学价值、文化价值，提高提出问题、分析和解决问题的能力，形成理性思维，发展智力和创新意识具有基础性的作用。”当然，教材还具有隐性的承载社会和文化价值的功能。教材应该满足新的需要，譬如培养学生的学习习惯，提出学习方法建议，把获得知识和日常生活结合起来等。因此对于数学教科书的地位与作用认识，不能缺少对学生学习的分析。当前，教材有向学材转化的趋势。

二、分析和处理教材的一般策略

《礼记・中庸》提到：“凡事预则立，不预则废。”《数学教与学研究手册》写道：“另一类与内容并不完全分离的知识是应该如何在教学中表达数学。这牵涉出复杂的教材内容，并将它转化为学生能理解的表达形式，这种从数学到可理解的表达形式的转变正是区分数学教师与数学家的地方。”①

---

① D A 格劳斯. 数学教与学研究手册［M］. 陈昌平，等，译. 上海：上海教育出版社，1999.

数学教师的一项基本功就是分析处理教材，使之符合学生的学习逻辑。分析教材，是教学设计的基础，是教师上课的前奏；教材分析关系到教材作用的发挥，也影响着教师的课堂教学质量。教师应该树立一个信念：教材怎样研读都不过分！在现实教学中，部分教师对课标与教材的重视程度不够，对教材的钻研也不够。如果不深入钻研教材，就不可能创造性地使用教材。钻研教材可以从数学的视角、教的视角、学的视角、评价的视角、生活的视角、研究的视角进行，下面提出一些策略供参考。

（一）目标化策略

教育家布鲁姆曾说："有效的教学始于准确地知道所期望达到的目标。"因此，中学数学教师阅读、分析教材的首要任务就是确定出教学目标。教学目标既是教师进行数学课堂教学活动的出发点，也是课堂教学活动的归宿点，它指引着教师教和学生学的方向。如果缺乏目标，容易导致教学活动的低效。对同一个内容，目标不同，设计也就不同，例如导数概念，目前在中学是不讲极限的，而导数本是特殊的极限，那么在大学与在中学学习导数的目标就有很大的不同。

《义教数学课标（2011 年版）》从知识技能、数学思考、问题解决、情感与态度四个方面规定了数学课程目标。多数教师按照"三维目标"确定教学目标，"三维目标"是对新一轮基础教育课程改革出台的课程目标的三个维度（知识与技能、过程与方法、情感态度与价值观）的简称。三维目标不是相互孤立的，而是相互统一的整体，是基于人的完整性提出的一体三面，不能把它们分割开来，必须从整体上思考。一定要使学生在掌握数学知识与技能的同时，亲身经历、体验学习和探究的过程，并受到情感态度与价值观的培养，即以"知识与技能目标"为主线，渗透"情感态度与价值观"，并充分体现在学习探究的"过程"之中，紧紧咬住显性目标"知识与技能"，密切关注隐性目标"过程与方法、情感态度与价值观"，力避"过程与方法""情感态度与价值观"目标的泛化。

案例 1 "平方差公式"的教学目标

知识与技能：在理解基础上记住平方差公式，会推导平方差公式，能说出公式中字母 a，b 的含义以及公式的结构特点，并运用公式进行运算。

过程与方法：经历探索发现平方差公式的过程，认识特殊与一般的关系，体验"特殊到一般"的认识规律和数学发现的方法。

情感态度与价值观：在学习的过程中，认识平方差公式的价值，体验数学发现的成就感，感受到数学发现的乐趣。

教学目标的确定需要明确五个基本要素：主体、方式、对象、条件、程度①，回答以下问题：谁来做？怎么做？做什么？在什么条件下做？做到什么程度？分析教材，确定教学目标时，应明确区分教材中哪些是数学事实性知识、原理性知识、策略性知识。教学目标可以按照学段、年级、单元与课时来确定，教师教学目标的确定需要遵从“下要保底，上不封顶”的原则，使目标具有一定的弹性，兼顾学生之间的差异。

（二）结构化策略

结构化策略要求把握以下三点：

1. 宏观整体把握课程结构

2003 年 2 月，《普通高中课程方案（实验）》将普通高中课程结构划分为三个层次：学习领域、科目和模块，数学是其中一个学习领域。高中数学课程内容由两部分四个系列组成。第一部分是必修系列课程，由五个模块组成，这是每个学生都要学习的内容，是所有学生共同的数学需求；第二部分是选修系列课程，由四个系列组成，对于希望在人文社科方面发展的学生，可以选择选修系列 1 课程；对于希望在理工等方面发展的学生，可以选择选修系列 2 课程；选修系列 3 和选修系列 4 课程是为所有对数学有兴趣和希望进一步提高数学素养的学生而设置的，共有 16 个专题组成，对于选修系列 4 部分内容作为高考内容，各个省市要求不一致。教师可采用框图形式梳理课程内容，整体理解必修和选修之间的联系，不同知识组块之间的联系，对高中数学内容能做到整体把握，甚至有效沟通中学和大学的数学内容，对学生的未来规划提供指导。

2. 中观把握教材内容主线

高中数学课程在内容设置上明显地突出了几条内容主线，如函数、运算、图形、算法、应用、统计与概率等，它们彼此之间有着密切的联系，贯穿于高中数学课程的教学始终。这些内容主线把高中数学知识编织在一起，构成了一个网。从内容主线视角来把握高中数学教材内容，可以更好地掌握和驾驭整个高中数学知识。譬如函数主线，涉及概念产生的背景、涵义；函数的具体类型，如数列、三角函数、对数函数、指数函数、分段函数、简单的幂函数；函数的应用，包括实际应用以及数学内部的应用，如函数与方程、不等式、简单线性规划、算法、随机现象等；研究函数的思想工具，如运算与导数；函数的性质，如单调性、奇偶性、周期性等，进一步可以延续到大学，例如数学分析、复变函数、实变函数、常微分方程、偏微分方程、泛函分析等都是把函数作为研究对象。

---

① 王新民，王富英，谭竹．数学学案及其设计［M］．北京：科学出版社，2011：116－117.

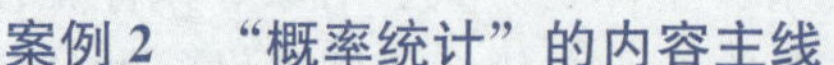

案例 2　“概率统计”的内容主线

用框架图表示出“概率统计”的教材内容主线，如图 1-1 所示。

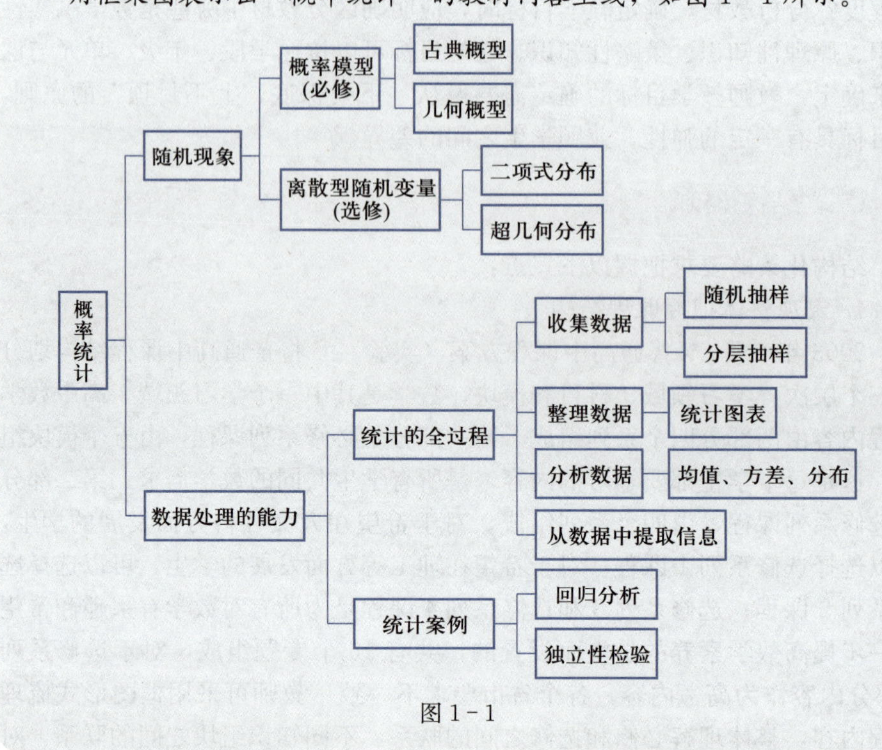

图 1-1

3. 微观把握教材知识点

在教学内容主线上密布着许多知识点，对于这些知识点要明确其前后联系，确保掌握其数学本质属性，譬如对于概念，教师应充分掌握概念的内涵、外延、定义方式，与其他概念的关系。尤其是初中数学教材采用交叉编排、螺旋上升的结构体系，如何承上启下、体现知识之间的联系，使学生能快速同化或者顺应过程，构建自己的认知结构是非常重要的。为此教师结构化思考时候需要前后照应，注意课与课的衔接，抓住重点。

案例 3　“任意角的三角函数”的教材知识点

用框架图表示出“任意角的三角函数”教材知识点之间的关系，如图 1-2所示。

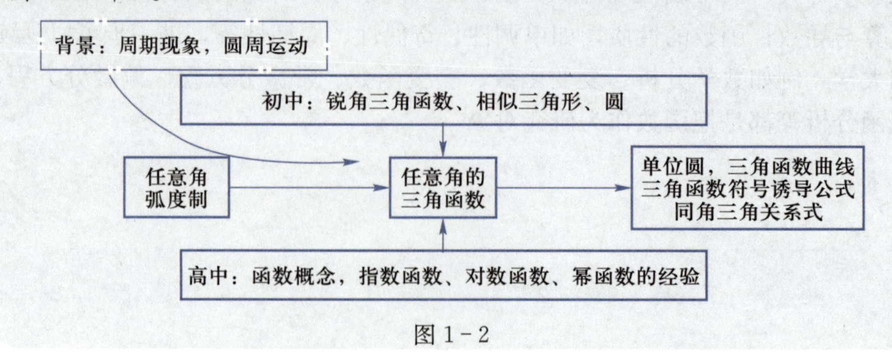

图 1-2

案例 4 “三角形的边角关系”教材内容的梳理

直角三角形边角的内在关系表现为勾股定理和锐角三角函数，由此可以解直角三角形；将锐角三角函数推广到任意角三角函数，推导出正弦定理和余弦定理，从而得到任意三角形边角之间的内在联系，由此则可解任意三角形。“正弦函数图像”主要研究正弦函数 $y=\sin x$，$y=A\sin\omega x$，$y=A\sin(\omega x+\varphi)$ 的图像，而 $y=\sin x$ 是 $y=A\sin\omega x$ 的特殊情况，$y=A\sin\omega x$ 又是 $y=A\sin(\omega x+\varphi)$ 的特殊情况，这样从 $y=\sin x$ 的图像入手，逐步推广，从而找出内在规律，其中 $y=A\sin x$ 与 $y=A\sin\omega x$ 虽然周期不同，但在同一周期内函数的变化规律是一致的。我们可以采用由简单到复杂、由已知推出未知的研究方法来处理这部分知识的教学。

分析数学教材的结构，可以按照三条线索来进行：

一是从整体到局部，按照“宏观—中观—微观”的线索来分析。首先，整体研读教材，对整个初中段或者高中段数学教材结构体系进行梳理，厘清联系。其次，掌握本学期教材的内容、各章节间的关系，思考这样安排的目的，明确里面渗透的数学思想、方法等。再次，对各章内容仔细研读，找出贯穿其中的主线，把握各节内容的内在联系，从而把握本章的教学重难点和关键点。最后，对教材进行课时分析，明确概念的内涵与外延。

二是从局部到整体，遵循“微观—中观—宏观”的线索来分析。在前面分析的基础上，从课时教材分析入手，思考它在本章、本书、本学段乃至整个数学学习历程中的地位和作用。从正反两个方向仔细研读教材，经过几次循环往复，达到对教材的深刻理解和把握，从而能够结构化地把握教材内容。

三是从数学史角度来把握分析教材数学知识结构。教师不是数学家，对其要求过高，是难以实现的，因此从史学的视角来分析钻研教材不失为一条路径，教师应了解中学数学教材中核心概念和定理的来龙去脉和直观意义，使得中学数学概念、原理与高等数学对接，切实把握好蕴藏在中小学教材背后的数学思想方法和数学精神。

（三）生活化策略

数学来源于生活，反过来又应用于生活，这是中学数学教材呈现的主旋律。强调数学与现实生活的联系是基础教育课程改革的一个重要特征。强调生活化的主要目的一方面是因为中国的数学教师对数学的应用意识普遍重视不够，另一方面是为了提高学生对数学的兴趣。对生活化的理解可以分为两个角度：生活数学化与数学生活化，两者之间的一个共同特点就是“数学”作为重要连接点，“数学化”与“生活化”是不矛盾的，两者可以和谐地统一于数学教学之中①。分析教材时可采取生活数学化策略与数学生活化策略。

1. 生活数学化策略

生活数学化策略，也称之为“举三反一”策略，是合情归纳的过程。正如数学家波利亚所说的那样：“人们总认为数学只是一门系统的演绎科学，但往往忽略了它形成过程的特点——又是一门实验性很强的归纳科学。”人们认识事物的发展规律，往往都是先从特殊开始的，通过几个特例寻找共同属性，提出一般化的命题猜想，然后进行演绎证明，没有数学化就没有数学。弗莱登塔尔把“数学化”作为数学教学的基本原则之一，现实生活是数学知识的原型。数学化的过程是渐进的，要注意适度。譬如，对初中数学教材“函数”部分知识的处理，无论是正比例函数和一次函数，还是反比例函数、二次函数、三角函数等，都是通过不同类型实例（图像、表格、解析式），向学生展示不同函数所反映的运动变化的规律。在人教A版高中必修《数学1》函数概念引入三个实例：炮弹发射问题、臭氧层空洞问题、恩格尔系数问题、以此归纳得出函数的概念，教材的编写意图就是希望学生通过三个实例引导归纳得出，至于例子是否适合学生实际，教师在分析时可以适当考虑，要么补充知识，要么删去或替换。

2. 数学生活化策略

数学生活化主要是数学知识应用的过程。中国科学院院士、数学家姜伯驹曾说：“随着计算机科学的发展，数学渗入各行各业，得到广泛的应用。数学已从幕后走到台前，在很多地方直接为社会创造价值，已成为一种关键性的、普遍使用的、增强能力的技术。”数学高度抽象是数学的本质属性，正是这个特征使得学生不理解数学、害怕数学，为此需要我们使用数学的另外一个特征“广泛的应用性”来弥补。国内外教科书比较重视数学应用，在澳大利亚的教科书（Heineman Maths Zone Enhanced，简称HMZ）明确有“Applications（应用）”部分，人教社初中数学教材也单列了“综合应用”部分，并且这两部分的习题数量分别占各自习题总量的36%与38.5%②。教科书设置数学生活化的目的在于发展学生应用意识和应用能力。

（四）主体化策略

苏联教育家斯托利亚尔指出，数学教学应当是数学思维活动的教学。那么，教师分析教材就不能无视教材的主要使用者——学生。教材虽然经典，但也不可能是放之四海皆准的“万能”书。教材的编写遵循的是学生认知的一般规律，对于特定的班级和学生，教师需要考虑当下学生的需要，从学生的认知逻辑来挖掘教材，使其服务于学生的学习。为此在分析教材时，需要

① 曹一鸣. 数学教学中的“生活化”与“数学化”[J]. 中国教育学刊，2006 (2)：46-48，58.

② 吴立宝. 中澳数学教科书习题比较研究 [J]. 数学教育学报，2013，22 (2)：58-61.

教师思维稚化，换位思考，模拟当下学生的学习过程，回顾以前自己学习时的困惑，站在学生的角度分析：教材内容是否切合学生的生活现实、数学现实以及其他学科现实？出发点合适吗？适合自己班学生的实际吗？能吸引学生的兴趣吗？学生能顺利理解教材呈现的主题图、备注、例题和习题吗？学生在学习过程中，有没有困难？如果有，困难在什么地方？这些困难是如何产生的？需要怎样点拨？这些问题解决路径唯一吗？只有当教师把教材中学习的新内容与学生头脑中原有的认知结构相联系，活化出一幅幅学生学习的场景，才会有助于学生产生有意义的学习，从而产生新的认知结构，使教材真正成为学生学习的认知地图，把“学术形态”“教学形态”的知识转化为“学习形态”的知识，恰当地处理好学习内容的序、学习活动的序与学习过程的序三者的统一。站在学生活动主体的策略下，尽可能让学生在活动中经历知识产生、发展与形成过程。

教师应根据自己学校、自己班级学生的实际情况，适时重构内容，使教材内容更加贴近本班学生的生活实际。只有教师对学生有同情的理解和理解的同情，才能更好地分析教材、活化教材，找到更适合学生的设计之路，使教材成为学材，真正成为学生学习的载体。同时，在运用主体化策略分析教材时，教师要充分考虑学生的差异，在问题设置、作业布置等方面做到层次性，真正实现因材施教。

（五）程序化策略

教师在分析静态的教材时，应该预先设想到数学课堂教学的动态流程。纵观国内外数学教材，任何一本数学教材的任何一个内容都隐藏着一条教学逻辑主线条。教材中的主题图或者教材前面的引例不正是教师课堂引入的实际案例吗？在美国、澳大利亚与英国教材中，每章之前有一个复习已有知识的部分，在中国教材中有部分知识也是从已有知识切入的，这本身对应着复习环节或者以旧引新；教材中归纳概括出来的新概念、新命题（法则）、新方法，是课堂需要学习的核心内容；紧接其后的是，在每个国家教材中均呈现了例题，给学生以示范引领，给予学生以模仿的素材，譬如澳大利亚教材（HMZ）中所有的例题都是分栏设计的，左边是“Steps（步骤）”，右边是对应的“Solution（解答）”①，在教材中展现了两种表征系统，使学生理解算理，有些教材还有一些注意事项等类似问题；然后是巩固练习，在国内教材中分别有课堂练习和课外练习，并且人教社教材明确分为“复习巩固”“综合运用”“拓广探索”三个层次，使得练习有层次，利于下一个环节布置作业。这样教材从新课的引入，到问题的提出、概念的获得，再到例题示范、课堂练习，最后是章节总结，从学生主体出发，构成了一条教学逻辑主线。当然每部分内容未必都按照这条主线来进行，教师可以或增或减，实际

---

① 吴立宝，秦华．例谈中学数学教材例题的功能［J］．教学与管理，2013（2）：53－55.

上这也符合教学方式的多样性。

当然，内容不同，教材编写理念不同，教学逻辑主线可能不一样，实际上这也符合教学模式的多样性。譬如美国IM教科书明确以“探究”为主线来呈现内容，每个小节都是由1～3个小探究组成①，隐含问题解决的教学逻辑主线。因此，教师一定要分析清楚教材隐含的教学逻辑线条，思考这样安排设计的原因，深刻领悟教材编写意图。中学数学教材是静态呈现，需要教师动态分析。其中重要的一种途径就是设计好问题，用问题贯穿课堂，促进学生主动参与，提高教学效率，进行“基于问题解决学习”的教学设计。

（六）工具化策略

现在中学数学教材不同程度地重视运用现代信息技术，不仅重视利用信息技术来呈现课程内容，更重视信息技术与课程内容的有机整合，这是当今世界各地中学数学教材的一大特色，譬如在澳大利亚初中教科书（HMZ 7—10 VE）明确规定使用TI-Nspire CAS或Classpad图形计算器，每册书的正文前面都有一个“Using the TI-Nspire CAS in Year 7（8或9或10）”和“Using the Classpad in Year 7（8或9或10）”的使用说明，可以进行计算、画图、检验等多项工作，涉及数与代数、测量与几何、概率与统计三个内容领域。利用现代信息技术，不仅给学生提供了丰富的学习环境和资源，而且有助于他们把精力集中在问题的思考和探究上，促进学生的数学学习，“多思少算”是信息技术对教材编写以及课堂教学的重要影响，教师分析教材时一定要充分考虑学生手头的工具，譬如在澳大利亚教材中出现的无理数$\sqrt{13}$的连分数逼近问题②。在中国教材中也有使用计算器（机）处理的问题，教师在分析教材时，需要兼顾考虑，使信息技术为学生学数学、用数学成为“云梯”③，对现代信息技术一定注意三个问题：什么时候用？用什么工具？达到什么目的？只有带着这三个问题来分析教材，才能确保信息技术恰如其分地为教和学提供帮助。毕竟信息技术的发展已经深刻地改变了数学世界，并影响到学生的数学学习内容和学习方式。

（七）纵横比较策略

不可否认，正式出版发行的教材都是众多数学教育研究者研究成果和优秀教师教学实践智慧的结晶。但是不同时期的教材都有其时代背景，不可能年年改、时时换。无数事实证明，教师在教学中不能对教材盲从或彻底颠覆，应对不同教材采取纵横比较，更好地分析和使用教材。古为今用，洋为

---

① 吴立宝，宋维芳，杨凡．美国IM数学教科书编排结构特点及启示［J］．外国中小学教育，2013（8）：60－64，34.

② 吴立宝，赵思林．$\sqrt{13}$的研究性学习［J］．中学数学教学参考（初中版），2013（4）：67－69.

③ 曹一鸣．让技术成为学数学用数学的“云梯”［J］．中国电化教育，2010（5）：78－80.

中用，是我们进行比较的目的。

1. 横向比较

我国现在实行的“一标多本”的教材制度，大部分学科的教材都有多版本可以比较分析。就初中数学而言，教育部推荐了 9 套教材，每套教材都有自己的框架特色和处理方式，教师在备课时除了仔细推敲自己所使用的教材，至少还应该备两套其他教材，取长补短，博采众长，譬如“负负得正”的教学，至少不同版本的教材至少使用了 4 种不同处理方式，分别是类比模型、归纳模型、演绎模型和情景解释模型。建议有条件的话，可以参考部分国外教科书，看国外讲了哪些内容①、讲到什么程度；相同的内容，看国外教材是如何组织的。教师只有多角度比较，才能实现教材的二次开发，并正确解决教材编写水平与学生接受能力之间的矛盾。

2. 纵向比较

看同一出版社，不同时代、不同版次的教材，分析前后教材的变化，尤其是最近新旧版本教材的变化，譬如对比初中数学新旧教材，很显然可以发现新教材中出现了大量的表格和图，如温度计表示的数轴示意图、长方形面积表示的多项式乘法法则示意图、面积拼图法对平方差公式的验证、数轴表示有理数加法运算的形成过程示意图等。从教学实际出发，教师可以多比较《义教数学课标（2011 年版）》颁布前和颁布后的教材。

（八）反思性策略

一名教育专家说：“一个教师写了一辈子教案不可能成为名师，如果一个教师写三年教学反思，就有可能成为名师。”上海教育科学研究院顾泠沅说：“反思是教师选择以机会‘最大化’的成长方式。”教师上课之后重温分析教材之利弊，进行反思性学习，是一种成功之道。反思不能仅仅停留在口头上，需要教师切实进行。哪怕每次上课反思一点，认识一点，改进一点，日积月累，积少成多。教师可以以研究者的角色查找有待进一步改进的地方：是否达到了预定的教学目标？对学生的分析是否符合学生实际？课堂上生成了哪些资源？这些资源中哪些是自己没有预想到的？如果再设计一次，应该怎样设计？如此循环往复，教师就能取得长足的进步。

通过不断反思，不断实践，教师可以梳理归纳出一个比较完整的分析教材的策略，把“追求卓越”作为自己的奋斗目标和追求，上出自己更满意的课堂。只有具有反思能力的教师才能更好地教出具有反思能力的学生，才能更好地培养具有创新品质的学生。教师经常“回头看”，不断“朝前走”，主要目的是再设计，今日的生成是明日的预设，为平行班的教学甚至下一轮的教学提供感性和理性相结合的第一手材料。

上述八个策略构成一个开放的、循环的教材分析策略系统，具体结构如

---

① 吴立宝，曹一鸣. 初中数学课程内容分布的国际比较研究［J］. 教育学报，2013，9（2）：29－36.

图 1－3 所示。目标是分析教材的方向，也是效果评判的依据。目标化策略统领决定着其他方面，结构化是针对数学学科（包括其他学科）内容而言的，生活化策略是针对数学与生活之间的关系而言的，主体化策略是针对学生而言的，程序化策略是针对教师课堂教学而言的，工具化策略是针对信息技术而言的，纵横比较策略是针对教材本身而言的，反思性策略是针对教师个人成长而言的。

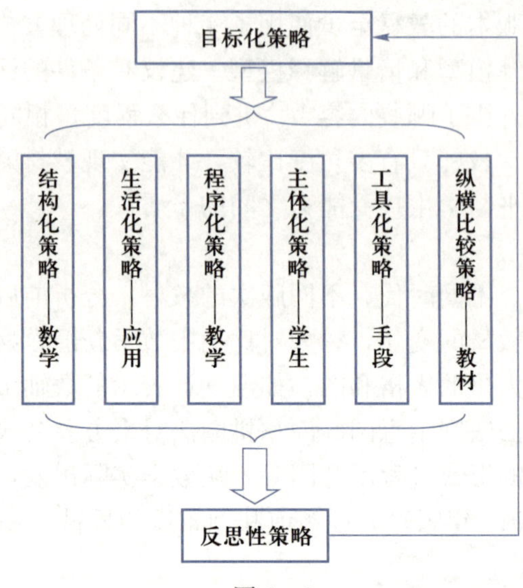

图 1－3

阅读 1.2 钻研数学教材的几个视角

阅读 1.3 中学数学教材的分析策略

因此，教师只有吃透教科书的精神与实质，才能不断提高教科书的“附加值”。当然，无论教材设计得如何科学、完美，如何有利于学生的学习，都需要教师重新建构自己的理解，最终落实到课堂教学中，以课堂教学实践来检验效果。

拓展阅读

弗朗索瓦－玛丽·热拉尔，易克萨维耶·罗日叶. 为了学习的教科书：编写、评估、使用［M］. 汪凌，周振平，译. 上海：华东师范大学出版社，2009.

思考题

1. “中学数学课程标准与教材研究”主要包括哪些主要内容？

2. “中学数学课程标准与教材研究”对教师专业化成长有什么意义和作用？

3. 根据“中学数学课程标准与教材研究”的主要内容、目标与意义以及提供的学习方法和建议，制订一份详细的学期学习计划。

4. 以人教版初中数学教材第三章“一元一次方程”的某节为例进行初步的教材分析。

5. 以人教 A 版高中必修1数学教材第二章“基本初等函数（Ⅰ）”的指数函数为例进行初步的教材分析。

第二章　义务教育数学课程标准解析

编者的话

通过本章的学习，可以了解《义务教育数学课程标准（2011年版）》初中阶段数学课程的性质与基本理念；十个核心概念的解读；数学课程目标；内容标准；数学教学建议；数学课程评价建议。

如果想要了解更多，使用手机扫描二维码，你可以了解“中美初中数学课程”的异同，可以深入学习“数学基本活动经验”。

如果你还有更多的课余时间，本章推荐了关于“课程标准解读”“课程标准案例式解读”“课程标准教学指导”等学术著作，读一读，会让你在本章的学习中获得意外的收获哦！

要点提示

通过本章的学习，能了解义务教育数学课程标准的基本框架，了解义务教育数学课程的基本性质、基本理念、总目标；知道课程标准提出的10个核心概念，初步了解其含义；初步了解初中数学课程的基本内容；了解初中数学课程教学及评价的基本注意事项。

学习目标

1. 了解义务教育数学课程标准的基本框架；

2. 了解义务教育数学课程的性质，能初步举例说明5个基本理念；

3. 知道十个核心概念，初步了解其基本含义，并尝试举例说明；

4. 了解数学课程的总目标，能说明结果目标动词“了解、理解、掌握、运用”的含义，说明过程目标“经历、体验、探索”的含义；

5. 知道三个学段划分，以及四个内容领域划分。

2001年教育部颁发了《全日制义务教育数学课程标准（实验稿）》（以下简称《全日制义教数学课标（实验稿）》），它贯彻了“义务教育阶段的课程应该体现普及性、基础性和发展性”的要求，将促进学生的终身可持续发展的思想主旨贯穿始终。《义教数学课标（2011年版）》是在《全日制义教数学课标（实验稿）》基础上修改制定的。《义教数学课标（2011年版）》以推进实施素质教育，培养学生的创新精神和实践能力，促进学生全面发展为宗旨，明确了数学课程的性质和地位，阐述了数学课程的基本理念。

《义教数学课标（2011年版）》由4个本体部分和2个附录部分组成：

第一部分：前言：包括课程性质、课程基本理念、课程设计思路。

第二部分：课程目标：包括总目标和学段目标。

第三部分：课程内容：包括第一学段（1～3年级）、第二学段（4～6年级）、第三学段（7～9年级）的课程内容。

第四部分：实施建议：包括教学建议、评价建议、教材编写建议、课程资源开发与利用建议。

附录1：有关行为动词的分类。

附录2：课程内容及实施建议中的实例。

本章将围绕《义教数学课标（2011年版）》中明确的课程性质与基本理念、核心概念、课程目标、内容标准、实施建议等方面展开具体解析。

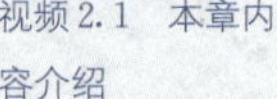

视频 2.1 本章内容介绍

PPT2.1

第一节　初中数学课程的性质与基本理念

“前言”部分可以视为《义教数学课标（2011 年版）》的“总纲”。它界定了数学课程的基本性质；定位了义务教育阶段数学教育的基本目的；说明了义务教育阶段数学课程的基本设计思路。

一、课程性质

《义教数学课标（2011 年版）》在第一部分“前言”中首先明确了义务教育阶段数学课程的基本属性——培养公民素质的基础课程，具有基础性、普及性和发展性。

义务教育数学课程是基础性课程，要考虑学生今后继续学习数学以及未来适应社会发展等方面的需要。义务教育数学课程面向所有适龄儿童，是公民必须接受的教育。这是由义务教育的性质所决定的。2006 年颁布的《中华人民共和国义务教育法》明确规定：“义务教育是国家统一实施的所有适龄儿童、少年必须接受的教育，是国家必须予以保障的公益性事业。”所有适龄儿童“依法享有平等接受义务教育的权利，并履行接受义务教育的义务”。这是我们认识义务教育阶段数学课程属性的法律依据，也是我们制定和实施数学课程标准应该自觉遵循的准则。《国家中长期教育改革和发展规划纲要（2010—2020 年）》也强调指出：“义务教育是国家依法统一实施，所有适龄儿童、少年必须接受的教育，具有强制性、免费性和普及性，是教育工作的重中之重。”

《义教数学课标（2011 年版）》对数学课程促进学生发展上的功能做了概括：“数学课程能使学生掌握必备的基础知识和基本技能，培养学生的抽象思维和推理能力，培养学生的创新意识和实践能力，促进学生在情感、态度与价值观等方面的发展。义务教育的数学课程能为学生未来生活、工作和学习奠定重要的基础。”

数学课程的性质，尤其在促进学生发展上所特有的育人功能，是由数学自身的特性决定的。数学所具有的抽象性、逻辑严谨性、应用广泛性，以及特有的符号语言系统、数学的思想方法等，在培养学生的理性思维、创造能力以及促进学生知、情、意全面发展上具有不可替代的作用。数学课程实施、数学课堂教学所采用的所有策略、方式、途径，说到底都可归结于如何充分、合理、有效地发挥数学学科的特点，去实现其特有的育人功能。

二、课程基本理念

数学课程的基本理念包括课程培养目标、课程内容、数学的学与教、学习评价、信息技术的影响等五个方面。它是制定和实施数学课程的指导思想，《义教数学课标（2011 年版）》中的每一部分内容都要贯穿基本理念的思想和要求。同时，教师作为课程的实施者，更应自觉地以基本理念为指导，树立正确的数学教育观念，并用以指导自己的教学实践活动。数学课程的五条基本理念如表 2－1 所示。

表 2－1　数学课程基本理念

核心理念	1. 数学课程应致力于实现义务教育阶段的培养目标，要面向全体学生，适应学生个性发展的需要，使得：人人都能获得良好的数学教育，不同的人在数学上得到不同的发展。
数学课程内容的选择与组织	2. 课程内容要反映社会的需要、数学的特点，要符合学生的认知规律。它不仅包括数学的结果，也包括数学结果的形成过程和蕴涵的数学思想方法。 课程内容的选择要贴近学生的实际，有利于学生体验与理解、思考与探索。 课程内容的组织要重视过程，处理好过程与结果的关系；要重视直观，处理好直观与抽象的关系；要重视直接经验，处理好直接经验与间接经验的关系。课程内容的呈现应注意层次性和多样性。
数学的学与教	3. 教学活动是师生积极参与、交往互动、共同发展的过程。有效的教学活动是学生学与教师教的统一，学生是学习的主体，教师是学习的组织者、引导者与合作者。 数学教学活动，特别是课堂教学应激发学生兴趣，调动学生积极性，引发学生的数学思考，鼓励学生的创造性思维；要注重培养学生良好的数学学习习惯，使学生掌握恰当的数学学习方法。 学生学习应当是一个生动活泼的、主动的和富有个性的过程。认真听讲、积极思考、动手实践、自主探索与合作交流等都是学习数学的重要方式。学生应当有足够的时间和空间经历观察、实验、猜测、计算、推理、验证等活动过程。 教师教学应该以学生的认知发展水平和已有的经验为基础，面向全体学生，注重启发式和因材施教。教师要发挥主导作用，处理好讲授与学生自主学习的关系，引导学生独立思考、主动探索、合作交流，使学生理解和掌握基本的数学知识与技能、体会和运用数学思想和方法，获得基本的数学活动经验。
学习评价	4. 学习评价的主要目的是全面了解学生数学学习的过程和结果，激励学生学习和改进教师教学。应建立目标多元、方法多样的评价体系。评价既要关注学生学习的结果，也要重视学习的过程；既要关注学生数学学习的水平，也要重视学生在数学活动中所表现出来的情感与态度，帮助学生认识自我、建立信心。

续表

信息技术的运用	5. 信息技术的发展对数学教育的价值、目标、内容以及教学方式产生了很大的影响。数学课程的设计与实施应根据实际情况合理地运用现代信息技术，要注意信息技术与课程内容的整合，注重实效。要充分考虑信息技术对数学学习内容和方式的影响，开发并向学生提供丰富的学习资源，把现代信息技术作为学生学习数学和解决问题的有力工具，有效地改进教与学的方式，使学生乐意并有可能投入到现实的、探索性的数学活动中去。

下面是对基本理念的进一步解读：

（1）关于什么是面向全体学生？什么是良好的数学教育？

面向全体学生，是指面向学习数学课程的所有人，而不是少数人。这是认识其意义的前提。它表明，义务教育阶段的数学教育不是精英教育而是大众教育，不是自然淘汰、适者生存的教育，而是人人受益、人人成长的教育。

“良好的数学教育”内涵丰富，可以从多方面去理解和解读。这句话的落脚点是数学教育而不是数学，它表明，我们所倡导的数学课程观的核心理念是超越学科逻辑自身的，是在数学育人方面所做的一种价值判断和价值追求，这为正确理解“良好的数学教育”提供了应有的视角。良好的数学教育对于学生来说是适宜的、满足发展需求的教育；良好的数学教育是全面实现育人目标的教育；良好的数学教育是促进公平、注重质量的教育；良好的数学教育是促进学生可持续发展的教育。

（2）关于什么是处理好“过程与结果”“直观与抽象”“直接经验与间接经验”的关系？

第一，数学课程内容的组织与呈现应该重视过程。通过数学活动过程，学生不仅能获得知识与技能，而且能体会、感悟到这些知识与技能背后更为本质的东西——知识的产生与发展，以及数学的思想、方法，积累起一定的数学活动经验。同时，通过这一过程也可以使学生掌握一定的学习方法，养成良好的学习习惯，从整体上促进自己数学素养的提高。正因为如此，过程本身就成为数学课程的目标，而不是像过去那样只是达到知识与技能目标的辅助性手段。在强调过程的同时，也不应产生忽视结果的倾向。在课程内容的组织上，要注意过程与结果的有机关联，还要根据素材的具体情况、学生的实际状况，并考虑到课时的有效利用，处理好过程的历时性、节奏性、阶段性与结果的关系。

第二，直观与抽象不是对立的，它们从来都是数学的两翼。在很多数学家的研究生涯中，借助直观做出重大发现，然后通过逻辑推理证明结论的事例比比皆是。数学的发展过程也表明，再抽象的数学结论总能找到相对直观的表征和解释。运用直观手段本身就是数学研究的重要方式，它更应成为我们处理和组织课堂内容的重要方式。比如，充分利用图形所具有的几何直观，将复杂的数学对象简明化；恰当地构造数学问题的现实情境，将抽象的数学关系具体化；通过直观调动学生的直觉思维以获得数学的猜想；通过数形结合的方法实现抽象与具体之间的转变；等等。这些都是课程内容组织上可以加强的方面。

第三，在数学课程中，直接经验和间接经验也不是对立的，它们应该是相互关联、相互协调的。在当前的数学教育理论中，一个普遍认同的观点是：一方面，学生的数学认识不是被动地接受而建立的，而是通过自己的经验主动地建构起来的。这表现为书本知识的数学间接经验只有通过学生联系自己的生活实际，在多样化的数学活动中积累自己的经验才能真正理解其数学意义。另一方面，也要看到，在学习数学间接经验的同时，学生也在发展自己的直接经验，特别是通过打好知识基础，掌握学习方法，从而具有主动面对生活和社会去拓展自我直接经验的能力，这正是数学学习的发展性所要求的目标。所以，我们强调重视直接经验，不仅因为它有利于间接经验的学习，也在于它本身就应成为课程的重要目标。我们在数学课程内容组织的具体形式中，要注意这一目标的落实。比如，应强调课程和教材中的学生学习活动设计，强调他们在活动中的数学经验积累，数学观察、操作实验、综合实践等应该成为重要的课程内容形式。

（3）什么是有效的教学活动?

教学活动是在“教”和“学”这两种基本行为中展开的，这两种行为有共同的目的指向——教学目标，而这两种行为的对象即数学教学内容。简单地看，只要使两种行为在数学内容固有的逻辑运行轨道上达到一致，教学活动就是有效的。但在实际教学中，情况往往不是这样。其实，处理好教与学的关键是处理好这两种行为的主体——教师和学生的关系。要处理好这个关系就应该在特定的数学教学目标下去追求教师教和学生学的统一，统一的实质就是相互的有效交往。兴趣激发，问题驱动，思维碰撞，质疑反思，探究辨析等所支撑的是教与学双方的积极参与、沟通对话、交流互动活动，而数学的逻辑序、学生的认知发展序与数学教学流程也在这样的活动中得到适时的调整而最终趋于协调，教学的有效性就得到了保障。

（4）什么是目标多元、方法多样的评价体系?

这里的“目标多元”是希望改变过去只注重数学“双基”及应试技能评价的狭隘的评价观，立足于学生的发展和知识与技能、过程与方法、情感态度与价值观三维目标的要求，结合具体的评价内容，形成多角度、多层次、多维度的评价点，通过评价全面反映学生的学习情况，并产生有利于学生全面而有个性发展的积极导向作用。这里的“方法多样”是希望改变过去一支笔一张试卷的单一评价方式，针对多样化的学习方式和学习需求而形成多种评价方式。课改实践中一些教师采用的数学档案袋、数学反思日记、数学作文、数学口试、数学调查报告、观察记录、数学课题完成总结等方式，都是值得提倡的新的学习评价方式。

（5）什么是信息技术与课程内容的合理整合？

当前数学发展的趋势之一就是在计算机技术支持下的应用数学的极大发展。计算机技术本身与数学就是相互融合、紧密结合的。理所当然的，信息技术与数学课程内容之间也应该更多地建立有机的关联，注重其整合。值得肯定的是，目前多个版本的课程标准实验教科书都在信息技术与课程内容的整合上做了尝试。比如，结合有关概念教学，利用信息技术更形象直观地显示概念的本质属性和特征；运用计算机的数据处理和计算功能，揭示数学变化规律，猜想命题结论；在综合实践活动和课题学习中，引导学生运用计算机去探寻解决问题的途径；结合具体内容适当介绍几何画板和“Z＋Z”智能平台的运用；通过网络进一步拓展课程内容空间，引导学生进行自主探索活动等。信息技术与数学课程的整合大有文章可做。

阅读 2.1　中美初中数学课程的比较研究

第二节　义务教育数学课程标准的十个核心概念

一、十个核心概念

《义教数学课标（2011 年版）》提出了十个核心概念：数感、符号意识、空间观念、几何直观、数据分析观念、运算能力、推理能力、模型思想、应用意识和创新意识。其中，数感、符号意识、运算能力主要体现在数与代数领域；空间观念主要体现在图形与几何领域；数据分析观念主要体现在统计与概率领域；几何直观、推理能力、模型思想、应用意识和创新意识则贯穿整个数学领域。

核心概念不是具体的知识内容，是学生在数学学习中逐步建立的关于数学的感悟、理解和领会，包括观念、意识、思想、能力等。可以认为，核心概念是义务教育阶段学生应具备的数学素养，是促进学生发展的重要方面。

二、关于核心概念的解读

（一）数感

实例 1①

2010 年 2 月 25 日，国家统计局公布的《2009 年国民经济和社会发展统计公报》显示：我国 70 个大中城市房屋销售价格同比上涨 1.5%，其中新建住宅价格上涨 1.3%。此报告一出，立刻引起全国一片哗然。公众普遍反映此数据与实际状况严重不符。面对公众的质疑，国家统计局召开紧急会议讨论：统计数据来源是否真实可靠？统计方法是否科学？舆论提出的一个问题是：不论统计部门的方式方法是否科学，为何公众对房价的感觉与统计结果大相径庭？此例说明数感的确是存在的，它与公众的生活息息相关，并已成为现代社会公民所具有的基本数学素养的一部分。

"数感"一词的英文表述为 number sense，其中 sense 可翻译为多种意思，如感觉、感官、理念、意识、领悟等。《义教数学课标（2011 年版）》中"数感"表示对数的感悟，是在经历数学活动的过程中感知、思考并逐渐领悟的。感悟的对象包括以下三方面：一是数与数量；二是数量关系；三是运算结果。

感悟数与数量，是指建立起抽象的数和现实生活中的数量之间的关系。这里又有两层含义：一是在经历从数量到数的抽象过程中，感悟数量之间的共性，逐步建立数的概念，体会数的表示；二是建立数与实际情境的关联，如能够领会数量单位的含义，提到教室的长和宽时能联想到数量单位米，提到两个城市之间的距离时能联想到数量单位千米等。

感悟数量关系，既包括感悟数的大小关系及其所对应的数量之间的多少关系，也包括感悟变化的量之间的函数关系等。比如，学生在观察两个变量所对应的数据时，能够对它们之间可能存在的关系进行初步的判断。

感悟运算结果，是指对运算结果的估计能有一个直观的判断。这里涉及对参与运算的数与量意义及关系的理解；对运算方法的选择与判断；对运算结果合理性的判断等。

"数感"是对数的一种感悟，它的建立既需要感性认识，又需要理性思考，需要学生在数学学习活动中逐步感知、思考和领悟。建立"数感"有利于学生理解现实生活中数的意义，理解或表述具体情境中的数量关系，对数及数量有直观判断能力，这是对学生数学素养的一个基本要求。

---

① 教育部基础教育课程教材专家工作委员会．义务教育数学课程标准（2011 年版）解读［M］．北京：北京师范大学出版社，2012：79.

（二）符号意识

符号化是数学的基本特征之一。符号是数学的语言，也是数学的工具。"从一般意义上说，所谓符号就是针对具体事物对象而抽象概括出来的一种简略的记号或代号。数字、字母、图形、关系式等构成了数学的符号系统。符号意识是学习者在感知、认识、运用数学符号方面所作出的一种主动性反应，它也是一种积极的心理倾向。"①

实例 2②　结合实例解释 $3a$

希望学生理解用字母表示的代数式是有一般意义的。a 可以表示数量，如葡萄的价格是 3 元/千克，则 $3a$ 表示买 a 千克的金额；a 可以表示长度，如一个等边三角形的边长为 a，则 $3a$ 表示这个三角形的周长；等等。

数学符号最本质的意义在于它是数学抽象的结果。比如，在数与代数中，数来源于对数量本质（多与少）的抽象，而数字就成为能够以大小排序的符号。数学符号不仅是一种表示方式，更是与数学概念、命题等具体内容相关的、体现数学基本思想的核心概念。发展学生的符号意识是数学教学的重要目标。

《义教数学课标（2011 年版）》指出："符号意识主要是指能够理解并且运用符号表示数、数量关系和变化规律。"它有两层意思：一是能够理解符号所表示的意义；二是能够运用符号去表示数学对象（数、数量关系和变化规律等）。理解符号表示的意义具体指：从实质上而不是形式上理解符号；全面地而不是孤立地、僵化地认识符号；注意符号与符号之间的关联等。

《义教数学课标（2011 年版）》指出："知道使用符号可以进行运算和推理，得到的结论具有一般性。"建立符号意识有助于学生理解符号的使用是数学表达和进行数学思考的重要形式。从某种意义上说，这正是符号意识作为一种"意识"需要强化的。这一要求的核心是基于运算和推理的符号"操作"意识。

《义教数学课标（2011 年版）》还指出："使学生理解符号的使用是数学表达和进行数学思考的重要形式。"数学表达是学生在解决具体问题时必须采用的方式，数学表达实质上就是以数学符号作为媒介的一种语言表达。通过培养学生的符号意识，发展学生的数学表达能力成为当今课堂关注的目标。

---

① 教育部基础教育课程教材专家工作委员会. 义务教育数学课程标准（2011 年版）解读［M］. 北京：北京师范大学出版社，2012. 83.

② 中华人民共和国教育部. 义务教育数学课程标准（2011 年版）［M］. 北京：北京师范大学出版社，2012：102.

（三）空间观念

实例 3①

从一个侧面为正方形的长方体实物中抽象出长方体、长方形、正方形、线段和顶点。

学生在日常生活中见到的物体都是立体的，而在纸上画出的图形都是平面的，这是一类很重要的抽象。特别是把物体表面分解，有利于培养学生的空间观念。

《义教数学课标（2011 年版）》对“空间观念”的表述主要分为以下方面：根据物体特征抽象出几何图形，根据几何图形想象出所描述的实际物体；想象出物体的方位和相互之间的位置关系；描述图形的运动和变化；依据语言的描述画出图形；等等。

“根据物体特征抽象出几何图形，根据几何图形想象出所描述的实际物体”实际就是：由形状简单的实物抽取出空间图形，或由空间图形反映出实物，这体现了三维图形和二维图形之间的相互转化。如根据某个简单实物或几何体，想象对应的三视图或展开图；反之，根据三视图或展开图想象对应的实物或几何体等。这是培养学生空间想象能力的第一步。

“想象出物体的方位和相互之间的位置关系”是培养学生空间想象能力的另一方面。方位与现实生活密切联系，对方位的感知和图形相互之间位置关系的把握，是空间观念的重要方面。

“描述图形的运动和变化；依据语言的描述画出图形等”是对图形的描绘。无论是描述图形的运动和变化，还是根据语言描述画出图形等，核心是提高学生的空间想象能力，发展空间观念。

《义教数学课标（2011 年版）》对空间观念的描述，是图形与几何内容学习中需要达成的目标。这是一个包括观察、想象、比较、综合、抽象分析等的过程，它贯穿在图形与几何学习的全过程中，包括图形的认识，图形的运动，图形与坐标等内容。

（四）几何直观

实例 4②

在直角坐标系中描出下列各点，将各组的点顺次连接起来。观察这个图形，你觉得像什么？

---

① 中华人民共和国教育部. 义务教育数学课程标准（2011 年版）［M］. 北京：北京师范大学出版社，2012：107.

② 中华人民共和国教育部. 义务教育数学课程标准（2011 年版）［M］. 北京：北京师范大学出版社，2012：112－113.

(1) (2, 0), (4, 0), (6, 2), (6, 6), (5, 8), (4, 6), (2, 6), (1, 8), (0, 6), (0, 2), (2, 0);

(2) (1, 3), (2, 2), (4, 2), (5, 3);

(3) (1, 4), (2, 4), (2, 5), (1, 5), (1, 4);

(4) (4, 4), (5, 4), (5, 5), (4, 5), (4, 4);

(5) (3, 3).

[说明] 在第二学段已经学习了利用方格纸画直角坐标系，理解整数坐标与格子点的对应关系。在第三学段将学习一般的直角坐标系。利用直角坐标系可以把数与图形有机地结合起来，有利于用代数方法研究几何问题，也有利于借助图形直观地探索数量关系的规律性。

《义教数学课标（2011 年版）》指出："几何直观主要是指利用图形描述和分析问题。借助几何直观可以把复杂的数学问题变得简明、形象，有助于探索解决问题的思路，预测结果。几何直观可以帮助学生直观地理解数学，在整个数学学习过程中都发挥着重要作用。"几何直观是依托、利用图形进行的思考和想象，是通过图形所展开的想象。如借助一维图形、二维图形想象三维空间，就是几何直观。几何直观在研究、学习数学中是非常重要的，是学生需要具备的一种基本能力。

在数学课程中，几何内容是很重要的一部分。几何课程的教育价值，最主要的有两个方面：一方面，几何能培养学生的逻辑推理能力；另一方面，它也能培养学生的几何直观能力。但目前，有些教师在认识上存在一定的局限性，认为几何教学仅仅培养学生的逻辑推理能力，忽视培养学生的几何直观能力。

（五）数据分析观念

实例 5①

某个公司有 15 名工作人员，他们的月工资情况如下表。计算该公司月工资的平均数、中位数和众数，并分别解释结果的实际意义。

职务	经理	副经理	职员
人数	1	2	12
月工资/元	5000	2000	800

《义教数学课标（2011 年版）》指出："数据分析观念包括：了解现实生活中有许多问题应当先做调查研究，收集数据，通过分析作出判断，体会

① 中华人民共和国教育部．义务教育数学课程标准（2011 年版）[M]．北京：北京师范大学出版社，2012：115－116．

数据中蕴涵着信息；了解对于同样的数据可以有多种分析的方法，需要根据问题的背景选择合适的方法；通过数据分析体验随机性，一方面对于同样的事情每次收集到的数据可能不同，另一方面只要有足够的数据就可能从中发现规律。数据分析是统计的核心。”

可见，统计的核心是数据分析。数据分析观念的建立强调这样几点：第一，体会数据中蕴涵着信息；第二，根据问题的背景选择合适的方法；第三，通过数据分析体验随机性，即对于同样的事情每次收集到的数据可能会不同，并且只要有足够的数据，就可能从中发现规律。

数据是信息的载体，这个载体包括数，也包括言语、信号、图像。凡是能够承载事物信息的东西都构成数据，而统计学就是通过这些载体来提取信息进行分析的科学和艺术。学生要充分体会到数据中蕴含着信息，认识到建立数据分析的方法有多种，但方法只有“好”与“坏”之分，没有“对”与“错”之分。进一步的，学生需要建立数据随机性的观念。这些体现了统计与概率独特的思维方法。

（六）运算能力

实例 6①

计算：（1）$\sqrt{12}+\sqrt{8}\times\sqrt{6}$；（2）$\sqrt{\frac{1}{2}+\frac{5}{\sqrt{2}}}$。

运算是数学的重要内容，在义务教育阶段各学段中，运算都占有很大比例。《义教数学课标（2011 年版）》在学段目标的知识与技能部分，对第三学段运算提出了明确的要求：“体验从具体情境中抽象出数学符号的过程，理解有理数、实数、代数式、方程、不等式、函数；掌握必要的运算（包括估算）技能；探索具体问题中的数量关系和变化规律，掌握用代数式、方程、不等式、函数进行表述的方法。”

运算不仅是数学课程中“数与代数”的重要内容，“图形与几何”“统计与概率”“综合与实践”也都与运算有着密切的联系，是不可或缺的内容。

《义教数学课标（2011 年版）》指出：运算能力主要是指能够根据法则和运算律正确地进行运算的能力。培养运算能力有助于学生理解运算的算理，寻求合理简洁的运算途径解决问题。

运算能力并非一种单一的、孤立的数学能力，而是运算技能与逻辑思维等的有机整合。在实施运算分析和解决问题的过程中，要力求做到善于分析运算条件，探究运算方向，选择运算方法，设计运算程序，使运算符合算

① 中华人民共和国教育部．义务教育数学课程标准（2011 年版）［M］．北京：北京师范大学出版社，2012：101－102.

理，合理简洁。简言之，运算能力不仅是一种数学的操作能力，更是一种数学的思维能力。

（七）推理能力

推理在数学中具有重要的地位。推理是数学的基本思维方式，也是人们学习和生活中经常使用的思维方式。

实例 7①

如果四边形 $ABCD$ 和 $BEFC$ 都是平行四边形，则四边形 $AEFD$ 也是平行四边形。某同学根据图 2-1 对这个问题给出了证明。

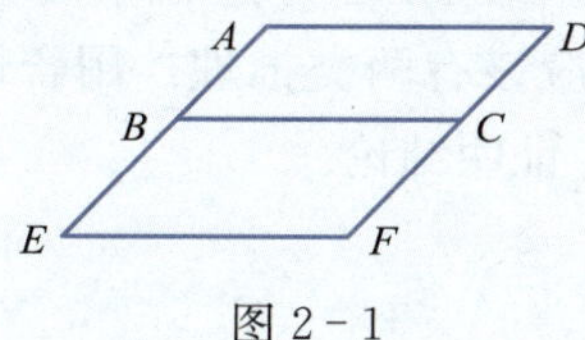

图 2-1

证明：因为 $ABCD$ 是平行四边形，

所以 $AD=BC$①；$AB=DC$②

又因为 $BEFC$ 也是平行四边形，

所以 $BC=EF$③；$BE=CF$④

由①③得 $AD=EF$⑤

由②④得 $AB+BE=DC+CF$⑥

因为⑤⑥成立，所以四边形 $AEFD$ 是平行四边形。

他考虑得全面吗？

《义教数学课标（2011 年版）》指出："推理一般包括合情推理和演绎推理，合情推理是从已有的事实出发，凭借经验和直觉，通过归纳和类比等推断某些结果；演绎推理是从已有的事实（包括定义、公理、定理等）和确定的规则（包括运算的定义、法则、顺序等）出发，按照逻辑推理的法则证明和计算。"

合情推理是数学家乔治·波利亚对归纳推理、类比推理等或然性推理（即推理的结论不一定成立的推理）的特称。

归纳推理是以个别（或特殊）的知识为前提，推出一般性知识为结论的推理。归纳推理的思维进程是从特殊到一般。按照它考虑的对象是否完全而又分为完全归纳推理和不完全归纳推理。由于完全归纳推理考查了推理前提中所有的对象或类，所以若前提成立，结论也一定成立，因此完全归纳推理

① 中华人民共和国教育部．义务教育数学课程标准（2011 年版）［M］．北京：北京师范大学出版社，2012：111-112.

不是或然推理而是必然推理。合情推理中的归纳推理一般指不完全归纳推理。类比推理是从特殊到特殊的推理。

演绎推理是从已有的事实（包括定义、公理、定理等）确定的规则出发，得到某个具体结论的推理，它是必然性推理（即只要推理前提真，得到的结论一定真）。它的思维进程是从一般到特殊。它的基本形式是三段论。

《义教数学课标（2011 年版）》同时指出："在解决问题的过程中，两种推理功能不同，相辅相成：合情推理用于探索思路，发现结论；演绎推理用于证明结论。"

波利亚很早就注意到"数学有两个侧面……用欧几里得的方式提出来的数学是一门系统的演绎科学；但在创造过程中的数学却是实验性的归纳科学"。因此，与之相适应，应该有两类推理：用合情推理获得猜想，发现结论；用演绎推理验证猜想，证明结论。

（八）模型思想

"所谓数学模型，就是根据特定的研究目的，采用形式化的数学语言，去抽象地、概括地表征所研究对象的主要特征、关系所形成的一种数学结构。在义务教育阶段数学中，用字母、数字及其他数学符号建立起来的代数式、关系式、方程、函数、不等式，及各种图表、图形等都是数学模型。"①

实例 8② 从年历中想到的

观察几个年份的年历和月历，思考下面几个问题：

(1) 在同一年的月历里，哪些月份的"月历表"的排列是基本一致的?

(2) 有一种计算机病毒叫"黑色星期五"，当计算机的日期是 13 日又是星期五时，这种病毒就发作。已知 2009 年 2 月 13 日是"黑色星期五"，请找出接下来的 4 个"黑色星期五"。

(3) 对于学有余力的学生，可以探索下面的问题：

许多人都认为，"办喜事"最好是"6 月 6 日星期六"，可是有人说："这样的日子是千载难逢"，你同意这种说法吗? 你能找出几个"6 月 6 日星期六"的具体年份吗?

这是一个通过对日常生活观察、发现某些规律的开放性问题，可以根据学生的学习情况，提出不同层次的问题。每一个问题的设计，都是为了让学生学会观察、思考和质疑，提高学生学习数学的兴趣，体会模型思想。

---

① 教育部基础教育课程教材专家工作委员会. 义务教育数学课程标准（2011 年版）解读［M］. 北京：北京师范大学出版社，2012：106.

② 中华人民共和国教育部. 义务教育数学课程标准（2011 年版）［M］. 北京：北京师范大学出版社，2012：121－122.

数学建模就是通过建立模型的方法来求得问题的数学活动过程。《义教数学课标（2011年版）》指出："模型思想的建立是学生体会和理解数学与外部世界联系的基本途径。建立和求解模型的过程包括：从现实生活中或具体情境中抽象出数学问题，用数学符号建立方程、不等式、函数等表示数学问题中的数量关系和变化规律，求出结果并讨论结果的意义。这些内容的学习有助于学生初步形成模型思想，提高学习数学的兴趣和应用意识。"这一过程的步骤可用如图2-2所示框图来体现：

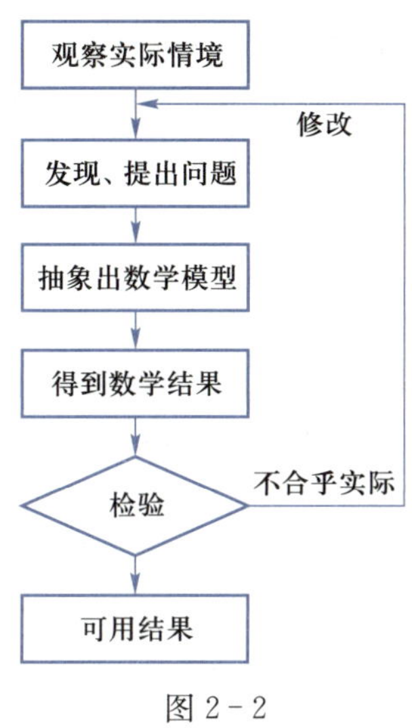

图2-2

这是数学建模较为完整的过程，其中最重要的是抽象出数学模型。义务教育阶段特别是小学的数学建模应视具体课程要求，不一定完全经历所有环节，这里有一个逐步提高的过程。

（九）应用意识

现代数学发展的一个典型特征是数学应用的空前发展。许多抽象的数学理论得到应用，数学向其他学科渗透形成新的交叉学科，即便是一些过去与数学无关的人文学科等也与数学发生了联系。各门科学向着数学化发展，已成为当今科技发展的一种趋势。同时，数学也逐渐渗透到人们生活的各个角落：面积、体积、对称、百分数、平均数、比例、角度、概率等成为社会生活中的常见名词；人口增长率、生产统计图、股票趋势图等不断出现在报刊、电视等大众信息传播媒介中；储蓄、债券、保险、面积和体积计算（估算）、购物决策等更是人们生活中不可回避的现实问题。现代社会比以往任何时候都更需要公民运用数学知识去面对生活和工作中的问题。学校数学课程需要根据时代发展要求，对数学的这种发展态势做出积极的反应。

《义教数学课标（2011年版）》指出："应用意识有两个方面的含义：一方面，有意识利用数学的概念、原理和方法解释现实世界中的现象，解决现实世界中的问题；另一方面，认识到现实生活中蕴涵着大量与数量和图形有关的问题，这些问题可以抽象成数学问题，用数学的方法予以解决。在整个数学教育的过程中都应该培养学生的应用意识，综合实践活动是培养应用意识很好的载体。”

这说明学生一要会“用”数学，二要有从现实生活中主动进行数学抽象的一种意识。如学生学习了“两点之间线段最短”，会有意识地联系实际解决问题，如“在两个汽车站之间，怎样设加油站的位置，使得到两个汽车站的距离最小”。在现实生活中遇到问题会通过建立数学模型制订购买方案等，例如，“商场打折，一种是满 200 元减 50 元，一种是直接打八折，选哪种打折方式最合算?”

（十）创新意识

创新的“新”有不同含义：对所有人都是“新”的（称为原创）；对某些人是“新”的；对自己是“新”的，自己没有做过的事情。在学习数学的过程中有好奇心，对新事物感兴趣，不断地发现和提出问题，有创新的欲望，尝试去做一些对自己是新的、没有想过、没有做过的事情，用学过的数学方法解决问题等，都是学生创新的表现。

发现和提出问题是创新的基础。在 20 世纪 70 年代，数学和数学教育领域开展了一次讨论，讨论的主题是：“在数学、数学教育中，什么是最重要的?”最重要的是数学的定义、公理、数学的概念、数学的定理吗？著名数学家哈默斯（Harmous）写了一篇阶段性的总结文章，认为问题是最重要的。问题是数学发展的源泉，也是数学创新的基础，研究数学与学习数学在这一点上没有本质的差异，只是深度和难度上的差异。问题可以把思考引向深处，问题可以发现新的思路。

《义教数学课标（2011 年版）》指出：创新意识的培养是现代数学教育的基本任务，应体现在数学教与学的过程之中。学生自己发现和提出问题是创新的基础；独立思考、学会思考是创新的核心；归纳概括得到猜想和规律，并加以验证，是创新的重要方法。创新意识的培养应该从义务教育阶段做起，贯穿数学教育的始终。

拓展阅读

教育部基础教育课程教材专家工作委员会. 义务教育数学课程标准（2011 年版）解读［M］. 北京：北京师范大学出版社，2012.

李铁安. 义务教育课程标准（2011 年版）案例式解读·初中数学［M］. 北京：教育科学出版社，2012：1－50.

第三节　初中数学课程目标

课程目标，是指学生通过一定阶段的数学课程学习应该达成的目标。教材编写、教师教学、学生学习，以及对教师和学生的评价，都要围绕课程目标来进行。义务教育阶段数学课程目标分为总体目标和学段目标，从知识技能、数学思考、问题解决、情感态度四个方面加以阐述。具体框架结构如图 2－3 所示。

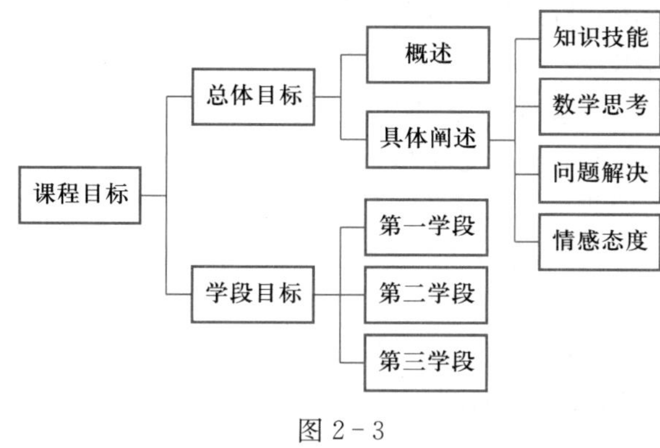

图 2－3

一、初中数学课程总目标

《义教数学课标（2011 年版）》规定了数学课程总目标，即通过义务教育阶段的数学学习，学生能：

（1）获得适应社会生活和进一步发展所必需的数学的基础知识、基本技能、基本思想、基本活动经验。

（2）体会数学知识之间、数学与其他学科之间、数学与生活之间的联系，运用数学的思维方式进行思考，增强发现和提出问题的能力、分析和解决问题的能力。

（3）了解数学的价值，提高学习数学的兴趣，增强学好数学的信心，养成良好的学习习惯，具有初步的创新意识和科学态度。

我们可以从以下几点理解数学课程总目标：

首先，课程总目标规定了“四基”的要求，即基础知识、基本技能、基本思想、基本活动经验。“四基”是一个有机整体，是互相联系、互相促进的。“基础知识和基本技能是数学教学的主要载体，需要花费较多的课堂时间；数学思想是数学教学的精髓，是统领课堂教学的主线；数学活动是不可或缺的教学形式。”①

① 教育部基础教育课程教材专家工作委员会. 义务教育数学课程标准（2011 年版）解读［M］. 北京：北京师范大学出版社，2012：121.

其次，“双基”是学生进一步学习以及适应未来社会、工作所需要的最初步、最基本的数学知识和技能。“双基”在不同时代的含义有所不同，要与时俱进地看待。过去作为“双基”的对数运算表、算盘等现在已不做要求，过去某些繁杂的计算、细枝末节的证明技巧等现在已降低要求，而对于估算、算法、十个核心概念、统计与概率、数学建模等内容的要求有所增加等。“双基”是数学课程目标的一部分，这部分内容看得见、可测量、易操作，往往是教学关注的焦点。

再次，数学课程目标除“双基”外，还包括数学基本思想的感悟、数学基本活动经验的积累。只有知识和技能是不够的，基本思想和基本活动经验更是学生数学素养的重要组成部分。① 数学基本思想应贯穿于数学学习过程；过程性目标实现的标志是学生形成基本活动经验。

最后，数学课程目标中包括了“发现问题和提出问题的能力”，以及“分析问题和解决问题的能力”。过去较多关注“分析问题和解决问题的能力”，忽视“发现和提出问题的能力”，而这是培养学生创新的关键。让学生了解数学的价值，提高学习数学的兴趣，增强学好数学的信心，养成良好的学习习惯，则是培养学生创新的前提。只有具备良好的情感态度和价值观，才能谈得上创新。数学课程目标体现了这一点。

二、初中数学课程具体目标

对于总目标，数学课程标准分为知识技能、数学思考、问题解决、情感态度四个方面，通过“了解（认识）、理解、掌握、灵活运用”等刻画知识技能的目标动词和“经历（感受）、体验（体会）、探索”等过程性动词进行了具体阐述。具体目标是对总目标的具体化，认识到具体目标的四个方面及四个方面的相互关系，可以更好地理解总目标。具体目标如表 2－2 所示。

表 2－2　《义教数学课标（2011 年版）》课程具体目标

知识技能	经历数与代数的抽象、运算与建模等过程，掌握数与代数的基础知识和基本技能。 经历图形的抽象、分类、性质探讨、运动、位置确定等过程，掌握图形与几何的基础知识和基本技能。 经历在实际问题中收集和处理数据、利用数据分析问题、获取信息的过程，掌握统计与概率的基础知识和基本技能。 参与综合实践活动，积累综合运用数学知识、技能和方法等解决简单问题的数学活动经验。

① 马云鹏．数学：“四基”明确数学素养——《义务教育数学课程标准（2011 年版）》热点问题访谈［J］．人民教育，2012（6）．

续表

数学思考	建立数感、符号意识和空间观念，初步形成几何直观和运算能力，发展形象思维与抽象思维。 体会统计方法的意义，发展数据分析观念，感受随机现象。 在参与观察、实验、猜想、证明、综合实践等数学活动中，发展合情推理和演绎推理能力，清晰地表达自己的想法。 学会独立思考，体会数学的基本思想和思维方式。
问题解决	初步学会从数学的角度发现问题和提出问题，综合运用数学知识解决简单的实际问题，增强应用意识，提高实践能力。 获得分析问题和解决问题的一些基本方法，体验解决问题方法的多样性，发展创新意识。 学会与他人合作交流。 初步形成评价与反思的意识。
情感态度	积极参与数学活动，对数学有好奇心和求知欲。 在数学学习过程中，体验获得成功的乐趣，锻炼克服困难的意志，建立自信心。 体会数学的特点，了解数学的价值。 养成认真勤奋、独立思考、合作交流、反思质疑等学习习惯。 形成坚持真理、修正错误、严谨求实的科学态度。

具体目标包括知识技能、数学思考、问题解决、情感态度等四个方面。这四个方面不是相互独立和割裂的，而是一个密切联系、相互交融的有机整体。在课程设计和教学活动组织中，应同时兼顾这四个方面的目标。这些目标的整体实现，是学生受到良好数学教育的标志，它对学生的全面、持续、和谐发展有着重要的意义。数学思考、问题解决、情感态度的发展离不开知识技能的学习，知识技能的学习必须有利于其他三个目标的实现。

三、初中数学课程阶段性目标

学段目标分三个学段阐述。学段目标结合了每个学段的学习内容，也考虑了每个学段学生的年龄心理特点。以下主要呈现第三学段（7～9 年级）的目标，即初中阶段数学第三学段课程目标（表 2－3）。

表 2－3 《义教数学课标（2011 年版）》第三学段课程目标

知识技能	1. 体验从具体情境中抽象出数学符号的过程，理解有理数、实数、代数式、方程、不等式、函数；掌握必要的运算（包括估算）技能；探索具体问题中的数量关系和变化规律，掌握用代数式、方程、不等式、函数进行表述的方法。

续表

知识技能	2. 探索并掌握相交线、平行线、三角形、四边形和圆的基本性质与判定，掌握基本的证明方法和基本的作图技能；探索并理解平面图形的平移、旋转、轴对称；认识投影与视图；探索并理解平面直角坐标系及其应用。 3. 体验数据收集、处理、分析和推断过程，理解抽样方法，体验用样本估计总体的过程；进一步认识随机现象，能计算一些简单事件的概率。
数学思考	1. 通过用代数式、方程、不等式、函数等表述数量关系的过程，体会模型的思想，建立符号意识；在研究图形性质和运动、确定物体位置等过程中，初步建立几何直观。 2. 了解利用数据可以进行统计推断，发展建立数据分析观念；感受随机现象的特点。 3. 体会通过合情推理探索数学结论，运用演绎推理加以证明的过程，在多种形式的数学活动中，发展合情推理与演绎推理的能力。 4. 能独立思考，体会数学的基本思想和思维方式。
问题解决	1. 初步学会在具体的情境中从数学的角度发现问题和提出问题，并综合运用数学知识和方法等解决简单的实际问题，增强应用意识，提高实践能力。 2. 经历从不同角度寻求分析问题和解决问题的方法的过程，体验解决问题方法的多样性，掌握分析问题和解决问题的一些基本方法。 3. 在与他人合作和交流过程中，能较好地理解他人的思考方法和结论。 4. 能针对他人所提的问题进行反思，初步形成评价与反思的意识。
情感态度	1. 积极参与数学活动，对数学有好奇心和求知欲。 2. 感受成功的快乐，体验独自克服困难、解决数学问题的过程，有克服困难的勇气，具备学好数学的信心。 3. 在运用数学表述和解决问题的过程中，认识数学具有抽象、严谨和应用广泛的特点，体会数学的价值。 4. 敢于发表自己的想法、勇于质疑、敢于创新，养成认真勤奋、独立思考、合作交流等学习习惯，形成严谨求实的科学态度。

课程目标的表述，充分体现了九年义务教育的一贯性、系统性和联系性。下面从四个具体目标在三个学段的表述进行说明。

“知识技能”课程目标的表述，除了结果性目标，还包括了“经历”“体会”“感受”“体验”“探索”等过程性目标，这从表 2－3 中可以体现。此外，过程性目标的表述是逐步深入的。如“数与代数”领域，第一学段要求经历从日常生活中抽象出数的过程；第二学段要求体验从具体情境中抽象出数的过程；第三学段要求体验从具体情境中抽象出数学符号的过程。这是逐步抽象出数以及符号的过程，反映了课程目标的逐步深入。

“数学思考”课程目标的表述，同样体现了逐步深入、螺旋上升的要求。如“图形与几何”领域关于空间观念和几何直观，第一学段要求“在从物体中抽象出几何图形、想象图形的运动和位置的过程中，发展空间观念”；第二学段要求“初步形成空间观念；感受几何直观的作用”；第三学段要求“在研究图形性质和运动、确定物体位置等过程中，进一步发展空间观念；经历借助图形思考问题的过程，初步建立几何直观”。这里从“发展空间观念”到“初步形成空间观念”，再到“进一步发展空间观念”；从“感受几何直观的作用”到“初步建立几何直观”，体现课程目标的逐渐深化。

“问题解决”课程目标的表述，在发现、提出和解决问题方面的表述分别为：第一学段要求“能在教师的指导下，从日常生活中发现和提出简单的数学问题，并尝试解决”；第二学段要求“尝试从日常生活中发现并提出简单的数学问题，并运用一些知识加以解决”；第三学段要求“初步学会在具体的情境中从数学的角度发现问题和提出问题，并综合运用数学知识和方法等解决简单的实际问题，增强应用意识，提高实践能力”。学生提出和发现问题从最初的“教师指导下”进行，到“尝试性”进行，再到“逐步学会”；问题来源从“日常生活”到一般的“具体情境”；问题解决从“尝试解决”，到“运用一些知识加以解决”，再到“综合运用数学知识和方法等解决”，这些都体现了课程目标的逐渐深化。

阅读 2.2　“数学基本活动经验”研究：内涵与维度划分

“情感态度”课程目标，在引发好奇心和求知欲方面，第一学段要求“对身边与数学有关的事物有好奇心，能参与数学活动”；第二学段要求“愿意了解社会生活中与数学相关的信息，主动参与数学学习活动”；第三学段要求“积极参与数学活动，对数学有好奇心和求知欲”。这里从“有好奇心，能参与”到“愿意了解”“主动参与”，再到“积极参与数学活动；范围从“身边与数学有关的事物”到“社会生活中与数学相关的信息”，体现课程目标的逐步深入。

阅读 2.3　学会数学思考积淀思维经验

第四节　初中数学课程的内容标准

在第三学段中，安排了四个部分的课程内容：数与代数、图形与几何、统计与概率、综合与实践。

一、数与代数

“数与代数”是研究现实世界事物的数量关系及其变化规律的数学模型，它可以帮助人们从数量关系的角度更准确地认识、描述和把握现实世界。第三学段，“数与代数”的内容分为三部分：数与式；方程与不等式；函数。

（一）数与式：有理数；实数；代数式；整式与分式

（二）方程与不等式：方程与方程组；不等式与不等式组

（三）函数：函数；一次函数；反比例函数；二次函数

数与代数学习内容的主线是：从数及数的运算到代数式及其运算，再到方程和解方程、函数。在数的认识中，要理解从数量抽象出数，数的扩充；在数的运算中，从整数、小数、分数的四则运算到有理数的运算，再到乘方和开方的运算等。这条主线体现了两个抽象：表示方法的抽象和运算的逐步抽象。总体上是这条主线，但在学生学习的过程中，这几部分不是线性排列的，不是割裂的。比如，小学是以数的运算为主，但在第二学段中也有正反比例的初步学习。

（一）数与式

引入负数，既是实际的需要，用以刻画现实世界中具有相反意义的量；又是数学自身将数集扩充为有理数集的需要，用以解决数集与运算封闭性的矛盾。尽管在第二学段，结合熟悉的生活情境，学生了解了负数的意义，能用负数表示日常生活中的一些量，讨论了负数的实际意义，但是并未实施负数的运算，也就难以在数与数集的层面上，引入负数和有理数的相关概念以及相应的运算法则，形成数学意义上数集的扩充。在实际中经常遇到开平方和开立方的运算，因此引入无理数，将数的范围从有理数集扩充到实数集，同样既是实际的需要，又是数学自身将数集扩充的需要。形成有理数与实数的相关概念，是分两个阶段进行的。

同时，引入代数式的概念，系统研究整式和分式是第三学段有关“式”的主要内容。

（二）方程与不等式

第二学段已经对方程进行了初步的研究：能用方程表示简单情境中的等量关系，了解方程的作用；能解简单的方程。但尚未形成方程的概念，更未系统研究各类方程的解法。在第三学段，《义教数学课标（2011 年版）》对方程与方程组规定了比较系统和全面的学习内容。

“相等”与“不等”是数学中两种基本的数量关系，二者相辅相成，形成对数量关系的完整的认识，是进一步学习数学不可缺少的基础知识和有效工具，也是分析和解决一些实际问题的重要方法。解数字系数的一元一次不等式与解数字系数的一元一次方程的关系十分密切，具有知识和方法迁移的特点，应注意二者的联系和区别。

（三）函数

函数在第三学段“数与代数”部分占有重要的地位。由常量数学过渡到变量数学，在数学思维上是一个飞跃，对培养学生的逻辑思维能力和辩证唯物主义观点具有重要的意义和作用；很多常量数学不能解决的问题，运用变量数学能够得到很好的解决；变量数学是学习物理、化学等其他学科的有力工具；很多常量数学的问题，用变量数学的观点加以解释或解决，更能突显理性思维的特点和作用；函数是一种具有普遍意义的数学模型，在分析和解决一些实际问题中有着广泛的应用。

同时，函数与方程、不等式有着密切的联系，作为一条主线，它是初中阶段数与代数内容的核心。因此，对函数内容应给予足够重视。

二、图形与几何

“图形与几何”的课程内容，以发展学生的空间观念、几何直观、推理能力为核心展开，第三学段主要包括图形的性质、图形的变化、图形与坐标三部分内容：

- （一）图形的性质
  - 点、线、面、角
  - 相交线与平行线
  - 三角形
  - 四边形
  - 圆
  - 尺规作图
  - 定义、命题、定理
- （二）图形的变化
  - 图形的轴对称
  - 图形的旋转
  - 图形的平移
  - 图形的相似
  - 图形的投影
- （三）图形与坐标
  - 坐标与图形位置
  - 坐标与图形运动

培养学生的几何证明能力，无疑是初中阶段“图形与几何”部分的重要内容之一。除此，“图形与几何”在培养学生空间观念和几何直观方面的作用更应引起足够的重视，这是几何学习极为重要的目标。《义教数学课标（2011 年版）》指出："'证明'的教学应关注学生对证明必要性的感受，对证明基本方法的掌握和证明过程的体验。证明命题时，应要求证明过程及其表述符合逻辑，清晰而有条理。"此外，还可以恰当地引导学生探索证明同一命题的不同思路和方法，发展学生思维的广阔性和灵活性。

实例 9①　探索并了解：过圆外一点所画的圆的两条切线长相等

通过探索与了解此结论的证明，帮助学生体验发现结论到验证结论的过程。教学中可以参考安排如下的过程：

（1）发现结论。在透明纸上画出如图 2－4（a）的图：设 PA，PB 是圆 O 的两条切线，A 和 B 是切点。让学生操作：沿直线 OP 将图形对折，启发学生思考，或者组织学生交流。学生可以发现：$PA=PB$，$\angle APO=\angle BPO$。这是通过实例发现图形性质的过程。启发学生由特殊到一般，通过合情推理推测出切线长定理的结论。

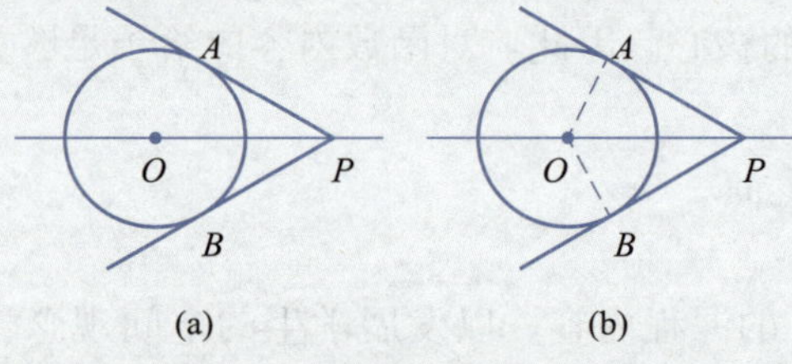

图 2－4

（2）证明结论的正确性。如图 2－4（b），连接 OA 和 OB。因为 PA 和 PB 是圆 O 的切线，所以 $\angle PAO=\angle PBO=90°$，即 $\triangle POA$ 和 $\triangle POB$ 均为直角三角形。又因为 $OA=OB$ 和 $OP=OP$，所以 $\triangle POA$ 和 $\triangle POB$ 全等。于是有 $PA=PB$，$\angle APO=\angle BPO$。

这是通过演绎推理证明图形性质的过程。

由此可见，合情推理与演绎推理是相辅相成的两种推理形式，都是研究图形性质的有效工具。上述证明没有采用形式化的三段论，但有利于初学者把握证明的条理和说理的逻辑。

三、统计与概率

"统计与概率"的内容在新课程中得到了较大重视，"统计与概率"已成为和"数与代数""图形与几何""综合与实践"并列的四部分之一，而统计则成为这一部分内容的重点。"统计与概率"课程内容如表 2－4 所示。

① 中华人民共和国教育部．义务教育数学课程标准（2011 年版）［M］．北京：北京师范大学出版社，2012：110－111.

表 2-4　第三学段“统计与概率”课程内容

抽样与数据分析	1. 经历收集、整理、描述和分析数据的活动，了解数据处理的过程；能用计算器处理较为复杂的数据。 2. 体会抽样的必要性，通过实例了解简单随机抽样。 3. 会制作扇形统计图，能用统计图直观、有效地描述数据。 4. 理解平均数的意义，能计算中位数、众数、加权平均数，了解它们是数据集中趋势的描述。 5. 体会刻画数据离散程度的意义，会计算简单数据的方差。 6. 通过实例，了解频数和频数分布的意义，能画频数直方图，能利用频数直方图解释数据中蕴涵的信息。 7. 体会样本与总体的关系，知道可以通过样本平均数、样本方差推断总体平均数和总体方差。 8. 能解释统计结果，根据结果作出简单的判断和预测，并能进行交流。 9. 通过表格、折线图、趋势图等，感受随机现象的变化趋势。
事件的概率	1. 能通过列表、画树状图等方法列出简单随机事件所有可能的结果，以及指定事件发生的所有可能结果，了解事件的概率。 2. 知道通过大量的重复试验，可以用频率来估计概率。

《义教数学课标（2011 年版）》将“数据分析观念”作为核心概念，为理解这部分内容的主线提供了重要指导。“统计与概率”课程的内容主线确定为如下几个方面：

（一）数据分析过程

使学生树立数据分析的观念，最有效的方法是让他们投入到数据分析的全过程中去。在此过程中，学生不仅学习一些必要的知识和方法，同时还将体会数据中蕴涵着信息，提高自己运用数据分析问题、解决问题的能力。

实例 10　三个学段中关于数据分析过程的例子

第一学段（《义教数学课标（2011 年版）》例 19）：对全班同学的身高进行调查分析。

学校一般每年都要测量学生的身高，这为学习统计提供了很好的数据资源，因此这个问题可以贯穿第一学段和第二学段，根据不同学段的学生特点，要求可以有所不同。希望学生把每年测量身高的数据都保留下来，养成保存资料的习惯。在第一学段，主要让学生感悟可以从数据中得到一些信息。

第二学段（《义教数学课标（2011 年版）》例 38）：对全班同学的身高的数据进行整理和分析。

在上面的例子中，已经引导学生对全班同学身高的数据进行初步分析。在这个学段中，要求学生结合以前积累的身高数据，进行进一步的整理，然后进行分析。整理的目的是便于分析。例如，条形统计图有利于直观了解不同高度段的学生数及其差异；扇形统计图有利于直观了解不同高度段的学生占全班学生的比例及其差异；折线统计图有利于直观了解几年来学生身高变化的情况，预测未来身高变化趋势。学生还可以讨论用什么数据来代表全班同学的身高，自己的身高在全班的什么位置。

第三学段（《义教数学课标（2011 年版）》例 70）：比较自己班级与别的班级同学的身高状况。

对于两个班级学生身高状况比较，通常可以通过平均值来判断，但有时候仅仅通过平均数是不够的，如果一个班同学之间身高差异很大，而另一个班同学之间身高差异很小，即使前一个班的平均值高一些，也不能说这个班的整体状况很好。因此，在判断身高状况时，不仅要看平均值，还需要参考方差。

进一步，可以引导学生逐渐深入地进行数据分析，可以要求学生把身高分段，画出频率分布直方图，并引导学生讨论，通过直方图是否能得到更多的信息。

（二）数据分析方法

掌握必要的收集数据、整理数据、描述数据和分析数据的方法，是统计课程内容的第二条主线。

在收集数据方面，所涉及的数据可能是全体的数据（总体数据），也可能是通过抽样获得的数据（抽样数据）。在第一、第二学段中，学生收集的基本都是总体数据；而在第三学段中，学生将开始学习抽样，体会抽样的必要性，通过实例了解简单随机抽样。

当收集了一堆数据以后，这些数据往往看起来比较杂乱，这就需要整理数据，在不损失信息的前提下，对看起来杂乱无章的数据进行必要的归纳和整理，然后把整理后的数据运用统计图表等直观地表示出来，并加以适当的分析，为人们做出决策和推断提供依据。义务教育阶段数据分析常用方法如表 2 - 5 所示。

表 2 - 5　义务教育阶段数据分析常用方法

收集数据的方法	调查、试验、测量、查阅资料等
整理数据、描述数据	分类；条形统计图、扇形统计图、折线统计图
分析数据	平均数；频数与频数分布直方图；中位数和众数；极差、方差

（三）数据的随机性

推断性数据分析的目的是要通过数据来推断产生这些数据的背景，称这个背景为总体。假定总体是未知的，我们的目的是通过样本来推断总体。而在调查或在试验之前，我们不可能知道数据的具体取值。也就是说，数据可以取不同的值，并且取不同值的概率可以是不一样的，这就是数据随机性的由来。

《义教数学课标（2011 年版）》将数据随机作为数据分析观念的内涵之一。数据的随机主要由两层含义：一方面对于同样的事情每次收集到的数据可能会是不同的；另一方面只要有足够多的数据就可能从中发现规律。

（四）随机现象及简单随机事件发生的概率

在概率学习中，帮助学生了解随机现象是重要的。在义务教育阶段，所涉及的随机现象都基于简单随机事件：所有可能发生的结果是有限的，每个结果发生的可能性是相同的。从第二学段开始，《义教数学课标（2011 年版）》安排了概率的学习，并且根据学生年龄特点，第二学段称为“随机现象发生的可能性”，第三学段称为“事件的概率”。

四、综合与实践

《义教数学课标（2011 年版）》在教学内容中设置了四个部分，“综合与实践”是其中一个重要内容，这也是《义教数学课标（2011 年版）》的一个特色。这个部分反映数学课程与数学教学改革的要求，是数学课程中一个较新的内容，理解和把握这个领域，对于数学课程的发展和数学教学的改革是非常重要的。

“综合与实践”内容设置的目的在于培养学生综合运用有关的知识与方法解决实际问题的能力，培养学生的问题意识、应用意识和创新意识，积累学生的数学基本活动经验。“综合与实践”是一类以问题为载体、以学生自主参与为主的学习活动。在学习活动中，学生将综合运用数与代数、图形与几何、统计与概率等知识和方法解决问题。“综合与实践”的教学活动应当保证每学期至少一次，可以在课堂上完成，也可以课内外相结合。提倡把这种教学形式体现在日常教学活动中。

在“综合与实践”中，问题选择要适合初中学生的年龄特征。初中学生已经具有一定的数学知识和应用数学方法的实践经验，也具有一定的数学基本活动经验，“综合与实践”课程有较大的实施空间。“综合与实践”课程内容如表2－6所示。

表 2-6 第三学段“综合与实践”课程内容

1. 结合实际情境，经历设计具体问题的方案，并加以实施的过程，体验建立模型、解决问题的过程，并在此过程中，尝试发现和提出问题。
2. 会反思参与活动的全过程，将研究的过程和结果形成报告或小论文，并能进行交流，进一步获得数学活动经验。
3. 通过对有关问题的探讨，了解所学过知识（包括其他学科知识）之间的关联，进一步理解有关知识，发展应用意识和能力。

实例 11① **看图说故事**

如图 2-5，设计两个不同问题情境，使情境中出现的一对变量满足图示的函数关系。结合图像，讲出这对变量的变化过程的实际意义。

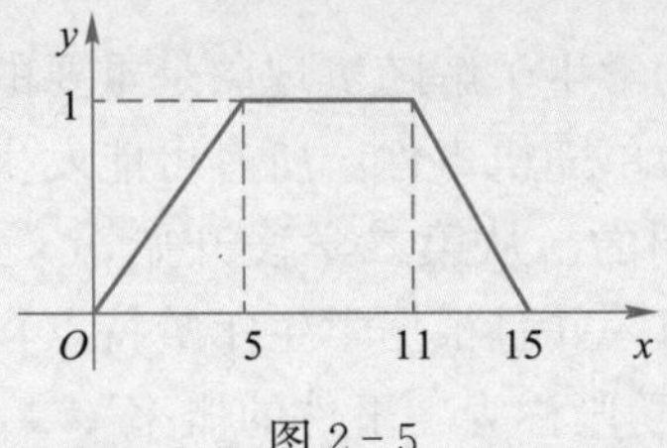

图 2-5

该问题属于数学与学生生活经验的综合，可在课内或课内外结合解决的问题，适合八年级。通过这个活动，激发学生自己思考并构造出满足特定关系的函数实例，以加深对函数的理解。

在探寻解答途径与实践操作这两个教学环节中，可以引导学生先观察图像，通过观察分析、小组讨论、合作学习，联想生活中的变量，思考哪两个变量之间可能存在上述图像所表达的函数关系。

在交流评价阶段，将学生自己设计的情境介绍给大家，与同学们一起分享成果和收获。学生可以设计多种情境。比如，把这个图看成“小王骑车的 s-t 图”，可以说出下面的故事：小王以 400 米/分的速度匀速骑了 5 分，在原地休息了 6 分，然后以 500 米/分的速度匀速骑回出发地。再比如，有一个容积为 2 升的开口空瓶子，小王以 0.4 升/秒的速度向这个瓶子注水，注 5 秒后停止，等 6 秒后，再以 0.5 升/秒的速度匀速倒空瓶中的水。

教师可以鼓励学生，创设不同的符合函数关系和实际情况的情境。

【思考与实践】利用树叶的特征对树木分类

(1) 收集三种不同树的树叶，每种树叶的数量相同，比如，每种树选

---

① 中华人民共和国教育部. 义务教育数学课程标准（2011 年版）[M]. 北京：北京师范大学出版社，2012：123-124.

10 片树叶。

(2) 分类测量每种树叶的长和宽，列表记录所得到的数据。

(3) 分别计算出树叶的长宽比，估计每种树树叶的长宽比。

(4) 验证估计的结果。

试着以此问题为例，组织一次综合与实践的教学活动。

第五节　初中数学教学建议

教学活动是师生积极参与、交往互动、共同发展的过程。数学教学应根据具体的教学内容，注意使学生在获得间接经验的同时也能够有机会获得直接经验，即从学生实际出发，创设有助于学生自主学习的问题情境，引导学生通过实践、思考、探索、交流等，获得数学的基础知识、基本技能、基本思想、基本活动经验，促使学生主动地、富有个性地学习，不断提高发现问题和提出问题的能力、分析问题和解决问题的能力。

在数学教学活动中，教师要把基本理念转化为自己的教学行为，处理好教师讲授与学生自主学习的关系，注重启发学生积极思考；发扬教学民主，当好学生数学活动的组织者、引导者、合作者；激发学生的学习潜能，鼓励学生大胆创新与实践；创造性地使用教材，积极开发、利用各种教学资源，为学生提供丰富多彩的学习素材；关注学生的个体差异，有效地实施有差异的教学，使每个学生都得到充分的发展；合理地运用现代信息技术，有条件的地区，要尽可能合理、有效地使用计算机和有关软件，提高教学效益。

一、数学教学活动要注重课程目标的整体实现

《义教数学课标（2011 年版）》强调了课程目标的“整体实现”，而不仅仅是实现知识技能的目标。课程目标的整体实现，需要教师总体把握数学课程的总体目标和分段目标，并在教学的每个环节（教学目标的设计、教学过程的展开、教学形式的选择等）都要关注课程目标的整体实现。

为使每个学生都受到良好的数学教育，数学教学不仅要使学生获得数学的知识技能，而且要把知识技能、数学思考、问题解决、情感态度等四个方面目标有机结合，整体实现教学目标。

二、重视学生在学习活动中的主体地位

教育的本质是使学生得到全面的发展，这种发展的具体表现主要是：理解和掌握的知识技能越来越多；对数学思想的感悟越来越深入，思维能力不

断提高；良好的学习习惯逐步养成，人格不断健全。要使学生获得这样的全面发展，必须认真落实学生的主体地位。

有效的数学教学活动是教师教与学生学的统一，应体现“以人为本”的理念，促进学生的全面发展。

学生是数学学习的主体，在积极参与学习活动的过程中不断得到发展；教师应成为学生学习活动的组织者、引导者、合作者，为学生的发展提供良好的环境和条件；处理好学生主体地位和教师主导作用的关系。

实例 12①　“反比例函数的图像”的教学设计

组织学生讨论：根据反比例函数 $y=\frac{1}{x}$ 的表达式，能想象它的图像可能具有什么特征？

这个问题引导学生由“数”想“形”。比如，由于 x 不为 0，可知这个函数的图像与 y 轴没有交点。类似地，由 $y\neq 0$，可知这个函数的图像与 x 轴也没有交点；由 $xy=1$，可知 x 和 y 所取值的符号相同，即反比例函数 $y=\frac{1}{x}$ 的图像在第一、三象限。

此时，根据学生的实际情况，继续提出问题，引导学生更深入地思考：反比例函数图像在第一象限怎样变化？这个函数图像在第三象限呢？点 $(1, 1)$ 与点 $(-1, -1)$、点 $(2, 2)$ 与点 $(-2, -2)$……都在反比例函数 $y=\frac{1}{x}$ 的图像上吗？像这样的两个点有什么特殊的位置关系？

在这样的教学流程中，学生在“问题”的引导下，可以开展积极的思维活动。通过探索，他们不仅能获得关于反比例函数图像的知识和技能，而且能感悟数形结合的思想，积累画函数图像的经验，这对于研究其他函数具有普遍的意义。

三、注重学生对基础知识、基本技能的理解和掌握

知识技能既是学生发展的基础性目标，又是落实数学思考、问题解决、情感态度目标的载体。注重“双基”，要求学生做到“基础知识扎实，基本技能熟练”，是我国数学教学的传统，也是我国数学教学的重要特色。

第一，数学知识的教学，应注重学生对所学知识的理解，体会数学知识之间的关联。

学生掌握数学知识，不能依赖死记硬背，而应以理解为基础，并在知识

① 教育部基础教育课程教材专家工作委员会．义务教育数学课程标准（2011 年版）解读［M］．北京：北京师范大学出版社，2012：264－265.

的应用中不断巩固和深化。为了帮助学生真正理解数学知识，教师应注重数学知识与学生生活经验的联系、与学生学科知识的联系，组织学生开展实验、操作、尝试等活动，引导学生进行观察、分析，抽象概括，运用知识进行判断。教师还应揭示知识的数学实质及其体现的数学思想，帮助学生理清相关知识之间的区别和联系等。

第二，在基本技能的教学中，不仅要使学生掌握技能操作的程序和步骤，还要使学生理解程序和步骤的道理。例如，对于整数乘法计算，学生不仅要掌握如何进行计算，而且要知道相应的算理；对于尺规作图，学生不仅要知道作图的步骤，而且要能知道实施这些步骤的理由。

四、感悟数学基本思想，积累数学基本活动经验

《义教数学课标（2011 年版）》指出："数学思想蕴含在数学知识形成、发展和应用的过程中，是数学知识和方法在更高层次上的抽象与概括，如抽象、分类、归纳、演绎、模型等。"其中最基本的数学思想是抽象、推理、模型。在义务教育阶段应结合具体的教学内容逐步渗透数学的基本思想。

例如，分类是一种重要的数学思想。学习数学的过程中经常会遇到分类问题，如数的分类、图形的分类、代数式的分类、函数的分类等。在研究数学问题中，常常需要通过分类讨论解决问题，分类的过程就是对事物共性的抽象过程。教学活动中，要使学生逐步体会为什么要分类，如何分类，如何确定分类的标准，如何认识对象的性质，如何区别不同对象的不同性质。通过多次反复的思考和长时间的积累，使学生逐步感悟分类是一种重要的思想。学会分类，可以有助于学习新的数学知识，有助于分析和解决新的数学问题。

又如，"四边形的分类"的教学，可以先给学生不同形状的四边形卡片，让学生分小组探讨如何对四边形进行分类，给出明确的分类标准，讨论同一类的判定、性质，不同四边形的关系。学生在思考和解决这样问题的过程中，不断对"如何进行分类"这个问题进行深入思考，并且在与其他同学进行探讨的过程中不断修正和调整自己的想法，逐步找到合理的分类标准。经历这样的过程，学生对"分类"思想的认识要比教师直接讲结论印象深刻得多。这就是"悟"的过程，理解数学思想就是在"悟"的过程中逐渐建立起来的。

数学基本活动经验的积累是提高学生数学素养的重要标志。帮助学生积累数学基本活动经验是数学教学的重要目标，是学生不断经历、体验各种数学活动过程的结果。数学基本活动经验需要在"做"和"思考"的过程中积淀，是在数学学习活动过程中逐步积累的。

五、关注学生情感态度的发展

义务教育数学课程的具体目标，包含“知识技能”“数学思考”“问题解决”“情感态度”四个方面。

由于“情感态度与价值观”方面的目标往往容易被教师忽视，所以我们有必要特别强调“情感态度与价值观”方面的目标对于学生成长的意义，以便教师备课和实施教学活动时都能够主动关注这一目标。

根据课程目标，广大教师应把落实情感态度的目标作为己任，努力把情感态度目标有机地融合在数学教学过程之中。设计教学方案、进行课堂教学活动时，应当经常考虑如下问题：

如何引导学生积极参与教学过程？

如何组织学生探索，鼓励学生创新？

如何引导学生感受数学的价值？

如何使学生愿意学、喜欢学，对数学感兴趣？

如何让学生体验成功的喜悦，从而增强自信心？

如何引导学生善于与同伴合作交流，既能理解、尊重他人的意见，又能独立思考、大胆质疑？

……

六、合理把握“综合与实践” 的实施

“综合与实践”的实施是以问题为载体、以学生自主参与为主的学习活动。它有别于学习具体知识的探索活动，更有别于课堂上教师的直接讲授。它是教师通过问题引领、学生全程参与、实践过程相对完整的学习活动。

教师在教学设计和实施时应特别关注的几个环节是：问题的选择，问题的展开过程，学生的参与方式，学生的合作交流，活动过程和结果的展示与评价等。

【思考与实践】阅读下面案例，谈谈教师是否合理把握了“综合与实践”的实施。

从年历中想到的规律①

观察几个年份的年历和月历，思考下面几个问题：

（1）在同一年的月历中，哪些月份的“月历表”的排列是基本一致的？

（2）有一种计算机病毒叫“黑色星期五”，当计算机的日期是13日又是

① 李铁安．义务教育课程标准（2011年版）案例式解读·初中数学［M］．北京：教育科学出版社，2012：163.

星期五时，这种病毒就发作。请找出最近的 5 个使“黑色星期五”发作的年、月、日。

活动资料：多媒体课件。

活动过程：

教师利用多媒体课件出示日历，让学生观察，发现问题(1)和问题(2)的答案。对问题(1)个别学生能找出答案，但对问题(2)比较吃力。

看到学生长时间没有结果，教师没有继续在引导方面下功夫，转而按数学教学预设的讲课形式进行。教师直接介绍了如何按“平年和闰年”分类去找，讲到了日历周期规律。多数学生直接按教师的方法找出答案。

师生很快完成了教学任务。最后教师总结。

七、教学中应当注意的几个关系

（一）面向全体学生与关注学生个体差异的关系

在义务教育阶段，面向全体学生是所有学科教学的基本原则。努力使全体学生达到课程目标的基本要求，既是数学教学活动的出发点，又是数学教学活动的落脚点。教学活动中，问题情境的设计、教学过程的展开、练习的安排等都要尽可能让所有学生主动参与，调动每一个学生的积极性，提供发表各自意见的机会，形成有效的合作交流、师生互动的良好氛围。

对于学习有困难的学生，教师要给予及时的关注与帮助，鼓励他们主动参与数学学习活动，并尝试用自己的方式解决问题，发表自己的看法，要及时地肯定他们的点滴进步，耐心地引导他们分析产生困难或错误的原因，并鼓励他们自己去改正，从而增强学习数学的兴趣和信心。对于学有余力并对数学有兴趣的学生，教师要为他们提供足够的材料和思维空间，指导他们阅读，发展他们的数学才能。

（二）“预设”与“生成”的关系

教学方案是教师对教学过程的“预设”，教学方案的形成依赖教师对教材的理解、钻研和再创造。理解和钻研教材，应以本标准为依据，把握好教材的编写意图和教学内容的教育价值；对教材的再创造，集中表现为能根据所教班级学生的实际情况，选择贴切的教学素材和教学流程，准确体现基本理念和课程内容规定的要求。

实施教学方案，是把“预设”转化为实际的教学活动。在这个过程中，师生双方的互动往往会“生成”一些新的教学资源，这就需要教师能够及时把握，因势利导，适时调整预案，使教学活动收到更好的效果。

【思考与实践】比较以下两个教学片段①，谈谈你对处理“预设”与“生成”关系的想法。

教学片段1：“勾股定理”复习课

师：以直角三角形的每一条边为边向外作正方形，根据勾股定理 $a^2+b^2=c^2$，得出它们的面积之间具有如下关系：$S_1+S_2=S_3$，那么，向外作其他图形是否也存在 $S_1+S_2=S_3$ 这样的关系呢？

生：……

师：下面我们以半圆或正三角形为例，看看它们是否也存在这样的关系。

探究完成后，学生陈述探究结果，教师补充，得出结论：以直角三角形的每一边为直径向三角形外作半圆（或正三角形），$S_1+S_2=S_3$ 的关系成立。

生1：老师，我觉得三角形外分别做矩形，也应该存在这种关系的！

（教师预设时，这节课只介绍半圆与三角形的情况。对于学生这一突如其来的猜想，应如何对待呢？教师稍作犹豫后，决定对此进行探讨。）

师：好的。这位同学又给我们提出了一个新问题，大家共同思考一下，在直角三角形外分别做矩形，上述关系是否也成立呢？

……

教学片段2：一元一次方程

师：解方程 $0.5x=1$ 时，先在方程两边除以0.5，方程左边变为 x，右边变为 $\frac{1}{0.5}$，得 $x=\frac{1}{0.5}$，所以 $x=2$。

生1：老师，只要两边同乘以2，马上得到 $x=2$，这样也挺简单的！

师：你的结果是正确的。但要注意，刚学习新知识时，一定要按书本上的格式和要求，这样才能把基础打扎实。

下边看方程 $x+\frac{1}{3}=\frac{1}{3}x+1$。

生2：老师，我已经看出方程的解是 $x=1$。

师：我们是解方程，不是看方程，而要有完整的解题步骤。下面请一位学生在黑板上写出解方程的步骤。

生3按书本上的格式解完方程。

师：格式规范，书写完整！大家要向他学习！

……

（三）合情推理与演绎推理的关系

在第三学段，应把证明作为探索活动的自然延续和必要发展，使学生知

① 李铁安. 义务教育课程标准（2011年版）案例式解读·初中数学［M］. 北京：教育科学出版社，2012：156-158.

道合情推理与演绎推理是相辅相成的两种推理形式。“证明”的教学应关注学生对证明必要性的感受，对证明基本方法的掌握和证明过程的体验。证明命题时，应要求证明过程及其表述符合逻辑、清晰而有条理。此外，还可以恰当地引导学生探索证明同一命题的不同思路和方法，进行比较和讨论，激发学生对数学证明的兴趣，发展学生思维的广阔性和灵活性。

（四）使用现代信息技术与教学手段多样化的关系

积极开发和有效利用各种课程资源，合理地应用现代信息技术，注重信息技术与课程内容的整合，能有效地改变教学方式，提高课堂教学的效益。有条件的地区，教学中要尽可能地使用计算器、计算机以及有关软件；暂时没有这种条件的地区，一方面要积极创造条件改善教学设施，另一方面广大教师应努力自制教具以弥补教学设施的不足。

第六节 初中数学课程评价建议

评价的主要目的是全面了解学生数学学习的过程和结果，激励学生学习和改进教师教学。评价应以课程目标和课程内容为依据，体现数学课程的基本理念，全面评价学生在知识技能、数学思考、问题解决和情感态度等方面的表现。

评价不仅要关注学生的学习结果，更要关注学生在学习过程中的发展和变化。应采用多样化的评价方式，恰当呈现并合理利用评价结果，发挥评价的激励作用，保护学生的自尊心和自信心。通过评价得到的信息，可以了解学生数学学习达到的水平和存在的问题，帮助教师进行总结与反思，调整和改进教学内容与教学过程。

一、基础知识和基本技能的评价

对基础知识和基本技能的评价，应以各学段的具体目标和要求为标准，考查学生对基础知识和基本技能的理解与掌握程度，以及在学习基础知识和基本技能过程中的表现。在对学生学习基础知识和基本技能的结果进行评价时，应该准确地把握了解、理解、掌握、应用不同层次的要求。在对学生学习过程进行评价时，应依据经历、体验、探索不同层次的要求，采取灵活多样的方法，定性与定量相结合，以定性评价为主。

二、数学思考和问题解决的评价

数学思考和问题解决的评价要依据总目标与学段目标的要求，体现在整个数学学习过程中。应当采取多种形式和方法，特别要重视在平时教学和具体的问题情境中进行评价。

三、情感态度的评价

情感态度的评价应依据课堂目标的要求，采用适当的方法进行。主要方式有课堂观察、活动记录、课后访谈等。情感态度评价主要在平时教学过程中进行，注重考查和记录学生在不同方面的表现，了解学生情感态度的状况及变化。例如，主动参与学习活动；学习数学的兴趣和自信心；克服困难的勇气；与他人合作；与同伴和老师交流……教师可以根据实际情况用灵活多样的方式记录学生情感态度的情况，用恰当的方式给学生以反馈和指导。

【思考与实践】阅读下面“可能性大小”教学片段①，思考：应当在情感态度目标的评价上着重关注哪些方面？

师：同学们，盒子里装有3个黄球和3个白球，如果请一名同学从盒子里摸出一个球，大家猜一下：这位同学摸出来的是什么颜色的球？

生：黄球！黄球！

生：白球！白球！

（学生猜想的热情很高，都兴奋地喊着，并且跃跃欲试。）

师：现在请同学们到前面实践一下，看看到底是黄球还是白球。

（有8个学生先后到上面摸球，结果有的摸到白球，有的摸到黄球，没有摸球的学生仍然很有热情。教师又让学生在小组内继续玩游戏，学生们都按教师的要求认真地完成了。）

师：哪个组愿意说一说你们摸球的情况？

生1：我发现摸的白球多、黄球少。

生2：我发现有摸到黄球的，也有摸到白球的。

生3：我发现我们组有时候会摸到白球，有时候会摸到黄球。

师：大家说得很好！那谁能把这些情况用一句话既清楚又简单地表达出来呢？

……

① 李铁安．义务教育课程标准（2011年版）案例式解读·初中数学［M］．北京：教育科学出版社，2012：186－187．

四、注重对学生数学学习过程的评价

学生在数学学习过程中，知识技能、数学思考、问题解决和情感态度等方面的表现不是孤立的，而是综合体现在数学学习过程之中。在评价学生每一个方面表现的同时，要注重对学生学习过程的整体评价，分析学生在不同阶段的表现特征和发展变化。评价时应采取灵活的方式记录、保留和分析学生在不同方面的表现。例如，主动参与学习活动；提出问题和分析问题；独立思考问题；与他人合作交流；尝试从不同角度思考问题；有条理地表述自己的思考过程；倾听和理解别人的思路；反思自己思考过程的意识……还可以通过建立成长记录等方式，使学生记录和反思学习数学的情况与成长的历程。

五、体现评价主体的多元化和评价方式的多样化

评价主体的多元化是指教师、家长、同学及学生本人都可以作为评价者，可以综合运用教师评价、学生自我评价、学生相互评价、家长评价等方式，对学生的学习情况和教师的教学情况进行全面的考查。

例如，每一个学习单元结束时，教师可以要求学生自我设计一个“学习小结”，用合适的形式（表、图、卡片、电子文本等）归纳学到的知识和方法、学习中的收获、遇到的问题等。教师可以通过学习小结对学生的学习情况进行评价，也可以组织学生将自己的学习小结在班级展示交流，通过这种形式总结自己的进步，反思自己的不足以及需要改进的地方，汲取他人值得借鉴的经验。条件允许时，可以请家长参与评价。

评价方式多样化体现在多种评价方法的运用，包括书面测验、口头测验、开放式问题、活动报告、课堂观察、课后访谈、课内外作业、成长记录等。

实例 13　开放式问题及其评价

活动问题：晚会奖品。

问题：在一次晚会上，6 份相同的奖品被藏了起来。请两位同学李明和王佳一起去找这些奖品，直到 6 份奖品全部被找到。两位同学找到奖品的数量分别可能是多少？

把两位同学找到奖品的数量列在下表中（表中已经列举了一种可能的情况）。

李明找到的奖品数	0						
王佳找到的奖品数	6						

请你解释为什么王佳不可能恰好比李明多找到1份奖品。

解决方案：两位同学找到奖品的数量有下面7种可能的情况。

李明找到的奖品数	0	1	2	3	4	5	6
王佳找到的奖品数	6	5	4	3	2	1	0

只有当奖品总数是奇数的时候，两个人所找到的奖品数一个是奇数，一个是偶数，这时王佳才可能比李明多找到1份奖品。由于6是偶数，它是两个奇数或两个偶数的和，因此，王佳不可能恰好比李明多找到1份奖品。

评分指南：

	一级水平	二级水平	三级水平	四级水平
数学准确性和方法	没有找出李明和王佳找到奖品的所有可能情况	指出了李明和王佳找到奖品的所有可能情况，但没有系统的方法	指出了李明和王佳找到奖品的所有可能情况，运用了比较系统的方法	指出了李明和王佳找到奖品的所有可能情况，运用了非常系统的方法
解释的合理性	没有理解问题或者没有认识到王佳不可能比李明多找到1份奖品	试图回答问题但没有认识到王佳不可能比李明多找到1份奖品	解释中涉及了一些关于奇数和偶数的内容，但不清楚	解释充分说明了为什么王佳不可能比李明多找到1份奖品

六、恰当地呈现和利用评价结果

评价结果的呈现应采用定性与定量相结合的方式。第三学段可以采用描述性评价和等级（或百分制）评价相结合的方式。

评价结果的呈现和利用应有利于增强学生学习数学的自信心，提高学生学习数学的兴趣，使学生养成良好的学习习惯，促进学生的发展。评价结果的呈现，应该更多地关注学生的进步，关注学生已经掌握了什么，获得了哪些提高，具备了什么能力，还有什么潜能，在哪些方面还存在不足等。

七、合理设计与实施书面测验

书面测验是考查学生课程目标达成状况的重要方式，合理地设计和实施书面测验有助于全面考查学生的数学学业成就，及时反馈教学成效，不断提高教学质量。书面测验应注意以下几点：

（1）对于学生基础知识和基本技能达成情况的评价，必须准确把握课程内容中的要求。

（2）在设计试题时，应该关注并且体现本标准的设计思路中提出的几个核心词：数感、符号意识、空间观念、几何直观、数据分析观念、运算能力、推理能力、模型思想，以及应用意识和创新意识。

（3）根据评价的目的合理地设计试题的类型，有效地发挥各种类型题目的功能。

（4）在书面测验中，积极探索可以考查学生学习过程的试题，了解学生的学习过程。

拓展阅读

马复，凌晓牧．新版课程标准解析与教学指导（初中数学）［M］．北京：北京师范大学出版社，2012.

思考题

1. 通过查找《义教数学课标（2011年版）》和《全日制义务教育数学课标（实验稿）》的相关资料，以课程内容中的“数与代数”为例，分析两者的变化。

2.《义教数学课标（2011年版）》中提出的十个核心概念是什么？有何意义？

3. 试根据《义教数学课标（2011年版）》中初中阶段“综合与实践”的课程内容，自选内容设计一个教学片段。

4. 你认为目前初中数学课程评价的困难何在？你对数学课程评价有何建议？下面是一个同学关于实例13的答案，你认为应该被评为水平几？

（1）李明找到的奖品数量为：0，3，5，1，6，4，2；

王佳找到的奖品数量为：6，3，1，5，0，2，5。

（2）解释为什么王佳找到的奖品数不可能恰好比李明多1份？

王佳不可能恰好比李明多找到1份，因为6是个偶数，它有许多分解的方法。

5. 你认为自己要胜任初中数学课程的教学，需要拓展哪些方面的知识？需要培养哪些方面的能力？

第三章　普通高中数学课程标准解析

编者的话

通过本章的学习，我们可以了解《普通高中数学课程标准（实验）》中高中阶段数学课程的性质、基本理念与课程目标；必修课程的内容标准；选修课程的内容标准；课程标准实施建议。

如果想要了解更多，使用手机扫描二维码，你可以进一步了解“数学课程基本理念”的丰富与发展，可以深入比较“中韩新日四国高中数学课程目标”的异同，可以解读课程标准中的“数学探究、数学建模和数学文化”，可以浏览课程标准中的“教材编写建议”。

如果你还有更多的课余时间，本章推荐了《十三国高中数学课程标准评介》《高中数学选修课程专题研究》《数学探究、数学建模和数学文化的学习指导》等学术著作，读一读，会让你在本章的学习中获得意外的收获哦！

要点提示

2003年4月，教育部正式颁布了《普通高中数学课程标准（实验）》。本章针对课程标准中规定的高中数学课程的性质、基本理念、目标、内容等进行解读与分析。希望通过本章的学习，大家能了解高中数学课程的基本性质、基本理念、总体目标，包括主要特征及其内涵；掌握高中数学课程中的必修与选修内容结构及基本教学要求；明确高中数学教学活动的基本特征和学习评价的基本内涵和形式。

学习目标

1. 理解课程标准的课程性质、基本理念、课程目标的基本内容；

2. 知道课程标准中高中数学课程的框架，明确必修课程与选修课程的基本内容；

3. 理解并掌握课程标准中教学及评价的基本建议。

为贯彻《中共中央、国务院关于深化教育改革，全面推进素质教育的决定》（中发〔1999〕9号）和《国务院关于基础教育改革与发展的决定》（国发〔2001〕21号），教育部于2001年6月颁布了《基础教育课程改革纲要（试行）》，决定大力推进基础教育课程改革，调整和改革基础教育的课程体系、结构、内容，建构符合素质教育要求的新的基础教育课程体系。

国家高中数学课程标准的研制工作于2000年启动，经历了近三年的时间，经过不断地改进、调整和提高，完成了《普通高中数学课程标准（实验）》（以下简称为《高中数学课标（实验）》）的编写工作，在多方征求意见的基础上，通过审查，于2003年4月由教育部正式颁布。《高中数学课标（实验）》对普通高中数学课程的基本理念、课程目标、学习内容和教学实施建议等方面进行了阐述。2004年9月，山东省、海南省、广东省、宁夏回族自治区作为国家首批高中数学课程改革实验区进入课程改革试验。

本章将围绕课程标准的课程性质、基本理念、课程目标、内容标准、实施建议等方面展开具体解析。

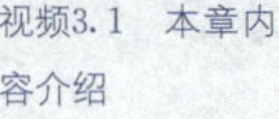

视频3.1　本章内容介绍

PPT3.1

第一节　高中数学课程的性质、基本理念与课程目标

一、课程性质

《高中数学课标（实验）》在第一部分“前言”中明确提出高中数学课程性质：

高中数学课程是义务教育后普通高级中学的一门主要课程，它包含了数学中最基本的内容，是培养公民素质的基础课程。

高中数学课程对于认识数学与自然界、数学与人类社会的关系，认识数学的科学价值、文化价值，提高提出问题、分析和解决问题的能力，形成理性思维，发展智力和创新意识具有基础性的作用。

高中数学课程有助于学生认识数学的应用价值，增强应用意识，形成解决简单实际问题的能力。

高中数学课程是学习高中物理、化学、技术等课程和进一步学习的基础。同时，它为学生的终身发展，形成科学的世界观、价值观奠定基础，对提高全民族素质具有重要意义。

义务教育数学课程性质的基本定位是基础性、普及性、发展性，普通高中数学课程性质的基本定位是基础性。基础性主要体现在以下几个方面：

第一，高中数学课程是学习其他学科课程和进一步学习的基础。

第二，高中数学课程对于培养学生提出问题、解决问题和分析问题能力具有基础性作用。

第三，高中数学课程对于形成学生的理性精神、形成科学世界观、价值观具有基础性作用。

第四，高中数学课程对于学生的终身发展、培养创新意识和创新能力具有基础性作用。

二、基本理念

在《高中数学课标（实验）》第一部分“前言”中，列举了10项基本理念，从课程目标、课程性质、学生学习、教学、评价、信息技术等方面，体现了高中数学课程设计的基本指导思想。基本理念是制定和实施高中数学课程的指导思想，课程的设计和实施要以此为指导。基本理念如表3－1所示。

表 3-1　课程的基本理念

课程的基本理念	
1. 构建共同基础，提供发展平台	6. 与时俱进地认识“双基”
2. 提供多样课程，适应个性选择	7. 强调本质，注意适度形式化
3. 倡导积极主动、勇于探索的学习方式	8. 体现数学的文化价值
4. 注重提高学生的数学思维能力	9. 注重信息技术与数学课程的整合
5. 发展学生的数学应用意识	10. 建立合理、科学的评价体系

下面针对以上 10 项基本理念进行逐一分析。

（一）构建共同基础，提供发展平台

首先需要明确《高中数学课标（实验）》的基本定位。我国的教育制度，可分为基础教育和专业教育两个阶段。基础教育包括九年义务教育和三年高中教育。高中教育又分为职业高中教育和普通高中教育。《高中数学课标（实验）》是为“普通高中教育”而设计的。

高中数学课程应具有基础性，它包括两方面的含义：第一，在义务教育阶段之后，为学生适应现代生活和未来发展提供更高水平的数学基础，使他们获得更高的数学素养；第二，为学生进一步学习提供必要的数学准备。对基础的理解不能仅仅停留在知识与技能上，还应包括过程与方法、情感态度与价值观，这些对于学生未来的发展都是非常重要的。

高中数学课程由必修系列课程和选修系列课程组成，必修系列课程是为了满足所有学生的共同数学需求；选修系列课程是为了满足学生的不同数学需求，它仍然是学生发展所需要的基础性数学课程。《高中数学课标（实验）》设置的必修课程是所有高中学生未来发展的公共平台，它是一种共同的文化基础，学生可以借此在理、工、农、医、文、史、哲、体育、艺术、政法、经济等各个领域获得进一步的发展。与此同时，《高中数学课标（实验）》设置了不同的选修系列课程，为不同的学生提供不同的发展平台。

（二）提供多样课程，适应个性选择

高中数学课程应具有多样性与选择性，使不同的学生在数学上得到不同的发展。

学会选择，是未来公民必须具备的素养；学会选择，将有利于个性发展。在九年义务教育阶段，学生进行自我选择的要求和能力还比较弱，数学课程提倡“弹性”，不强调选择性，这对学生的发展是有利的。然而，对于接近成年的高中学生来说，选择适合自己发展的数学基础、提高自身规划人

生的能力是十分重要的。随着时代的发展，各行各业都对公民的数学素养提出了更高的要求，不同行业对数学的要求是不尽相同的，学生的兴趣、志向与自身条件也不相同，因此，每个人未来发展所需要的数学基础是不一样的。

高中数学课程应为学生提供选择和发展的空间，为学生提供多层次、多种类的选择，以促进学生的个性发展和对未来人生规划的思考。学生可以在教师的指导下自主选择，必要时还可以进行适当的转换、调整。同时，高中数学课程也应给学校和教师留有一定的选择空间，他们可以根据学生的基本需求和自身的条件，制订课程发展计划，不断地丰富和完善供学生选择的课程。

（三）倡导积极主动、勇于探索的学习方式

丰富学生的学习方式、改进学生的学习方法，使学生学会学习，为终身学习和终身发展打下良好的基础，是高中数学课程追求的基本理念。这是因为，社会的发展需要终身教育，而学生在学校教育中只能获得其需要的部分知识和初步能力，更多的必须在其未来的人生历程中依靠自主探索、主动学习而获得，只有不断地充实自我才能适应不断变化的社会需要。此外，数学学习不仅仅是记忆一些重要的数学结论，还要发展数学思维能力和积极的情感态度，再加上数学学科高度抽象的特点，这就需要学习者有积极主动、勇于探索的精神，需要有自主探索的过程，需要有丰富的学习方式。

学生的数学学习方式不应只限于接受、记忆、模仿和练习，还必须倡导自主探索、动手实践、合作交流、阅读自学等学习数学的方式，力求发挥学生学习的主动性，使学生的学习过程成为在教师引导下的“再创造”过程。为此，课程标准在各个部分都特别重视数学内容的展开方式，努力帮助学生用自己的智慧去获取、发展数学知识，防止把数学学习变成一种“单纯模仿、记忆题型”的活动。

课程标准的另一个特点是十分关注学生的学习过程，因为这是学生获得体验，产生学习数学积极情感的重要途径。数学学科的研究对象可以是直接来自现实世界的数据和模型，也可以是一些抽象的思想方法。这就需要学生通过自己的实践获得第一手材料，需要学生去了解数学知识的来龙去脉，经历数学知识的发现、发生、发展过程。因此，高中数学课程设立“数学探究”“数学建模”等学习活动，为学生形成积极主动的、多样的学习方式进一步创造有利的条件，以激发学生的数学学习兴趣，鼓励学生在学习过程中，养成独立思考、积极探索的习惯。高中数学课程应力求通过各种不同形式的自主学习、探究活动，让学生体验数学发现和创造的历程，发展他们的创新思维。

（四）注重提高学生的数学思维能力

思维是通过分析、综合、概括、抽象、比较、具体化和系统化等一系列过程，对感性材料进行加工并转化为理性认识及解决问题的。我们常说的概念、判断和推理是思维的基本形式。无论是学生的学习活动，还是人类的一切发明创造活动，都离不开思维，思维能力是学习能力的核心。

培养和发展学生的数学思维能力是发展智力、全面培养数学能力的主要途径，因此，高中数学课程应注意提高学生的数学思维能力，这也是数学教育的基本目标之一。人们在学习数学和运用数学解决问题时，不断地经历直观感知、观察发现、归纳类比、空间想象、抽象概括、符号表示、运算求解、数据处理、演绎证明、反思与建构等思维过程。这些过程是数学思维能力的具体体现，有助于学生对客观事物中蕴含的数学模型进行思考和做出判断。数学思维能力在形成理性思维中发挥着独特的作用。

（五）发展学生的数学应用意识

在数学教学中提倡应用，是 20 世纪 90 年代以来我国数学教学改革的重要内容。课程标准继续强调发展学生的应用意识，主要原因如下：

第一，培养未来公民的需要。作为合格的未来公民，不仅仅要掌握基本的数学知识，还要能将这些知识应用于日常生活和生产实践。

第二，现代数学应用发展的需要。20 世纪下半叶以来，数学应用的巨大发展是数学发展的显著特征之一。当今知识经济时代，数学正在从幕后走向台前，数学和计算机技术的结合使得数学能够在许多方面直接为社会创造价值，同时，也为数学发展开拓了广阔的前景。

第三，数学教育界认识发展的需要。我国的数学教育在很长一段时间内对于数学与实际、数学与其他学科的联系未能给予充分的重视，高中数学在数学应用和联系实际方面需要大力加强。

第四，进行数学应用教学的需要。近几年来，我国大学、中学数学建模的实践表明，开展数学应用的教学活动符合社会需要，有利于激发学生学习数学的兴趣，有利于增强学生的应用意识，有利于扩展学生的视野。

《高中数学课标（实验）》指出：高中数学课程应提供基本内容的实际背景，反映数学的应用价值，开展“数学建模”的学习活动，设立体现数学某些重要应用的专题课程。高中数学课程应力求使学生体验数学在解决实际问题中的作用、数学与日常生活及其他学科的联系，促进学生逐步形成和发展数学应用意识，提高实践能力。

（六）与时俱进地认识“双基”

注重数学基础知识和基本技能的教学，是我国数学教育的特点。由于中国学生在国际数学测试中成绩优良，在国际数学奥林匹克竞赛中屡获佳绩，

"双基"数学教育引起世人重视。"双基"教学理论在运算速度、知识记忆、适度形式化的逻辑要求、重复训练等方面有独特的优势。

21 世纪的高中数学课程应发扬这种传统。与此同时，随着社会的发展、科技的进步以及数学自身的进展，特别是数学的广泛应用、计算机技术和现代信息技术的发展，数学课程的设置和实施应重新审视基础知识、基本技能和能力的内涵，形成符合时代要求的新的"双基"。

例如，为了适应信息时代发展的需要，高中数学课程应增加算法的内容，把最基本的数据处理、统计知识等作为新的数学基础知识和基本技能；同时，应删减烦琐的计算、人为技巧化的难题和过分强调细枝末节的内容，克服"双基异化"的倾向。

（七）强调本质，注意适度形式化

形式化是数学的基本特征之一。整个数学学科，包括从自然数体系开始的代数学与分析学，从欧几里得几何发展起来的各种几何学，都是将现实世界的数量关系和空间结构，经过抽象概括、符号表示，以纯粹的形式进行演算、推理与证明，最后构成形式化的体系。数学一旦表达成为形式化的思想体系之后，往往会把生动的现实内容放在一边。例如，数学处理的是抽象的"1"，不与苹果、牛、羊等现实对象相联系；三角函数来源于天文观测、单摆、潮汐、波动等现实活动和现象，但是一旦抽象出来就变成独立的数量关系。因此，在数学教学中，虽然学习形式化的表达是一项基本要求，但不能只限于形式化的表达，要强调对数学本质的认识，否则会将生动活泼的数学思维活动淹没在形式化的海洋里。

《高中数学课标（实验）》指出：高中数学课程应该返璞归真，努力揭示数学概念、法则、结论的发展过程和本质。数学课程要讲逻辑推理，更要讲道理，通过典型例子的分析和学生自主探索活动，使学生理解数学概念、结论逐步形成的过程，体会蕴含在其中的思想方法，追寻数学发展的历史足迹，把数学的学术形态转化为学生易于接受的教育形态。

（八）体现数学的文化价值

数学已经融入人类的文化发展进程，成为人类文化的重要组成部分。在古代文明中，《几何原本》是古希腊文明的标志，它在世界的发行数量排名第二，成为构建科学体系的范式，我国徐光启和传教士利玛窦翻译《几何原本》被认为是中国近代科学的起点。古老的中国算学，以《九章算术》为代表，以计算精确、体现算法思想为特征，是中国古代文明的标志。

近年来，在数学教育中重视数学的文化价值已经形成共识，数学教育不仅应该帮助学生学习和掌握数学知识和技能，还应该有助于学生了解数学的价值。数学课程应适当反映数学的历史、应用和未来趋势，反映数学在人类社会进步、人类文明发展中的作用，数学的社会需求，社会发展对数学发展的促进作用，数学科学的思想体系，数学的美学价值，数学家的创新精神。为此，《高中数学课标（实验）》强调了数学文化的重要作用，要求将其尽可能与高中数学课程内容有机结合。同时，设置了“数学史选讲”的专题，旨在使学生逐步了解数学的思想方法、数学的理性精神，欣赏数学的美学价值，体会数学家的创新精神，以及数学文明的深刻内涵。

（九）注重信息技术与数学课程的整合

随着信息技术的普及和发展，我国教育信息化进程正在加速，普通高级中学的信息技术装备也在不断改善，多媒体硬软件、校园网、互联网上网终端等正在成为普通高中的基础设施。信息技术对数学教育的功能主要体现在信息收集和资源获取、计算工具、视觉显示、改善学习手段等方面。信息技术与数学课程整合的基本原则是应有利于学生认识数学的本质。

《高中数学课标（实验）》中提出了信息技术与数学课程整合的若干方面。

第一，信息技术与数学课程内容的有机整合。一个突出的例子是在必修课程中设置了算法的内容。

第二，增强数学的可视化，提高数学课堂教学效率。《高中数学课标（实验）》提倡运用信息技术呈现以往教学中难以呈现的课程内容。数学的理解需要直观的观察、视觉的感知，特别是几何图形的性质、复杂的计算过程、函数的动态变化过程、几何证明的直观背景等，若能运用信息技术来直观呈现，使其可视化，将会有助于学生的理解。

第三，运用信息技术改变学生的学习方式。《高中数学课标（实验）》要求尽可能使用科学型计算器、各种数学教育技术平台进行探索和发现，这将使以纸和笔为工具的数学学习方式发生改变。

（十）建立合理、科学的评价体系

关于评价的研究，是当前数学教育的热门课题。目前已有不少优秀的研究成果和建议，但建立科学合理又切实可行的数学评价体系还是一个需要进一步探索的课题。

现代社会对人的发展的要求引起评价体系的深刻变化，高中数学课程应建立合理、科学的评价体系，包括评价理念、评价内容、评价形式和评价体制等方面。评价既要关注学生数学学习的结果，也要关注他们数学学习的过程；既要关注学生数学学习的水平，也要关注他们在数学活动中所表现出来的情感态度的变化。在数学教育中，评价应建立多元化的目标，关注学生个性与潜能的发展。

三、课程目标

数学课程目标反映了社会、数学、教育的发展对数学教育的要求，体现的是不同性质、不同阶段的教育价值。因此，数学课程目标是对教师教学、学生学习所提出的明确要求。

《高中数学课标（实验）》在第二部分提出课程目标，包括高中数学课程的总目标和具体目标。其中，高中数学课程的总目标是：

使学生在九年义务教育数学课程的基础上，进一步提高作为未来公民所必要的数学素养，以满足个人发展与社会进步的需要。

《高中数学课标（实验）》正是根据高中阶段的教育价值和数学课程的基础性，考虑到社会、数学与教育的发展对人才培养的要求，对数学教育的要求来确定数学课程目标的。这一总目标与国内外的数学课程总目标相比，有新的发展和进步。

以往的课程目标或者主要体现实用的目的，如就业、升学；或者主要体现数学学科的要求。而《高中数学课标（实验）》提出的总目标不仅有对个人在九年义务教育数学课程的基础上，进一步提高数学素养的要求，而且把个人的发展与社会发展的需要联系在一起，这就从教育的本质上明确了数学教育的目标，揭示了数学教育的本质。因为教育的最终目的是育人，是发展人、发展社会，那么数学教育的最终目的就是利用数学学科的特点发展人、发展社会。高中阶段的数学课程目标体现了这一目标定位。

《高中数学课标（实验）》中的 6 条目标基本上可以分为三个层面：第一个层面是知识与技能；第二个层面是过程与方法，具体体现就是在这个过程中，把握方法、形成能力，在这个过程中发展意识，比如应用意识和创新意识；第三个层面就是情感态度价值观，一种对于人的全面和谐发展和社会发展的更高层次的要求。以下就三个方面展开分析：

（一）关于知识的传授

《高中数学课标（实验）》要求学生掌握基础知识和基本技能的同时，同样强调了获取知识技能的过程，强调了概念、结论产生的背景和应用，强调了对数学概念本质及其蕴涵的数学思想方法的理解，强调了基础知识和基本技能随时代的发展而发展。数学课程要重视数学基础知识和基本技能价值的剖析，以及加强对其发展性的足够认识。

（二）关于能力的培养

《高中数学课标（实验）》提出了具有数学学科特点的能力，除了空间想象、运算求解、推理论证外，还特别提出了抽象概括、数据处理的能力。进一步，提出了数学地提出、分析和解决问题（包括简单的实际问题）的能力，数学表达和交流能力，以及独立获取数学知识的能力。课程标准还强调发展学生数学应用意识和创新意识，力求对现实世界中蕴涵的一些数学模式进行思考和做出判断。由此可见，《高中数学课标（实验）》中数学能力目标的内涵已被极大地丰富了。

（三）关于个性品质方面

阅读 3.1　数学课程基本理念的丰富与发展

阅读 3.2　中、韩、新、日四国高中数学课程目标的比较研究

课程标准注重使学生认识数学的科学价值与文化价值，形成辩证唯物主义世界观，强调培养学生学习数学的兴趣、信心、科学态度和钻研精神，进一步要求学生具有一定的数学视野，体会数学的美学意义，形成批判性的思维习惯等。此外，课程标准涉及了学生数学学习的好奇心、求知欲、自信心、不怕困难的意志、对数学价值的认识、实事求是的态度、质疑与独立思考的习惯、理性精神等丰富内涵。

总之，要以课程标准的基本理念为依据，以学生全面、和谐发展和推动社会进步为目的，来认识课程总目标和六个具体目标及它们之间的关系。六个具体目标是有层次的，更加细化、明确了对教学的要求和学习的要求，它们又是互相联系、互相融合的，是一个统一的整体。课程标准具体目标是为了实现课程总目标，体现课程的基本理念。

第二节　高中数学必修课程的内容标准

一、高中数学课程框架

高中数学课程标准突出了基础性和选择性。根据《普通高中课程方案（实验）》关于课程结构和课程设置的要求，普通高中课程由学习领域、科目、模块三个层次构成。普通高中课程一共设置了八个学习领域，数学是其中一个单独的学习领域。在数学课程这个领域中，不再划分科目，直接由模块构成。这些模块又分成必修和选修两部分。

必修课程由 5 个模块组成；选修课程有 4 个系列，其中系列 1、系列 2 由若干个模块组成，系列 3、系列 4 由若干个专题组成；每个模块 2 学分（36 学时），每个专题 1 学分（18 学时），每 2 个专题可组成 1 个模块。课程结构如图 3－1 所示。

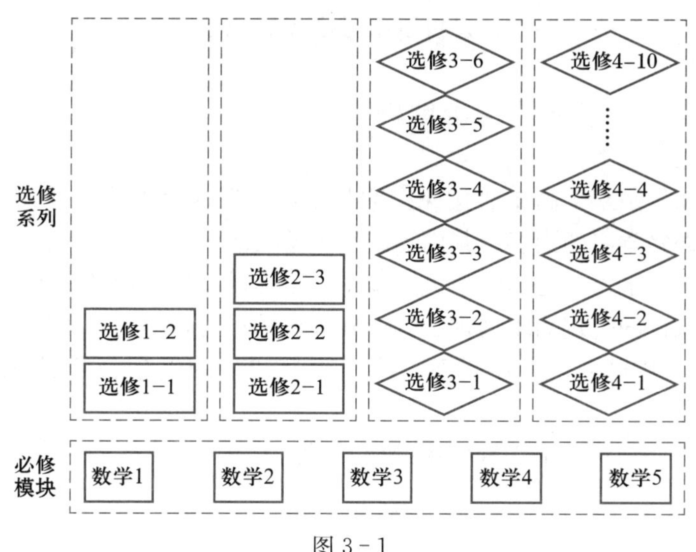

图 3-1

注：图中□代表模块（36 学时），◇代表专题（18 学时）。

其中，必修课程是每个学生都必须学习的数学内容，包括 5 个模块。

数学 1：集合、函数概念与基本初等函数Ⅰ（指数函数、对数函数、幂函数）

数学 2：立体几何初步、平面解析几何初步

数学 3：算法初步、统计、概率

数学 4：基本初等函数Ⅱ（三角函数）、平面上的向量、三角恒等变换

数学 5：解三角形、数列、不等式

上述内容覆盖了高中阶段传统的数学基础知识和基本技能的主要部分，其中包含集合、函数、数列、不等式、解三角形、立体几何初步、平面解析几何初步等。这些内容对于学生进一步了解现实世界中数量变化之间的关系，把握空间图形的位置关系，通过收集和处理数据，分析事物发展变化的规律，计算和解决生活或工作中的一些实际问题，是非常必需的。

高中学生应当首先学习必修课程的 5 个模块，这是高中学生应掌握的最基本的数学内容，也是学习其他选修课程的基础。同时，必修课程也是学生高中毕业后直接进入社会或报考艺术、体育院校等的数学要求。必修课程的 5 个模块内容，以数学 1 为基础，其余的 4 个模块在不影响相关联系和知识准备的条件下，学校可以根据学生的选择和本校排课具体情况进行安排，原则上没有顺序要求。必修课程是选修课程中系列 1、系列 2 课程的基础。选修课程中系列 3、系列 4 基本上不依赖其他系列的课程，可以与其他系列课

程同时开设，这些专题的开设可以不考虑先后顺序。①

二、必修课程内容标准解析

必修课程是整个高中数学课程的基础，包括 5 个模块，共 10 学分，是所有学生都要学习的内容。其内容的确定遵循两个原则：一是满足未来公民的基本数学需求；二是为学生进一步的学习提供必要的数学准备。

必修课程的呈现力求展现由具体到抽象的过程，努力体现数学知识中蕴涵的基本思想方法和内在联系，体现数学知识的发生、发展过程和实际应用。

以下将分别对 5 个必修模块进行分析：

（一）数学 1

在本模块中，学生将学习集合（约 4 课时）、函数概念与基本初等函数Ⅰ（指数函数、对数函数、幂函数）（约 32 课时）。

1. 集合

本部分内容能够发展学生掌握数学语言和运用数学语言学习数学、进行交流的能力。学生在小学和初中已接触了集合，如自然数集、有理数集、实数集，等等，只是没有明确提出来，现在明确提出来，就要利用和结合学生已学过的数学内容，以及生活中的实例，使学生感受在数学研究和数学学习中，运用集合语言对客观世界中具有某种特性的对象进行描述的意义和力量，进而发展学生运用数学语言来刻画现实世界，运用数学语言进行交流的能力。

在集合语言的学习中，《高中数学课标（实验）》要求能针对具体问题，恰当选择用自然语言、图形语言或集合语言去表示相应问题的数学内容，这不仅是学习集合语言的需要，更是培养学生数学语义转换能力的需要。

实例 1

对于用自然语言描述的问题：“某年级先后举行数学、物理、化学三科的竞赛活动，其中有 75 人参加数学竞赛，68 人参加物理竞赛，61 人参加化学竞赛，17 人同时参加数学、物理竞赛，12 人同时参加数学、化学竞赛，9 人同时参加物理、化学竞赛，还有 6 人三科都参加。求参加竞赛的人数。”如果我们分别用 A、B、C 表示参加数学、物理、化学比赛的学生组成的集合，再用图形语言来表示上述问题中的关系，那么，这一问题的解决就变得容易了。

---

① 选修课程相关内容详见 3.3

2. 函数概念与基本初等函数Ⅰ

函数是描述客观世界变化规律的重要数学模型。高中阶段不仅把函数看成变量之间的依赖关系，同时还用集合与对应的语言刻画函数，函数的思想方法将贯穿高中数学课程的始终。学生将学习指数函数、对数函数等具体的基本初等函数，结合实际问题，感受运用函数概念建立模型的过程和方法，体会函数在数学和其他学科中的重要性，初步运用函数思想理解和处理现实生活和社会中的简单问题。学生还将学习利用函数的性质求方程的近似解，体会函数与方程的有机联系。

本部分内容能够发展学生对变量数学的认识。课程标准要求学生把函数作为描述客观世界变化规律的重要数学模型来学习，结合实际问题，感受运用函数概念建立模型的过程与方法，强调指数函数、对数函数、幂函数是三类不同的函数增长模型；收集函数模型的应用实例，了解函数模型的广泛应用；利用信息技术探索和了解指数函数、对数函数的变化规律和性质；将函数的思想方法贯穿在整个高中数学的学习中，不断加深对函数概念本质的认识和理解等。这些有利于学生对这一特定的、重要的变量之间关系的认识，有利于学生对数学与现实世界之间联系的认识，最终达到发展学生对变量数学认识的目的。

课程标准对函数概念的处理方式是强调函数是刻画现实世界中一类重要变化规律的模型，一种通过某一事物的变化信息可推知另一事物信息的对应关系的数学模型，并要求结合实际问题，感受运用函数概念建立模型的过程与方法。

课程标准强调指数函数、对数函数、幂函数是三类不同的函数增长函数。在教学中，要求通过收集函数模型的应用实例，了解函数模型的广泛应用；要求将函数的思想方法贯穿在整个高中数学的学习中。学生对函数概念的认识和掌握，需要多次反复，不断加深理解。

（二）数学 2

在本模块中，学生将学习立体几何初步（约 18 课时）、平面解析几何初步（约 18 课时）。

1. 立体几何初步

这一部分内容的设计遵循从整体到局部、从具体到抽象的原则，通过直观感知、操作确认、思辨论证、度量计算等方法，认识和探索空间几何图形及其性质。

这部分内容的展开，首先借助于丰富的实物模型或运用计算机软件所呈现的空间几何体，通过对这些空间几何体的整体观察，帮助学生认识其结构特征，运用这些特征描述现实生活中的一些简单物体的结构，巩固和提高义务教育阶段有关三视图的学习和理解，帮助学生运用平行投影与中心投影，进一步掌握在平面上表示空间图形的方法和技能。

在此基础上，以长方体为载体，直观认识和理解体会空间的点、线、面之间的位置关系，抽象出空间线、面的位置关系的定义，用数学语言表述有关平行、垂直的性质与判定，并了解一些可以作为推理依据的公理和定理。再以空间几何的部分定义、公理和定理为出发点，通过直观感知、操作确认，归纳出一些判定定理与性质定理。数学 2 中对性质定理加以逻辑证明，至于判定定理，将在选修系列 2 中，用向量的方法加以严格的证明。

最后要求学生能运用已获得的结论证明一些空间位置关系的简单命题，学会一些简单几何体的表面积与体积的计算方法。

2. 平面解析几何初步

这部分内容主要研究直线与圆这两个基本图形。

首先在平面直角坐标系中，结合具体图形，探索确定直线与圆的几何要素，掌握直线方程与圆的方程的几种形式，掌握一些有关的距离公式，能用直线和圆的方程解决一些简单的位置关系与度量问题，体会用代数方法处理几何问题的思想。与此同时，通过具体情境，感受建立空间直角坐标系的必要性，了解空间直角坐标系，会用空间直角坐标系刻画点的位置，探索得出空间两点间的距离公式。

课程标准对几何的内容是分三个层次设计的，即必修课程中的几何，选修系列 1、系列 2 中的几何，选修系列 3、系列 4 中的几何。必修课程中的几何主要包括立体几何初步、解析几何初步、平面向量、解三角形等；选修系列 1、系列 2 中的几何主要包括圆锥曲线与方程、空间向量与立体几何；选修系列 3、系列 4 中的几何主要包括球面上的几何、坐标系与参数方程、几何证明选讲等。

（三）数学 3

在本模块中，学生将学习算法初步（约 12 课时）、统计（约 16 课时）、概率（约 8 课时）。

1. 算法初步

算法是数学及其应用的重要组成部分，是计算科学的重要基础。随着现代信息技术飞速发展，算法在科学技术、社会发展中发挥着越来越大的作用，并日益融入社会生活的许多方面，算法思想已经成为现代人应具备的一种数学素养。需要特别指出的是，中国古代数学中蕴涵了丰富的算法思想。在本模块中，学生将在义务教育阶段初步感受算法思想的基础上，结合对具体数学实例的分析，体验程序框图在解决问题中的作用；通过模仿、操作、探索，学习设计程序框图表达解决问题的过程；体会算法的基本思想以及算法的重要性和有效性，发展有条理的思考与表达的能力，提高逻辑思维能力。

课程标准中算法的内容以两种形式呈现：一是在本模块中，相对集中地介绍算法的基本思想、基本结构、基本语句等；另外，课程标准还要求把算法思想渗透在其他相关内容之中。中学数学中的算法内容和其他内容是密切联系在一起的，比如线性方程组的求解、数列的求和等。具体来说，需要通过模仿、操作、探索，学习设计程序框图表达解决问题的过程，体会算法的基本思想和含义，理解算法的基本结构和基本算法语句，并了解中国古代数学中的算法。

2. 统计与概率

现代社会是信息化的社会，人们常常需要收集数据，根据所获得的数据提取有价值的信息，做出合理的决策。统计是研究如何合理收集、整理、分析数据的学科，它可以为人们制定决策提供依据。随机现象在日常生活中随处可见，概率是研究随机现象规律的学科，它为人们认识客观世界提供了重要的思维模式和解决问题的方法，同时为统计学的发展提供了理论基础。因此，统计与概率的基础知识已经成为一个未来公民的必备常识。在本模块中，学生将在义务教育阶段学习统计与概率的基础上，通过实际问题情境，学习随机抽样、样本估计总体、线性回归的基本方法，体会用样本估计总体及其特征的思想；通过解决实际问题，较为系统地经历数据收集与处理的全过程，体会统计思维与确定性思维的差异。学生将结合具体实例，学习概率的某些基本性质和简单的概率模型，加深对随机现象的理解，能通过实验、计算器（机）模拟估计简单随机事件发生的概率。

统计与概率的思想方法有助于培养学生以随机的观点来理解世界，形成正确的世界观与方法论，为以后进一步学习和工作做好准备。

在本模块中，学生将在义务教育阶段所学统计和概率的基础上，通过实际问题情境，学习随机抽样、样本估计总体、线性回归的基本方法，体会用样本估计总体及其特征的思想；通过解决实际问题，较为系统地经历数据收集与处理的全过程，体会统计思维与确定性思维的差异。学生将结合具体实例，学习概率的某些基本性质和简单的概率模型，加深对随机现象的理解，能通过实验、计算器模拟估计简单随机事件发生的概率。

（四）数学4

在本模块中，学生将学习三角函数（约16课时）、平面上的向量（简称平面向量）（约12课时）、三角恒等变换（约8课时）。

三角函数是基本初等函数，它是描述周期现象的重要数学模型，在数学和其他领域中具有重要的作用。在本模块中，学生将通过实例，学习三角函数及其基本性质，体会三角函数在解决具有周期变化规律的问题中的作用。

向量是近代数学中重要和基本的数学概念之一，它是沟通代数、几何与三角函数的一种工具，有着极其丰富的实际背景。在本模块中，学生将了解向量丰富的实际背景，理解平面向量及其运算的意义，能用向量语言和方法表述和解决数学和物理中的一些问题，发展运算能力和解决实际问题的能力。

三角恒等变换在数学中有一定的应用，同时有利于发展学生的推理能力和运算能力。在本模块中，学生将运用向量的方法推导基本的三角恒等变换公式，由此出发导出其他的三角恒等变换公式，并能运用这些公式进行简单的恒等变换。

（五）数学 5

在本模块中，学生将学习解三角形（约 8 课时）、数列（约 12 课时）、不等式（约 16 课时）。

1. 解三角形

学生将在已有知识的基础上，通过对任意三角形边角关系的探究，发现并掌握三角形中的边长与角度之间的数量关系，并认识到运用它们可以解决一些与测量和几何计算有关的实际问题。

以往的解三角形内容，比较关注三角形边角关系的，往往把侧重点放在运算上。本模块中，将解三角形作为几何度量问题来处理，突出几何的作用，为学生理解数学中的量化思想、进一步学习数学奠定基础。解三角形处理的是三角形中长度、角度、面积的度量问题，长度、面积是理解积分的基础，角度是刻画方向的，长度、方向是向量的特征，有了长度、方向，向量的工具自然就有用武之地。从这一角度看，解三角形的内容为学生运用向量工具解决三角形的度量问题留有余地，进而为运用向量解决几何度量问题奠定了基础。

2. 数列

数列作为一种特殊的函数，是反映自然规律的基本数学模型。在本模块中，学生将通过对日常生活中大量实际问题的分析，建立等差数列和等比数列这两种数列模型，探索并掌握它们的一些基本数量关系，感受这两种数列模型的广泛应用，并利用它们解决一些实际问题。

以往数列的内容比较注重数列中各量之间关系的恒等变形。本模块中，对数列内容的处理突出了函数思想、数学模型思想以及离散与连续的关系。数列是一种离散函数，它是一种重要数学模型。日常生活中遇到的许多问题，如贷款、利率、折扣、人口的增长、放射性物质的衰变等都可以用等差数列和等比数列来刻画。等差数列、等比数列又是一次函数、指数函数的离散化。从函数的观点、模型的观点、连续与离散的关系的角度认识数列，突出了数列的本质。

3. 不等式

不等关系与相等关系都是客观事物的基本数量关系，是数学研究的重要内容。建立不等观念、处理不等关系与处理等量问题是同样重要的。在本模块中，学生将通过具体情境，感受在现实世界和日常生活中存在着大量的不等关系，理解不等式（组）对于刻画不等关系的意义和价值；掌握求解一元二次不等式的基本方法，并能解决一些实际问题；能用二元一次不等式组表示平面区域，并尝试解决一些简单的二元线性规划问题；认识基本不等式及其简单应用；体会不等式、方程及函数之间的联系。

对于不等式，以往的课程中，比较关注不等式的解法。本模块强调不等式是刻画和描述现实世界中事物在量上的区别的一种工具，是描述、刻画优化问题的一种数学模型。因此，淡化了解不等式的技巧性要求，突出了不等式的实际背景及其应用。例如，将线性规划问题作为不等式的应用来处理，突出了不等式的几何意义以及在解决优化问题中的作用，为学生理解不等式的本质、体会优化思想奠定了基础。

拓展阅读

曹一鸣，代钦，王光明．十三国数学课程标准评介（高中卷）[M]．北京：北京师范大学出版社，2013.

第三节　高中数学选修课程的内容标准

一、高中数学选修课程概述

选修课程由系列 1、系列 2、系列 3、系列 4 组成。

系列 1：由 2 个模块组成。

选修 1－1：常用逻辑用语、圆锥曲线与方程、导数及其应用。

选修 1－2：统计案例、推理与证明、数系的扩充与复数的引入、框图。

系列 2：由 3 个模块组成。

选修 2－1：常用逻辑用语、圆锥曲线与方程、空间中的向量与立体几何。

选修 2－2：导数及其应用、推理与证明、数系的扩充与复数的引入。

选修 2－3：计数原理、统计案例、概率。

系列 3：由 6 个专题组成。

选修 3－1：数学史选讲。

选修 3－2：信息安全与密码。

选修 3－3：球面上的几何。

选修 3-4：对称与群。

选修 3-5：欧拉公式与闭曲面分类。

选修 3-6：三等分角与数域扩充。

系列 4：由 10 个专题组成。

选修 4-1：几何证明选讲。

选修 4-2：矩阵与变换。

选修 4-3：数列与差分。

选修 4-4：坐标系与参数方程。

选修 4-5：不等式选讲。

选修 4-6：初等数论初步。

选修 4-7：优选法与试验设计初步。

选修 4-8：统筹法与图论初步。

选修 4-9：风险与决策。

选修 4-10：开关电路与布尔代数。

选修课程内容确定的原则是：满足学生的兴趣和对未来发展的需求，为学生进一步学习、获得较高数学素养奠定基础。

系列 1 是为那些希望在人文、社会科学等方面发展的学生而设置的，包括 2 个模块，共 4 学分；系列 2 则是为那些希望在理工、经济等方面发展的学生而设置的，包括 3 个模块，共 6 学分。系列 1、系列 2 的内容是选修系列课程中的基础性内容。

系列 3 和系列 4 是为对数学有兴趣和希望进一步提高数学素养的学生而设置的，所涉及的内容反映了某些重要的数学思想，有助于学生进一步打好数学基础，提高应用意识，有利于学生终身的发展，有利于扩展学生的数学视野，有利于提高学生对数学的科学价值、应用价值、文化价值的认识。其中的专题将随着课程的发展逐步扩充，学生可根据自己的兴趣、志向进行选择。根据系列 3 内容的特点，系列 3 不作为高校选拔考试的内容，对这部分内容学习的评价适宜采用定量与定性相结合的方式，由学校进行评价，评价结果可作为高校录取的参考。

选修课程中系列 3、系列 4 基本上不依赖其他系列的课程，可以与其他系列课程同时开设，这些专题的开设可以不考虑先后顺序。

学校应在保证必修课程、选修系列 1 和系列 2 开设的基础上，根据自身的情况，开设系列 3 和系列 4 中的某些专题，以满足学生的基本选择需求。学校应根据自身的情况逐步丰富和完善，并积极开发、利用校外课程资源（包括远程教育资源）。为了更好地开设相关课程，教师也应该根据自身条件制订个人发展计划。

二、选修课程内容标准解析

（一）关于选修系列 1、系列 2

在完成必修课程学习的基础上，希望进一步学习数学的学生，可以根据自己的兴趣和需求，选择学习系列 1、系列 2。

在系列 1、系列 2 的课程中，有一些内容及要求是相同的，例如，常用逻辑用语、统计案例、数系扩充与复数等；有一些内容基本相同，但要求不同，如导数及其应用、圆锥曲线与方程、推理与证明；还有一些内容是不同的，如系列 1 中安排了框图等内容，系列 2 安排了空间中的向量与立体几何、计数原理、离散型随机变量及其分布等内容。

【系列 1】

选修 1－1

本模块中，学生将学习常用逻辑用语（约 8 课时）、圆锥曲线与方程（约 12 课时）、导数及其应用（约 16 课时）。

正确地使用逻辑用语是现代社会公民应该具备的基本素质。无论是进行思考、交流，还是从事各项工作，都需要正确地运用逻辑用语表达自己的思想。在本模块中，学生将在义务教育阶段的基础上，学习常用逻辑用语，体会逻辑用语在表述和论证中的作用，利用这些逻辑用语准确地表达数学内容，更好地进行交流。

在必修课程学习平面解析几何初步的基础上，在本模块中，学生将学习圆锥曲线与方程，了解圆锥曲线与二次方程的关系，掌握圆锥曲线的基本几何性质，感受圆锥曲线在刻画现实世界和解决实际问题中的作用，进一步体会数形结合的思想。

微积分的创立是数学发展中的里程碑，它的发展及广泛应用开创了向近代数学过渡的新时期，为研究变量与函数提供了重要的方法和手段。导数的概念是微积分的核心概念之一，它有极其丰富的实际背景和广泛的应用。在本模块中，学生将通过大量实例，经历由平均变化率到瞬时变化率刻画现实问题的过程，理解导数的含义，体会导数的思想及其内涵；应用导数探索函数的单调、极值等性质及其在实际中的应用，感受导数在解决数学问题和实际问题中的作用，体会微积分的产生对人类文化发展的价值。

选修 1－2

在本模块中，学生将学习统计案例（约 14 课时）、推理与证明（约 10 课时）、数系扩充及复数的引入（约 4 课时）、框图（约 6 课时）。

学生将在必修课程学习统计的基础上，通过对典型案例的讨论，了解和使用一些常用的统计方法，进一步体会运用统计方法解决实际问题的基本思想，认识统计方法在决策中的作用。

“推理与证明”是数学的基本思维过程，也是人们学习和生活中经常使用的思维方式。推理一般包括合情推理和演绎推理。合情推理和演绎推理之间联系紧密、相辅相成。证明通常包括逻辑证明和实验、实践证明，数学结论的正确性必须通过演绎推理或逻辑证明来保证，即在前提正确的基础上，通过正确使用推理规则得出结论。在本模块中，学生将通过对已学知识的回顾，进一步体会合情推理、演绎推理以及二者之间的联系与差异；体会数学证明的特点，了解数学证明的基本方法，包括直接证明的方法（如分析法、综合法）和间接证明的方法（如反证法）；感受逻辑证明在数学以及日常生活中的作用，养成言之有理、论证有据的习惯。

数系扩充的过程体现了数学的发现和创造过程，同时体现了数学发生、发展的客观需求，复数的引入是中学阶段数系的又一次扩充。在本模块中，学生将在问题情境中了解数系扩充的过程以及引入复数的必要性，学习复数的一些基本知识，体会人类理性思维在数系扩充中的作用。

框图是表示一个系统各部分和各环节之间关系的图示，它的作用在于能够清晰地表达比较复杂的系统各部分之间的关系。在本模块中，学生将学习用流程图、结构图等刻画数学问题以及其他问题的解决过程，体验用框图表示数学问题解决过程以及事物发生、发展过程的优越性，提高抽象概括能力和逻辑思维能力，做到清晰地表达和交流思想。

【系列 2】①

选修 2－1

在本模块中，学生将学习常用逻辑用语（约 8 课时）、圆锥曲线与方程（约 16 课时）、空间中的向量（简称空间向量）与立体几何（约 12 课时）。

本模块较之选修 1－1，增加了“空间中的向量与立体几何”，将“导数及其应用”移至选修 2－2。用空间向量处理立体几何问题，提供了新的视角。空间向量的引入，为解决三维空间中图形的位置关系与度量问题提供了一个十分有效的工具。在本模块中，学生将在学习平面向量的基础上，把平面向量及其运算推广到空间，运用空间向量解决有关直线、平面位置关系的问题，体会向量方法在研究几何图形中的作用，进一步发展空间想象能力和几何直观能力。

---

① 与系列 1 中的相同内容将不再赘述。

选修 2－2

在本模块中，学生将学习导数及其应用（约 24 课时）、推理与证明（约 8 课时）、数系的扩充与复数的引入（约 4 课时）。

选修 2－3

在本模块中，学生将学习计数原理（约 14 课时）、统计案例、概率（约 22 课时）。

本模块较之系列 1，增加了“计数原理”“概率”两部分。计数问题是数学中的重要研究对象之一。分类加法计数原理、分步乘法计数原理是解决计数问题的最基本、最重要的方法，也称为基本计数原理，它们为解决很多实际问题提供了思想和工具。在本模块中，学生将学习计数基本原理、排列、组合、二项式定理及其应用，了解计数与现实生活的联系，会解决简单的计数问题。

学生将在必修课程学习概率的基础上，学习某些离散型随机变量分布列及其均值、方差等内容，初步学会利用离散型随机变量思想描述和分析某些随机现象的方法，并能用所学知识解决一些简单的实际问题，进一步体会概率模型的作用及运用概率思考问题的特点，初步形成用随机观念观察、分析问题的意识。

（二）关于选修系列 3、系列 4

系列 3、系列 4 分别由若干专题组成，每个专题 1 学分。系列 3、系列 4 的素材比较丰富，随着课程的发展，这些内容将进一步拓展、丰富和完善。系列 3、系列 4 所涉及的内容都是基础性的数学内容，不仅应鼓励那些希望在理工、经济等方面发展的学生积极选修，同时也应鼓励那些希望在人文、社会科学方面发展的学生选修这些课程。

系列 3、系列 4 是为对数学有兴趣和希望进一步提高数学素养的学生而设置的，所涉及的内容都是数学的基础性内容，反映了某些重要的数学思想。有些专题是中学课程某些内容的延伸，有些专题是通过典型实例介绍数学的一些应用方法。这些专题的学习有利于学生的终身发展，有利于扩展学生的数学视野，有利于提高学生对数学的科学价值、应用价值、文化价值的认识，有助于学生进一步打好数学基础，提高应用意识。

各专题力求深入浅出、通俗易懂，进一步提高学生分析和解决问题的能力，让学生掌握和体会一些重要的概念、结论和思想方法，体会数学的作用，发展应用意识。

对于系列 3、系列 4 的学习，应提倡多样化的学习方式，可以是教师讲授，也可以是在教师指导下学生的自主探索和合作交流，还应鼓励学生独立阅读、写专题总结报告等，力求使学生切身体会“做数学”是学好数学的有效途径，独立思考是“做数学”的基础。系列 3、系列 4 的评价方式是不同的，根据系列 3 内容的特点，对学习这部分内容的评价适宜采用定量与定性相结合的方式。

【系列3】

系列3的内容可大致做如下分类：

文化类：选修3-1 数学史选讲

代数类：选修3-6 三等分角与数域扩充

选修3-4 对称与群

几何类：选修3-3 球面上的几何

选修3-5 欧拉公式与闭曲面分类

应用类：选修3-2 信息安全与密码

选修3-1 数学史选讲

通过生动、丰富的事例，了解数学发展过程中若干重要事件、重要人物与重要成果，初步了解数学产生与发展的过程，体会数学对人类文明发展的作用，提高学习数学的兴趣，加深对数学的理解，感受数学家的严谨态度和锲而不舍的探索精神。

本专题由若干个选题组成，内容应反映数学发展的不同时代的特点，要讲史实，更重要的是通过史实介绍数学的思想方法，选题的个数以不少于6个为宜。如表3-2所示的专题可供选择。

表3-2

"数学史选讲"选题	
1. 早期算术与几何——计数与测量	7. 千古谜题——伽罗瓦的解答
2. 古希腊数学	8. 康托的集合论——对无限的思考
3. 中国古代数学瑰宝	9. 随机思想的发展
4. 平面解析几何的产生——数与形的结合	10. 算法思想的历程
5. 微积分的产生——划时代的成就	11. 中国现代数学的发展
6. 近代数学两巨星——欧拉与高斯	

选修3-2 信息安全与密码

数论和代数在现代信息理论、信息安全中有许多重要的应用。本专题将介绍和学习初等数论的某些知识（如整除与同余），以及数论在现代信息安全中的某些重要应用，使学生了解数学在信息科学中的应用，提高对数学的鉴赏力和学习数学的兴趣。

选修3-3 球面上的几何

我们生活在地球上，地球表面十分接近于一个球面。因此，在实际生活中，球面上的几何（简称球面几何）知识有着广泛的实际应用。例如，大地（天体）测量、航空、卫星定位等方面均需利用球面几何的知识。在理论上，球面几何是一个与欧氏平面几何不同的几何模型，是一个重要的非欧几何数学模型，球面几何在几何学的理论研究方面，具有特殊的作用。

本专题将使学生了解一个新的数学模型——球面几何，初步学习球面几何的一些基本知识及其在实际中的一些应用，通过比较球面几何和欧氏平面几何的差异和联系，感受自然界中存在着丰富多彩的数学模型。类比是学习这个专题所用到的重要的思想方法，空间想象和几何直观能力是学好这个专题的关键。

选修 3-4　对称与群

对称是自然界一种十分重要的性质，如轴对称、中心对称。群是刻画对称性的数学概念，群论是现代数学的重要研究对象。

学生将从丰富的平面图形对称变换的实例入手，了解变换群的概念，学习群的表达方法，学会求出一些比较简单的几何图形的对称群，并进一步体会群在研究事物对称性质和研究其他数学对象中的重要作用。

选修 3-5　欧拉公式与闭曲面分类

使用变换对几何图形进行分类，是几何学的重要内容，揭示在不同变换下几何图形的不变性质或不变量是研究这类问题的基本思想方法。本专题主要讨论欧拉公式和欧拉示性数等重要的拓扑不变量，并利用它们对曲线、曲面进行分类。

选修 3-6　三等分角与数域扩充

三等分角问题、倍方问题和化圆为方问题被称为古希腊的三大几何作图问题。解决这类问题的思想方法不仅在数学上，而且在人类的思想史上都具有重大意义。

本专题将通过对三等分角问题的讨论使学生了解解决这类问题的基本思想方法，并能用此方法解决倍方问题和仅用圆规直尺不能作正七边形的问题。另外还介绍用代数方法讨论正十七边形是可作图的（即可用尺规作图方法作出正十七边形）。通过以上的讨论，使学生体会和理解其中蕴涵的数学思想方法，提高分析和解决数学问题的能力。

【系列 4】

系列 4 的内容可大致做如下分类：

代数类：选修 4-5 不等式选讲
　　　　选修 4-4 坐标系与参数方程
　　　　选修 4-6 初等数论初步
几何类：选修 4-2 矩阵与变换
　　　　选修 4-1 几何证明选讲
分析类：选修 4-3 数列与差分
应用类：选修 4-7 优选法与试验设计初步
　　　　选修 4-10 开关电路与布尔代数
　　　　选修 4-9 风险与决策
　　　　选修 4-8 统筹法与图论初步

可以通过表 3-3 简要了解选修系列 4 中 10 个专题的基本内容与要求。

表 3-3

系列4 内容与要求	
选修 4-1 几何证明选讲	本专题从复习相似图形的性质入手，证明一些反映圆与直线关系的重要定理，并通过对圆锥曲线性质的进一步探索，提高学生空间想象能力、几何直观能力和运用综合几何方法解决问题的能力
选修 4-2 矩阵与变换	本专题将通过平面图形的变换讨论二阶方阵的乘法及性质、逆矩阵和矩阵的特征向量等概念，并以变换和映射的观点理解线性方程组的意义，初步展示矩阵应用的广泛性
选修 4-3 数列与差分	本专题初步研究数列的差分和简单的差分方程，使学生掌握一些用离散变量分析解决问题的方法
选修 4-4 坐标系与参数方程	通过对本专题的学习，学生将掌握极坐标和参数方程的基本概念，了解曲线的多种表现形式，体会从实际问题中抽象出数学问题的过程，培养探究数学问题的兴趣和能力，体会数学在实际中的应用价值，提高应用意识和实践能力
选修 4-5 不等式选讲	本专题将介绍一些重要的不等式和它们的证明、数学归纳法和它的简单应用。本专题特别强调不等式及其证明的几何意义与背景，以加深学生对这些不等式的数学本质的理解，提高学生的逻辑思维能力和分析解决问题的能力
选修 4-6 初等数论初步	本专题学生将通过具体的问题学习有关整数和整除的知识，探索用辗转相除法求解简单的一次不定方程、简单同余方程、同余方程组等，从中体会思想方法，了解我国古代数学的一些重要成就
选修 4-7 优选法与试验设计初步	本专题将结合具体实例，初步介绍单因素、双因素的优选法和多因素的正交试验设计方法，并对方法给予简单的说明，帮助学生理解这些方法的基本思想，并能思考和解决一些简单的实际问题
选修 4-8 统筹法与图论初步	统筹法是运筹学中的一个基本方法，是现代项目管理理论中最重要的方法之一。本专题将通过实例介绍统筹法及其应用，同时介绍图的基本概念，给出图上最短路和最小生成树算法，使学生对图论及其应用有初步了解
选修 4-9 风险与决策	在现代社会中，公民应该具有合理的决策能力。因此，在中学阶段最好能掌握一些简单的统计决策方面的知识和方法，形成初步的决策意识。本专题就是为此目的而设立的

续表

系列 4　内容与要求	
选修 4-10 开关电路与布尔代数	本专题以设计由三人控制一个电灯的电路为背景，从开关电路设计提出一个具体问题，将电路设计数学化为电路代数和电路多项式，再数学地研究电路和电路多项式，完全解决最初提出的问题，完整地给出一个电路代数的数学模型，这也是布尔代数的一个实际应用，从中可感受到数学化的抽象过程，以及数学理论的应用价值

拓展阅读

① 项昭．高中数学选修课程专题研究［M］．贵阳：贵州人民出版社，2007.

② 仇金家．中学数学课题学习指导：数学探究、数学建模与数学文化［M］．北京：中国人民大学出版社，2010.

阅读 3.3　关于数学探究、数学建模、数学文化

第四节　高中数学课程标准实施建议

一、教学建议

课程标准中提出的教学建议如下：

（1）以学生发展为本，指导学生合理选择课程、制订学习计划。

（2）帮助学生打好基础，发展能力。

（3）注重联系，提高对数学整体的认识。

（4）注重数学知识与实际的联系，发展学生的应用意识和能力。

（5）关注数学的文化价值，促进学生科学观的形成。

（6）改善教与学的方式，使学生主动地学习。

（7）恰当运用现代信息技术，提高教学质量。

囿于篇幅所限，下面以第 6 点为例展开解析。

丰富学生的学习方式、改进学生的学习方法是高中数学课程追求的基本理念。学生的数学学习活动不应只限于对概念、结论和技能的记忆、模仿和接受，独立思考、自主探索、动手实践、合作交流、阅读自学等都是学习数学的重要方式。在高中数学教学中，教师的讲授仍然是重要的教学方式之一，但必须关注学生的主体参与，注重师生互动。高中数学课程在教育理念、学科内容、课程资源的开发利用等方面都对教师提出了挑战。在教学中，教师应根据高中数学课程的理念和目标、学生的认知特征和数学的特点，积极探索适合高中学生数学学习的教学方式。特别要注意以下几个方面。

（1）高中数学课程增加了一些新的内容，对于这些内容，教师要把握课程标准的定位进行教学。

例如，算法是高中数学教学中新增加的内容，对于这部分内容的定位，课程标准提出了明确的要求：结合具体实例，感受、学习和体会算法的基本思想；学习和体验算法的程序框图、基本算法语言；并将算法的思想方法渗透到高中数学的有关内容中，形成分析、解决问题的一种方法。因此，在教学中，应结合实际问题——问题可以是学生熟悉的，例如，求$\sqrt{2}$的近似值、求最大公约数或最小公倍数；也可以是新的问题，例如，用二分法或切线法求方程根的近似值等——通过模仿、操作、探索等过程组织教学，采用集中学习与分散渗透相结合的方式进行。教学中应着重强调使学生体会算法思想、提高逻辑思维能力，不应将算法简单处理成程序语言的学习和程序设计，同时应尽可能通过具体实例的上机实现，帮助学生理解算法思想及其作用。

（2）鼓励学生积极参与教学活动，包括思维的参与和行为的参与。

为了鼓励学生积极参与教学活动，帮助学生用内心的体验与创造来学习数学，在备课时不仅要备知识，把自己知道的最多、最好、最生动的东西教给学生，还要考虑如何引导学生参与，应该给学生一些什么，不给什么；先给什么，后给什么；以什么样的形式能给他带来最大的思考空间；怎么提问，在什么时候提什么样的问题，等等。

鼓励学生参与的又一方式是发动学生动手实验，制作有关模型或课件。

（3）加强几何直观，重视图形在数学学习中的作用，鼓励学生借助直观进行思考。

几何直观能启迪思路、帮助理解，因此，借助几何直观学习和理解数学，是数学学习中的重要方面，甚至可以说，只有做到了直观上的理解，才是真正的理解。因此，在教学中，要鼓励学生借助几何直观进行思考、揭示研究对象的性质和关系，并且学会利用几何直观来理解和学习数学。

（4）在数学教学中，学习形式化的表达是一项基本要求，不能只限于形式化的表达，应注意揭示数学的本质。

最典型的是关于“导数及其应用”这部分内容的处理，课程标准中要求：不讲极限，直接学习导数概念及其应用。这是为了使学生更好地理解导数的本质，懂得为什么用导数去研究函数的性质更一般、更有效，体验导数在现实生活中的应用。这种体会导数的思想及其内涵的处理方式，可以避免因对形式化极限概念理解困难，影响对导数概念本身的理解。

(5) 对不同的内容，可采用不同的教学和学习方式。

例如，对于统计内容的教学，就可以较多地采用教师的指导下，让学生去收集资料、调查研究、实践探究的方式。

对于选修系列 3、系列 4 中专题的学习，可在上课之前由教师提供一些配合教材的阅读材料和思考题，在课堂上采用教师讲解和小组讨论、全班交流相结合的学习方式，课后可采用写读书报告、撰写论文等形式。

而对必修系列和选修系列 1、系列 2 中的一些可以拓展延伸的内容，比如反函数、复合函数的一般概念，概率中几何概型的计算等，不妨采用教师引导下自主探究与合作交流相结合的方式，去进一步深层次理解这些内容。

对于必修系列和选修系列 1、系列 2 中的内容，尤其是一些核心概念与基本思想（如函数、向量、导数、算法、统计、数形结合、空间观念、随机观念等）的教与学，则在设计和组织教学时，要注重使学生在丰富的背景下、在认知冲突中、在经历知识的形成与发展中展开学习；引导学生通过观察、操作、归纳、类比、思考、探索、交流、反思等行为参与和思维参与活动，去认识、理解和掌握数学知识，学会学习，发展思维能力。

(6) 教师应根据不同的内容、目标以及学生的实际情况，给学生留有适当的拓展、延伸的空间和时间，对有关课题做进一步探索、研究。

例如，反函数的一般概念、概率中几何概型的计算等都可作为拓展、延伸的内容。拓展、延伸的内容不作为考试的要求。

(7) 教师应充分尊重学生的人格和学生在数学学习上的差异，采用适当的教学方式，在数学学习和解决问题的过程中，激发学生对数学学习的兴趣，帮助学生养成良好的学习习惯，形成积极探索的态度，勤奋好学、勇于克服困难和不断进取的学风。

(8) 教师应不断反思自己的教学，改进教学方式，提高自己的教学水平，形成个性化的教学风格。

二、评价建议

评价在教育中的功能是多方面的，既有甄别、导向功能，也有反馈、调节、激励功能，因而对教育的实践与发展有着极为重要的影响。正确地认识与实施评价，对有效地进行数学课程改革、促进学生的发展是十分重要的。

课程标准中提出的评价建议如下：

(1) 重视对学生数学学习过程的评价。

(2) 正确评价学生的数学基础知识和基本技能。

(3) 重视对学生能力的评价。

(4) 实施促进学生发展的多元化评价。

(5) 根据学生的不同选择进行评价。

数学学习评价，既要重视学生知识、技能的掌握和能力的提高，又要重视其情感、态度和价值观的变化；既要重视学生学习水平的甄别，又要重视其学习过程中主观能动性的发挥；既要重视定量的认识，又要重视定性的分析；既要重视教育者对学生的评价，又要重视学生的自评、互评。总之，应将评价贯穿数学学习的全过程，既要发挥评价的甄别与选拔功能，更要突出评价的激励与发展功能。

数学教学的评价应有利于营造良好的育人环境，有利于数学教与学活动过程的调控，有利于学生和教师的共同成长。

阅读 3.4　高中数学课程标准中的教材编写建议

拓展阅读

黄永明，陈静安．数学课程标准与学科教学［M］．南京：南京大学出版社，2011.

徐汉文．中学数学课程标准与教材分析［M］．北京：科学出版社，2014.

思考题

1.《普通高中数学课程标准（实验稿）》的研制体现了课程设计与发展的哪些特点？

2. 你认为目前高中数学课程评价的困难何在？你对数学课程评价有何建议？

3. 你认为要胜任高中数学课程改革，需要拓展哪些方面的知识？需要培养哪些方面的能力？

第四章　中学数学“代数内容”分析

编者的话

通过本章的学习，我们可以了解中学数学“代数内容”的整体结构；初中阶段“数与代数”内容的教材分析；高中阶段“代数内容”的教材分析。

如果想要了解更多，使用手机扫描二维码，你可以进一步了解中学代数内容的教育价值、主线和关键点，可以深入解读中学课程标准中代数内容的具体要求，可以比较新旧版本数学课程标准的异同，可以进行“复数”“不等式”“数列”内容的教材分析，还可以把握函数概念的发展脉络。

要点提示

“代数内容”是学习整个中小学数学和其他自然学科的基础之一。在《义务教育数学课程标准（2011年版）》中，“数与代数”与“图形与几何”“统计与概率”“综合与实践”三个部分的课程内容一起，被安排在各个学段中。“代数内容”同时出现在高中数学必修课程以及选修系列中。本章首先介绍了“代数内容”在中学阶段的整体结构，在此基础上，分别针对初中以及高中的课程内容进行教材分析。

学习目标

1. 整体把握中学“代数内容”的结构；
2. 了解初中、高中数学课程标准中“代数内容”的深度和广度；
3. 了解数学教材相关内容安排的年级、顺序和结构；
4. 初步掌握中学“代数内容”的重点与难点。

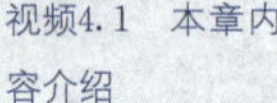

视频4.1　本章内容介绍

PPT4.1

第一节　中学数学“代数内容”整体结构

中学数学“代数内容”主要包括初中数学和高中数学两部分。按照《义教数学课标（2011年版）》的设计，代数内容即“数与代数”领域的内容。小学（1～6年级）阶段的主要内容包括数的认识，数的运算，常见的量，式与方程，正比例与反比例和探索规律。初中（7～9年级）阶段涉及数、式、方程及方程组、不等式及不等式组、函数等五部分内容。

《高中数学课标（实验）》中主要的代数内容分布如表4-1所示。

表 4-1

模块或系列	具体内容
数学1	函数概念与基本初等函数Ⅰ（指数函数、对数函数、幂函数）
数学4	基本初等函数Ⅱ（三角函数）
数学5	数列、不等式
选修1-2 选修2-2	数系的扩充与复数的引入
选修系列3	对称与群；三等分角与数域扩充
选修系列4	矩阵与变换；数列与差分；不等式选讲

中学“代数内容”的整体结构图如图4-1所示.

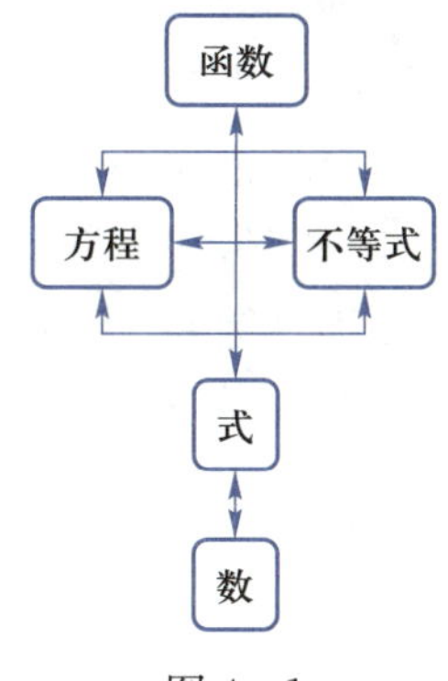

图4-1

从图4-1中不难发现，数及其运算是整个代数内容的基础，式及其运算是数及其运算的发展和延伸，方程占有承前启后的位置，它前承数、式的学习，后启不等式、函数的学习。不等式、函数的问题，常常以相应的方程求解为突破口。比如，求解不等式 $f(x)>0$，可以先求出等式（方程）$f(x)=0$ 的解，借助等式（方程）的解画出相应函数 $y=f(x)$ 的图像，然后由函数的图像写出不等式 $f(x)>0$ 的解。

阅读 4.1　中学“代数内容”的教育价值

函数在代数内容中处于核心地位，数、式、方程及不等式都可以用函数来“统帅”。比如函数 $y=f(x)$，其中 $f(x)$就是式，函数值 $f(5)$ 可以当成自变量（字母）x 取 5 时的式 $f(x)$的值；二元方程 $f(x,y)=0$可以认为是 y 为 x 的隐函数形式；二元一次方程组可以看成一次函数的公共交点；方程 $f(x)=0$ 的解集则可以理解为函数 $y=f(x)$图像与 x 轴相交点（x，0）的 x 值范围，而不等式 $f(x)>0$ 的解集则可以算成函数值 $y=f(x)$为正数的 x 范围。

阅读 4.2　中学“代数内容”的主线和关键点

高中数学的许多内容都与函数密切相关。比如，数列是定义域为自然数集或其子集的函数；微积分初步主要内容是研究初等连续函数的一些性质；解析几何研究的曲线方程其实是隐函数；简单的线性规划问题中的目标函数实际上是二元函数。

代数内容贯穿中小学数学学习的始终。可以说每一个学段、每一个学期的学习或显或隐地涉及这方面的内容。

第二节　初中数学“数与代数”教材分析

对学生而言，学习 7～9 年级“数与代数”内容，要经历三次质的飞跃：从算术数扩展到有理数，是从简单到复杂的飞跃；从有理数发展到代数式是从具体到抽象的飞跃；从代数式到函数是从常量到变量的飞跃。这三次飞跃也是初中学生学习“数与代数”的三大难点。

初中数学“数与代数”的内容，是在小学学习数的认识、数的表示、数的大小、数的运算、数量的估计、字母表示数、简易方程的基础上，进一步学习有理数、实数、代数式、方程（组）、不等式（组）、函数等。

《义教数学课标（2011 年版）》将第三学段数与代数的内容分为三部分：数与式；方程与不等式；函数。

一、数与式

数与式这部分有三“多”：概念多、公式多和计算多。

代数与算术的一个重要区别就是引用了字母表示数，这样可以使我们更一般地去研究和解决许多数量关系问题。但用字母表示数，往往代表某类数，这种一般与特殊的关系正是 7 年级学生学习的困难所在。

代数式的建立是重点也是难点。方程、不等式和函数三大模型的建构，都需要良好的列代数式的基础。

（一）“数与式”的教材结构

数的内容在人教版教材中分布于 7 年级上第一章“有理数”，7 年级上第六章“实数”；在北师大版教材中分散于 7 年级上第二章“有理数及其运算”，8 年级上第二章“实数”，具体章节如表 4－2 所示。

表 4－2

人教版	北师大版
7 年级上（2012 年 6 月第 1 版） 第一章　有理数 1.1 正数和负数 1.2 有理数 1.3 有理数的加减法 1.4 有理数的乘除法 1.5 有理数的乘方	7 年级上（2013 年 6 月第 2 版） 第二章　有理数及其运算 1 有理数 2 数轴 3 绝对值 4 有理数的加法 5 有理数的减法 6 有理数的加减混合运算 7 有理数的乘法 8 有理数的除法 9 有理数的乘方 10 科学记数法 11 有理数的混合运算 12 用计算器进行运算
7 年级下（2012 年 10 月第 1 版） 第六章　实数 6.1 平方根 6.2 立方根 6.3 实数	8 年级上（2014 年 7 月第 2 版） 第二章　实数 1 认识无理数 2 平方根 3 立方根 4 估算 5 用计算器开方 6 实数 7 二次根式

通览两本教材目录和内容，数的内容知识结构如图 4－2 所示。

式的内容在人教版教材中主要分布于 7 年级上第二章“整式的加减”，8 年级上第十四章“整式的乘法与因式分解”，8 年级上第十五章“分式”；在北师大版教材中分散于 7 年级上第三章“整式及其加减”，7 年级下第一章“整式的乘除”，8 年级下第五章“分式与分式方程”，具体章节如表 4－3 所示。

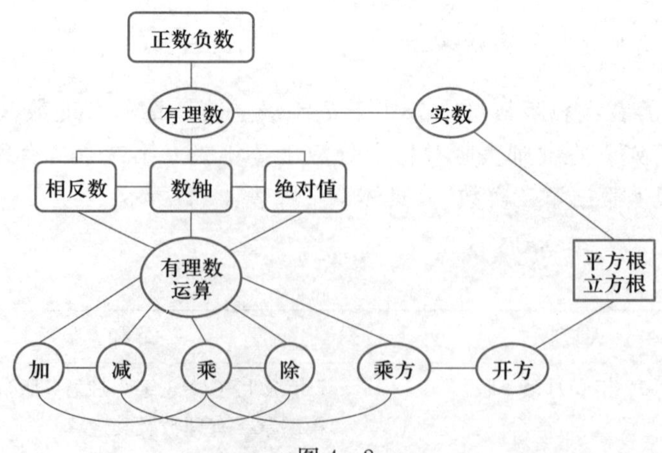

图 4-2

表 4-3

人教版	北师大版
7 年级上（2012 年 6 月第 1 版） 第二章　整式的加减 2.1 整式 2.2 整式的加减	7 年级上（2013 年 6 月第 2 版） 第三章　整式及其加减 1 字母表示数 2 代数式 3 整式 4 整式的加减 5 探索与表达规律
8 年级上（2013 年 6 月第 1 版） 第十四章　整式的乘法与因式分解 14.1 整式的乘法 14.2 乘法公式 14.3 因式分解	7 年级下（2013 年 12 月第 2 版） 第一章　整式的乘除 1 同底数幂的乘法 2 幂的乘方与积的乘方 3 同底数幂的除法 4 整式的乘法 5 平方差公式 6 完全平方公式 7 整式的除法
8 年级上（2013 年 6 月第 1 版） 第十五章　分式 15.1 分式 15.2 分式的运算 15.3 分式方程	8 年级下（2014 年 11 月第 2 版） 第五章　分式与分式方程 1 认识分式 2 分式的乘除法 3 分式的加减法 4 分式方程

需要指出的是，两个版本的教材将可化为一元一次方程的分式方程也放在分式中，这样安排是比较合理的，因为在 7 年级上学生已经学习了一元一次方程。

通览两本教材目录和内容，式的内容知识结构如图 4-3 所示。

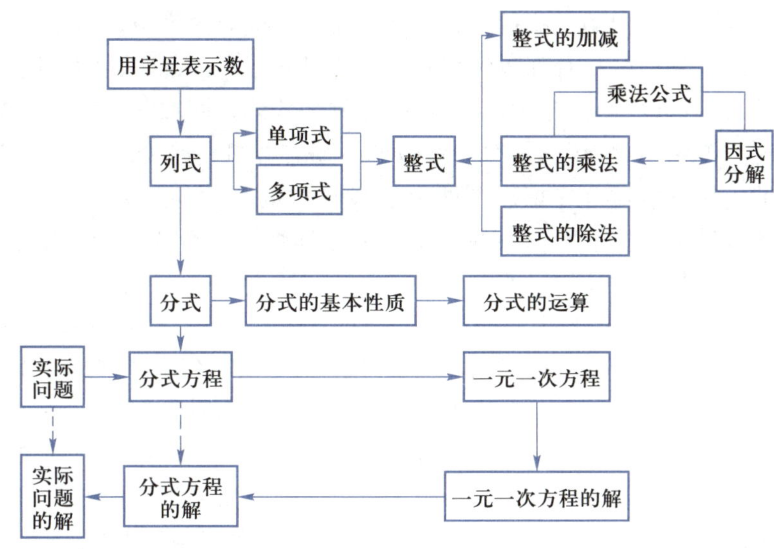

图 4 - 3

式的运算建立在数的运算的基础上，数的运算是式的运算的特殊情况，而式的运算是其拓展，因此在式的运算学习时，要注意与数的相关运算的内容类比。比如，整式的加减的基础是合并同类项和去括号，其依据就是数运算的分配律；又如，分式的基本性质可类比分数的基本性质，分式的运算可类比分数的运算等，以实现正迁移。

（二）“数与式”内容的具体分析——以“负数的引入”为例

《义教数学课标（2011 年版）》之后的新课标教材中对于“负数的引入”以如下方式提出：

人教版教材（七年级上册）第一章有理数“1.1 正数和负数”中，首先提出“数的产生和发展离不开生活和生产的需要”，通过图 4 - 4 展示了数“1，2，3，…”“0”“$\frac{1}{2}$，$\frac{1}{3}$，…”的由来；之后提及本章引言中，温度、产量增长率、收支情况等表示数字的实际意义；由此提出“像-3，-2.7%，-4.5，-1.2 这样在正数前加上符号‘$-$’（负）的数叫做负数”。

由记数、排序，产生数 1，2，3，…

由表示“没有”“空位”，产生数 0

由分物、测量，产生分数$\frac{1}{2}$，$\frac{1}{3}$，…

图 4 - 4

课程标准在第二学段中关于负数的要求为：在熟悉的生活情境中，了解负数的意义，会用负数表示日常生活中的一些量。因此，在小学的学习中学生已经从实际生活中的一些量，如温度、海拔高度等内容中，初步认识了负数。本节的主要内容是有理数的意义，先通过几张图片说明数的发展与现实需要的关系，再以具有相反意义的量的实例为载体，回顾第二学段出现过的负数概念，说明用“＋”“－”表示数的性质，并进一步介绍正数、负数在实际中的应用。教材首先指出前两个学段学过的整数与分数都是实际需要的。在此基础上，借助引言中的例子，引导学生回顾负数概念，在用正数、负数表示具有相反意义的量的过程中，进一步感受引入负数的必要性。

阅读 4.3　《标准（2011 年版）》中的“数与代数”

北师大版教材（七年级上册）在第二章“有理数及其运算”中，以问题情境（图 4－5 所示）直接提出问题：“你能用正负数表示每个队答题得分的情况吗?”在“议一议”栏目中直接提出：“生活中你见过其他负数表示的量吗?”之后阐述了“加分与扣分”“上涨量与下跌量”“零上温度与零下温度”等都是具有相反意义的量。为了表示具有相反意义的量，我们可把其中一个量规定为正的，用正数来表示，而把与这个量意义相反的量规定为负的，用负数表示。

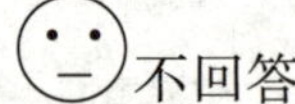

某班举行知识竞赛，评分标准是：答对一题加 1 分，答错一题扣 1 分，不回答得 0 分；每个队的基本分均为 0 分，两个队答题情况如下表：

	答题情况
第一队	
第二队	

如果答对题所得的分数用正数表示，那么你能用正负数表示每个队答题得分的情况吗？试完成下表：

	答对题的得分	答错题的得分	未回答题的得分
第一队	＋6		
第二队		－2	

图 4－5

阅读 4.4　《标准（2011 年版）》与《标准（实验稿）》关于“数与式”内容比较

本节内容回顾小学所学内容，用正负数可以表示具有相反意义的量，从这一角度进一步认识负数，借助比赛得分的情境，用正负数表示得分情况，从而回顾小学所学负数内容。

用正数、负数表示具有相反意义的量时，难点是描述向指定方向变化的情况，即：向指定方向变化用正数表示；向指定方向的相反方向变化用负数表示。这与学生的日常经验有一定的矛盾，需要一个“心理转换”：把“体重减少 1kg”转换为“体重增加－1kg”，需要对“负”与“正”的相对性有较好的理解。

基于负数的抽象性，从教材到课堂教学，主要借助生活“原型”，以“具有相反意义的量”为突破口引入负数。这样的教学虽然有利于学生的理解，但是如果教学中缺少对负数的提升，将影响学生对负数的认识。其实，负数除了由表示“具有相反意义的量”引入，还可以由表示“比零小的量”以及运算的需要为载体。

二、方程与不等式

方程（组）与不等式（组）是两种重要的刻画现实世界中量与量之间的相等关系和不等关系的数学模型。方程（组）、不等式（组）属于常量模型。

（一）方程与不等式的教材结构

方程（组）与不等式（组）的内容在人教版教材中主要分布于7年级上第三章“一元一次方程”，7年级下第八章“二元一次方程组”、第九章“不等式与不等式组”，9年级上第二十一章“一元二次方程”。

北师大版教材分散于7年级上第五章“一元一次方程”，8年级上第五章“二元一次方程组”，8年级下第二章“一元一次不等式与一元一次不等式组”，9年级上第二章“一元二次方程”。

具体章节如表4-4所示。

表4-4

人教版	北师大版
7年级上（2012年6月第1版） 第三章　一元一次方程 3.1 从算式到方程 3.2 解一元一次方程（一）——合并同类项与移项 3.3 解一元一次方程（二）——去括号与去分母 3.4 实际问题与一元一次方程	7年级上（2013年6月第2版） 第五章　一元一次方程 1 认识一元一次方程 2 求解一元一次方程 3 应用一元一次方程——水箱变高了 4 应用一元一次方程——打折销售 5 应用一元一次方程——“希望工程”义演 6 应用一元一次方程——追赶小明
7年级下（2012年10月第1版） 第八章　二元一次方程组 8.1 二元一次方程组 8.2 消元——解二元一次方程组 8.3 实际问题与二元一次方程组 *8.4 三元一次方程组的解法	8年级上（2014年7月第2版） 第五章　二元一次方程组 1 认识二元一次方程组 2 求解二元一次方程组 3 应用二元一次方程组——鸡兔同笼 4 应用二元一次方程组——增收节支 5 应用二元一次方程组——里程碑上的数 6 二元一次方程与一次函数 7 用二元一次方程组确定一次函数表达式 *8 三元一次方程组

续表

人教版	北师大版
9年级上（2014年3月第1版） 第二十一章　一元二次方程 21.1 一元二次方程 21.2 解一元二次方程 21.3 实际问题与一元二次方程	9年级上（2014年6月第1版） 第二章　一元二次方程 1 认识一元二次方程 2 用配方法求解一元二次方程 3 用公式法求解一元二次方程 4 用因式分解法求解一元二次方程 *5 一元二次方程的根与系数的关系 6 应用一元二次方程
7年级下（2012年10月第1版） 第九章　不等式与不等式组 9.1 不等式 9.2 一元一次不等式 9.3 一元一次不等式组	8年级下（2014年11月第2版） 第二章　一元一次不等式与一元一次不等式组 1 不等关系 2 不等式的基本性质 3 不等式的解集 4 一元一次不等式 5 一元一次不等式与一次函数 6 一元一次不等式组

通览两个版本教材的目录和内容，能充分感受到应用意识、建模思想和化归转化思想的渗透。方程与不等式内容知识结构如图 4-6 所示。

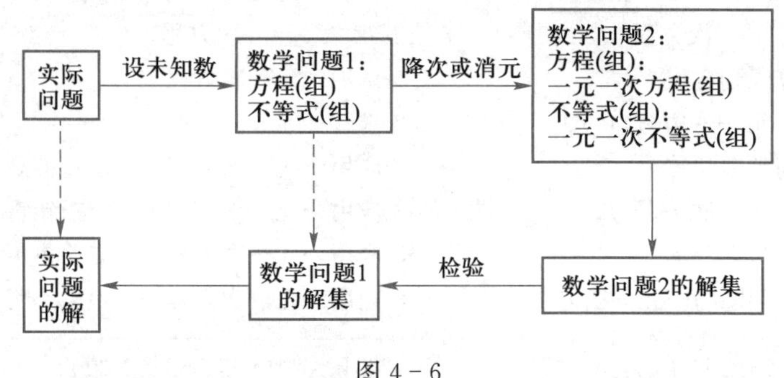

图 4-6

这里需要指出的是，实际问题既可以来自生活实际问题，也可以出自数学内部或其他学科，还可以是趣味性问题。

（二）“方程与不等式”的具体教材分析——以“二元一次方程组的解法”为例

《义教数学课标（2011年版）》颁布之后的新课标教材，介绍“二元一次方程组的解法”以如下方式提出：

人教版教材（7年级下第八章）引言部分通过“篮球联赛”这一问题情

境，引导学生认识二元一次方程组$\begin{cases}x+y=10\\2x+y=16\end{cases}$。并在第 2 节“消元——解二元一次方程组”中，提出问题“上面的二元一次方程组和一元一次方程有什么关系?”从而发现：二元一次方程组中第一个方程 $x+y=10$ 可以写成 $y=10-x$。由于两个方程中的 y 都表示负的场数，所以，我们把第二个方程 $2x+y=16$ 中的 y 换成 $10-x$，这个方程就化为一元一次方程 $2x+(10-x)=16$。解这个方程，得 $x=6$。把 $x=6$ 代入 $y=10-x$，得 $y=4$。从而得到这个方程组的解。进而引入“消元思想”以及“代入消元法”的相关内容阐述。

北师大版教材（8 年级上第五章）关于“二元一次方程组”的相关内容编排如下。

首先，利用上一节的老牛和小马驮包裹的问题得到二元一次方程组：

$$\begin{cases}x-y=2 & ①\\x+1=2(y-1) & ②\end{cases}$$

将方程①写成 $y=x-2$，启发：由于方程组中相同的字母表示同一未知数，所以方程②中的 y 也等于 $x-2$。将 $y=x-2$ 代入到方程②得到一元一次方程并求解。

其次，通过两个例题巩固代入消元法。

例 1 $\begin{cases}3x+2y=14 & ①\\x=y+3 & ②\end{cases}$　　例 2 $\begin{cases}2x+3y=16 & ①\\x+4y=13 & ②\end{cases}$

最后，指出解方程组的基本思路和代入消元法的主要解题步骤。

概括起来，以上教材的二元一次方程组的解法有如下特点：

第一，都是利用上一节的相关问题的解决转化为求解相应的二元一次方程组，这样不仅强化了建模思想，突出了二元一次方程组的作用，而且为代入消元的合理性提供了背景。同时规避了列方程的难点（因为上一节已列出了方程组），为消元思想的渗透和代入消元法的学习赢得了更多的时间，突出了重点。

第二，通过例题和若干练习巩固代入消元法。代入消元法、加减消元法的本质是“消元”，即减少未知数的个数，化二元一次方程组为已经学习过的一元一次方程。代入消元法与加减消元法只是“消元”的一些具体技能。

一般说来，每个章节的教学设计，可以按照教材的思路线性安排，也可以根据内容和学生的水平整合设计。比如“二元一次方程组的解法”，教材的编排顺序是先代入消元法再加减消元法解二元一次方程组。如果我们更注重突出消元思想和化归思想，学生程度较好，可在教师指导下，在第一节课放手让学生自主经历不同的消元（包括代入消元和加减消元），体验消元的本质，对各种消元方法进行分类，比较不同消元的优劣，通过不同层次、梯度、形式的题目，积累消元的经验。

阅读 4.5　《标准（2011 年版）》中的“方程与不等式”

三、函数

函数是一种重要的刻画现实世界中量与量之间的相依关系的数学模型，函数属于变量模型。

阅读 4.6　《标准（2011 年版）》与《标准（实验稿）》关于“方程与不等式”内容比较

（一）函数的教材结构

函数的内容在人教版教材中分布于 8 年级下第十九章“一次函数”；9 年级下第二十六章“反比例函数”；9 年级上第二十二章“二次函数”。在北师大版教材中分散于 7 年级下第三章“变量之间的关系”；8 年级上第四章“一次函数”；9 年级上第六章“反比例函数”；9 年级下第二章“二次函数”。具体章节如表 4 - 5 所示。

表 4 - 5

人教版	北师大版
8 年级下（2013 年 9 月第 1 版） 第十九章　一次函数 19.1 函数 19.2 一次函数 19.3 课题学习选择方案	7 年级下（2013 年 12 月第 2 版） 第三章　变量之间的关系 1 用表格表示的变量间关系 2 用关系式表示的变量间关系 3 用图像表示的变量间关系 8 年级上（2014 年 7 月第 2 版） 第四章　一次函数 1 函数 2 一次函数与正比例函数 3 一次函数的图像 4 一次函数的应用
9 年级上（2014 年 3 月第 1 版） 第二十二章　二次函数 22.1 二次函数的图像和性质 22.2 二次函数与一元二次方程 22.3 实际问题与二次函数	9 年级下（2014 年 11 月第 1 版） 第二章　二次函数 1 二次函数 2 二次函数的图像与性质 3 确定二次函数的表达式 4 二次函数的应用 5 二次函数与一元二次方程
9 年级下（2014 年 8 月第 1 版） 第二十六章　反比例函数 26.1 反比例函数 26.2 实际问题与反比例函数	9 年级上（2014 年 6 月第 1 版） 第六章　反比例函数 1 反比例函数 2 反比例函数的图像与性质 3 反比例函数的应用

（二）“函数”的教材分析——以“函数概念引入”为例

在《标准（2011 年版）》之后的新课标教材对于“函数概念引入”具体组织如下：

人教版教材（八年级下册 第十九章）首先请学生思考以下几个问题：

先请思考下面几个问题：

（1）汽车以 60 km/h 的速度匀速行驶，行驶路程为 s（km），行驶时间为 t（h）。填写下表，s 的值随 t 的值的变化而变化吗？

t/h	1	2	3	4	5
s/km					

（2）电影票的售价为 10 元/张，第一场售出 150 张票，第二场售出 205 张票，第三场售出 310 张票，三场电影的票房收入各多少元？设一场电影售出 x 张票，票房收入为 y 元，y 的值随 x 的值的变化而变化吗？

（3）你见过水中涟漪吗？如图 4－7，圆形水波慢慢地扩大．在这一过程中，当圆的半径 r 分别为 10 cm，20 cm，30 cm 时，圆的面积 S 分别为多少？S 的值随 r 的值的变化而变化吗？

图 4－7

（4）用 10 m 长的绳子围一个矩形．当矩形的一边长 x 分别为 3 m，3.5 m，4 m，4.5 m 时，它的邻边长 y 分别为多少？y 的值随 x 的值的变化而变化吗？

进一步总结这些问题的共性：反映了不同事物的变化过程，其中有些量的数值是变化的。例如时间 t，路程 s；售出票数 x，票房收入 y 等，有些量的数值是始终不变的，例如速度 60 km/h，票价 10 元/张等。在一个变化过程中，我们称数值发生变化的量为变量，数值始终不变的量为常量。

通过课堂练习进一步深入学生巩固“变量与变量之间的联系”。从而归纳出结论：上面每个问题中的两个变量互相联系，当其中一个变量取定一个值时，另一个变量就是有唯一确定的值与其对应。然后指出一些用图或表格表达的问题中，也能看到两个变量之间有这样的关系。

总结函数的定义：一般地，在一个变化过程中，如果有两个变量 x 与 y，并且对于 x 的每一个确定的值，y 都有唯一确定的值与其对应，那么我们就说 x 是自变量，y 是 x 的函数。若当 $x=a$ 时 $y=b$，那么 b 为当自变量的值为 a 时的函数值。

北师大版教材（8 年级上册）先后给出关于“第四章一次函数”的如下顺序：① 函数；② 一次函数与正比例函数；③ 一次函数的图像；④ 一次函数的应用。关于函数的概念，首先引入摩天轮的问题情境；（你坐过摩天轮吗？想一想，如果你坐在摩天轮上，随着时间的变化，你离开地面的高度是如何变化的?）其次在“做一做”中，提出两个实际问题“罐头盒等圆柱形物体的堆放层数与物体总数之间的关系”“热力学温度与摄氏温度之间的数量关系”；最后给出“函数的概念”：一般地，如果在一个变化过程中有两个变量 x 和 y，并且对于变量 x 的每一个值，变量 y 都有唯一的值与它对应，那么我们称 y 是 x 的函数，其中 x 是自变量。

阅读 4.7 《标准（2011 年版）》中的“函数”

在之前“变量之间的关系”基础上，本节继续通过对变量关系的考查，使学生明确“给定其中某一个变量的值，相应地就确定了另一个变量的值”这一共性，从而归纳出函数的概念。因此，本节最重要的任务是完成新概念（函数）的建构。新概念的建构，必须抓住概念的本质属性，函数的本质是蕴含于变量之间的一种依存关系，而不是其代数表达式，这应是贯穿本节的一条主线。

阅读 4.8 《标准（2011 年版）》与《标准（实验稿）》关于“函数”内容比较

可以发现，函数概念是初中遇到的第一个用“数学关系定义法”给出的概念，与先前所学的诸多数学概念的叙述方式不一样，学生往往不解其意。按照教参的建议，关于一般函数要上 5～8 节课。事实上，由于函数概念的抽象性，以及学生的年龄特点，使得函数概念的深刻理解不可能一步到位。如果一般函数学习过长，又没有具体的函数做支撑，加大了学生认知负荷，无疑会使学生有雪上加霜之感。

因此，可适当调整本章教学内容前后顺序和课时。在一般函数概念引入后，可将一般函数概念的进一步理解（如函数的定义、函数的定义域、值域的深入理解；函数图像的画法等）融入对具体函数模型（正比例函数、一次函数、反比例函数、二次函数）的学习中，让学生在螺旋上升的学习过程中，逐步提高对函数的认识。

第三节 高中数学“代数内容” 教材分析

一、“复数” 的教材结构

因为高中课标的“数系的扩充与复数的引入”模块文科和理科没有区别，所以仅以选修 1-2 人教 A、B 版及北师大版相关教材进行分析。表 4-6 是三个版本教材本模块的三级目录。

表 4-6

人教 A 版选修 1-2 第三章	人教 B 版选修 1-2 第三章	北师大版选修 1-2 第四章
3.1 数系的扩充和复数的概念 3.1.1 数系的扩充和复数的概念 3.1.2 复数的几何意义	3.1 数系的扩充和复数的引入 3.1.1 实数系 3.1.2 复数的引入	1 数系的扩充和复数的引入 1.1 数的概念的扩展 1.2 复数的有关概念
3.2 复数代数形式的四则运算 3.2.1 复数代数形式的加减运算及其几何意义 3.2.2 复数代数形式的乘除运算	3.2 复数的运算 3.2.1 复数的加法和减法 3.2.2 复数的乘法和除法	2 复数的四则运算 2.1 复数的加法和减法 2.2 复数的乘法和除法

通过教材目录和内容可以梳理出本部分知识结构，如图 4-8 所示。

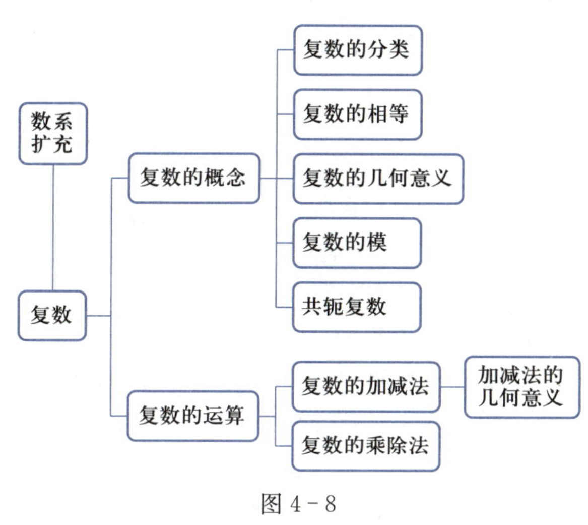

图 4-8

阅读 4.9 《高中标准（实验）》中的“复数”

阅读 4.10 “复数”的教材分析

二、“不等式”的教材结构

表 4-7 是人教 A、B 版及北师大版三本教材必修 5 不等式的三级目录。

表 4－7

人教 A 版必修 5 第三章	人教 B 版必修 5 第三章	北师大版必修 5 第三章
3.1 不等关系与不等式	3.1 不等关系与不等式 3.1.1 不等关系与不等式 3.1.2 不等式的性质	1 不等关系 1.1 不等关系 1.2 比较大小
3.2 一元二次不等式及其解法	3.3 一元二次不等式及其解法 3.4 不等式的实际应用	2 一元二次不等式 2.1 一元二次不等式的解法 2.2 一元二次不等式的应用
3.3 二元一次不等式（组）与简单的线性规划问题 3.3.1 二元一次不等式（组）与平面区域 3.3.2 简单的线性规划问题	3.5 二元一次不等式（组）与简单的线性规划问题 3.5.1 二元一次不等式（组）所表示的平面区域 3.5.2 简单线性规划	4 简单线性规划问题 4.1 二元一次不等式（组）与平面区域 4.2 简单线性规划 4.3 简单线性规划的应用
3.4 基本不等式	3.2 均值不等式	3 基本不等式 3.1 基本不等式 3.2 基本不等式与最大（小）值

综合三个版本教材，其主要内容为：① 不等关系及不等式的性质；② 一元二次不等式；③ 二元一次不等式组与简单线性规划问题；④ 基本不等式：$\sqrt{ab}\leqslant\frac{a+b}{2}$（$a$，$b\geqslant 0$）。

不等式的性质是解不等式的依据。人教 A 版和 B 版教材，在学生初中学习的三个不等式基本性质（人教版和华东师大版安排在 7 年级下，北师大版安排在 8 年级下）的基础上，适时合理地梳理了若干不等式的基本性质。

在“二元一次不等式组与简单线性规划问题”学习之前，人教 B 版必修 5 第三章增加了一节“不等式的实际应用”，其实另两种教材也有类似内容，只不过人教 B 版必修 5 第三章第四节“不等式的实际应用”没有局限于一元二次不等式，选例的范围更广了，“不等式的实际应用”可视为“简单线性规划问题”之前的学习热身。

必修 5 的“不等式”的知识结构如图 4－9 所示。

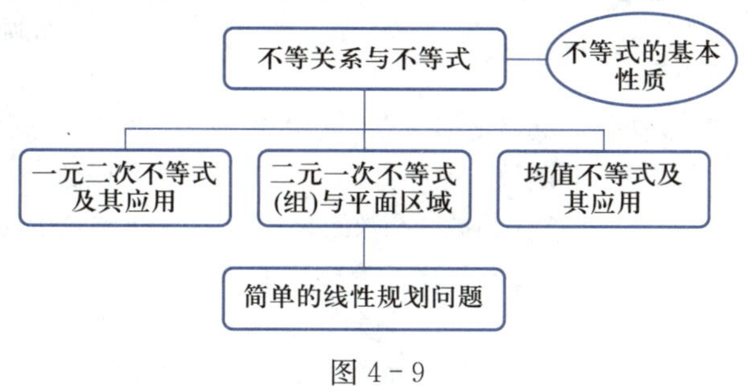

图 4－9

阅读 4.11 《高中标准（实验）》中的“不等式”

阅读 4.12 “不等式”的教材分析

三、函数的教材结构

表 4－8 是人教 A、B 版及北师大版三本教材关于“函数”的目录：

表 4－8

人教 A 版	人教 B 版	北师大版
必修 1 第一章　集合与函数概念 1.1 集合 1.2 函数及其表示 1.2.1 函数的概念 1.2.2 函数的表示法 1.3 函数的基本性质 1.3.1 单调性与最大（小）值 1.3.2 奇偶性	必修 1 第二章　函数 2.1 函数 2.1.1 函数 2.1.2 函数的表示方法 2.1.3 函数的单调性 2.1.4 函数的奇偶性 2.1.5 用计算机作函数的图像（选学） 2.2 一次函数和二次函数 2.2.1 一次函数的性质与图像 2.2.2 二次函数的性质与图像 2.2.3 待定系数法 2.3 函数的应用（Ⅰ） 2.4 函数与方程 2.4.1 函数的零点 2.4.2 求函数零点近似解的一种计算方法——二分法	必修 1 第二章　函数 1 生活中的变量关系 2 对函数的进一步认识 2.1 函数的概念 2.2 函数的表示法 2.3 映射 3 函数的单调性 4 二次函数性质的再研究 4.1 二次函数的图像 4.2 二次函数的性质 5 简单的幂函数

续表

人教A版	人教B版	北师大版
必修1第二章　基本初等函数（Ⅰ） 2.1 指数函数 2.1.1 指数与指数幂的运算 2.1.2 指数函数及其性质 2.2 对数函数 2.2.1 对数与对数运算 2.2.2 对数函数及其性质 2.3 幂函数	必修1第三章　基本初等函数（Ⅰ） 3.1 指数与指数函数 3.1.1 实数指数幂及其运算 3.1.2 指数函数 3.2 对数与对数函数 3.2.1 对数及其运算 3.2.2 对数函数 3.2.3 指数函数与对数函数的关系 3.3 幂函数 3.4 函数的应用（Ⅱ）	必修1第三章　指数函数和对数函数 1 正整数指数函数 2 指数概念的扩充 3 指数函数 4 对数 5 对数函数 6 指数函数、幂函数、对数函数增长的比较 必修1第四章　函数应用 1 函数与方程 2 实际问题的函数建模
必修4第一章　三角函数 1.1 任意角和弧度制 1.2 任意角的三角函数 1.3 三角函数的诱导公式 1.4 三角函数的图像与性质 1.5 函数 $y=A\sin(\omega x+\varphi)$ 的图像 1.6 三角函数模型的简单应用	必修4第一章　基本初等函数（Ⅱ） 1.1 任意角的概念与弧度制 1.2 任意角的三角函数 1.3 三角函数的图像与性质	必修4第一章　三角函数 1 周期现象与周期函数 2 角的概念的推广 3 弧度制 4 正弦函数 5 余弦函数 6 正切函数 7 函数的图像 8 同角三角函数的基本关系

纵览三种教材目录和内容，“函数”知识结构如图 4－10 所示。

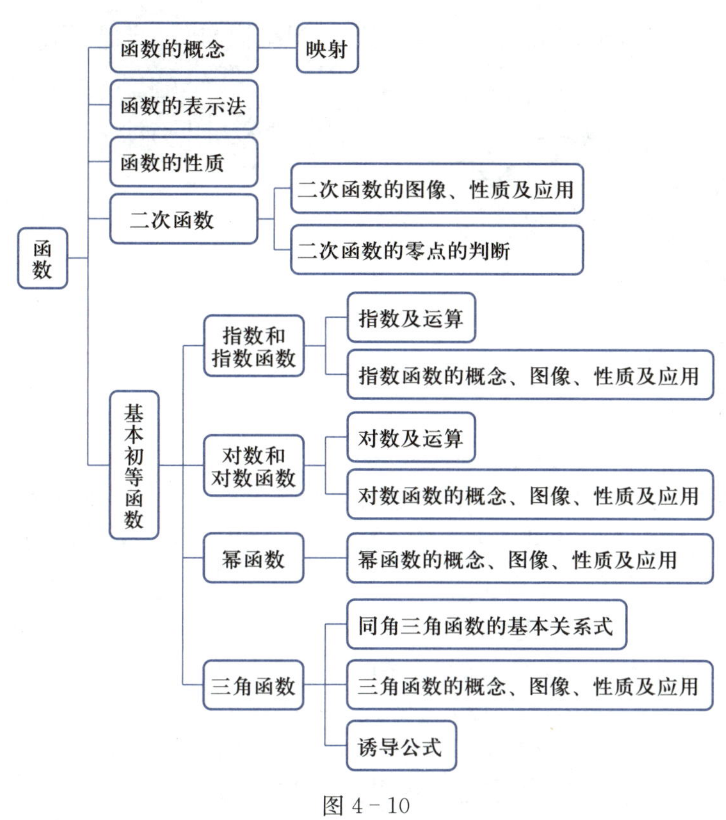

图 4-10

阅读 4.13　《高中标准（实验）》中的“函数”

阅读 4.14　函数概念的发展

四、数列的教材结构

表 4-9 列出了人教 A、B 版及北师大版三本教材关于“数列”的目录。

表 4-9

人教 A 版	人教 B 版	北师大版
必修 5 第二章　数列 2.1 数列的概念与简单表示法 2.2 等差数列 2.3 等差数列的前 n 项和 2.4 等比数列 2.5 等比数列的前 n 项和	必修 5 第二章　数列 2.1 数列 2.2 等差数列 2.3 等比数列	必修 5 第一章　数列 1 数列 1.1 数列的概念 1.2 数列的函数特性 2 等差数列 2.1 等差数列 2.2 等差数列的前 n 项和 3 等比数列 3.1 等比数列 3.2 等比数列的前 n 项和 4 数列在日常经济生活中的应用

阅读 4.15　《高中标准（实验）》中的“数列”

阅读 4.16 “数列”的教材分析

通览三本教材目录和内容，“数列”知识结构如图 4－11 所示：

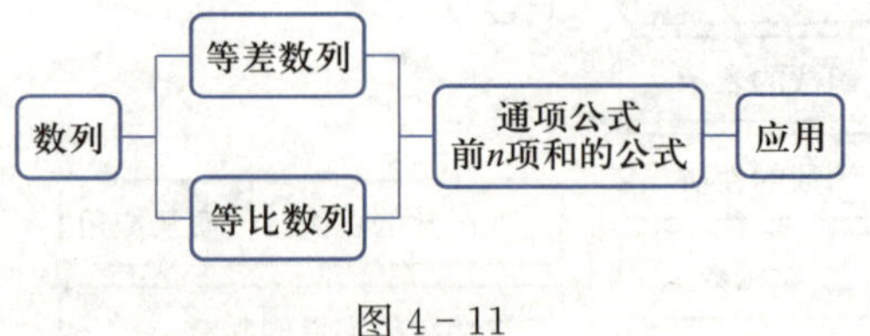

图 4－11

思考题

1. 按照《义教数学课标（实验稿）》编写的北师大版义务教育课程标准实验教科书，其中不少小节的标题很新颖，如7年级上第五章一元一次方程的小节标题如下：（1）你今年几岁了；（2）解方程；（3）日历中的方程；（4）我变胖了；（5）打折销售；（6）“希望工程”义演；（7）能追上小明吗；（8）教育储蓄。按照《义教数学课标（2011版）》编写的北师大版义务教育教科书（2012年以后出版），相同一章的小节标题变化如下：（1）认识一元一次方程；（2）求解一元一次方程；（3）应用一元一次方程——水箱变高了；（4）应用一元一次方程——打折销售；（5）应用一元一次方程——“希望工程”义演；（6）应用一元一次方程——追赶小明。

您如何看这些耐人寻味小节的标题及标题之变？

2. 在《义教数学课标（实验稿）》和《义教数学课标（2011版）》中，锐角三角函数相关内容没有放在函数之下，皆归到“图形与几何”领域中的“图形的变化”中。人教版和北师大版教材安排在9年级下，华东师大版教材则安排在9年级上，都将此作为解直角三角形的工具。请就这一现象谈谈您的认识。

3. 字母表示数是由算术到代数的一个转折点，也是学生认识上的一次飞跃。尝试在七年级“整式的加法”一章学习前，设计一节“用字母表示数”的课。

4. 请说明数列是特殊的函数、等差数列和等比数列的通项公式分别反映了什么函数关系？它们的图像各有什么特征？

第五章　中学数学“几何内容”　分析

编者的话

通过本章的学习，我们可以了解中学数学“几何内容”的整体结构；初中阶段“图形与几何”内容要求与分析；高中阶段“几何内容”内容要求与分析。

如果想要了解更多，使用手机扫描二维码，可以知道新旧课程中“几何内容”的异同；了解几何内容的教育价值；掌握课程标准中的几何内容；比较不同版本教材中的具体几何内容；还可以在国际视野下审视几何课程的设置情况。

如果你还有更多的课余时间，本章推荐了关于“数学方法论选读”“高中平面解析几何课程的比较研究”等拓展阅读内容，读一读，会让你在本章的学习中获得意外的收获哦！

要点提示

“几何内容”在初中以平面几何为主体，高中则主要包括立体几何和解析几何两个部分。它对于培养学生识图能力、几何直观能力、空间想象能力、逻辑思维能力、推理论证能力有重要意义；也有助于公理化、数形结合、类比、化归、运动变化、一般与特殊等数学思想方法的体会与学习。

学习目标

1. 从整体上把握中学“几何内容”；

2. 了解中学几何内容安排的顺序与结构，与以往相关内容的异同；

3. 进一步了解初中、高中数学课程标准“几何内容”的深度和广度，为今后从事中学几何教学打下扎实的基础。

视频 5.1　本章内容介绍

PPT5.1

第一节 中学数学“几何内容” 整体结构

几何学是公理化思想方法的典范，是一个重要的数学分支，在数学的历史中占据着举足轻重的地位。中学开设几何课程是非常必要的。

一、初中数学“图形与几何” 整体结构

义务教育阶段的几何内容具有连贯性。小学部分以“图形的认识”“测量”“图形的运动”“图形与位置”四个模块展开。初中则在小学知识的基础上重点探讨“图形的性质”“图形的变化”“图形与坐标”三部分。主要内容是平面几何，只是在图形的投影部分涉及直棱柱、圆柱、圆锥、球等简单几何体的三视图、侧面展开图等立体几何内容。

初中数学“几何与图形”的整体结构如图 5 - 1 所示。

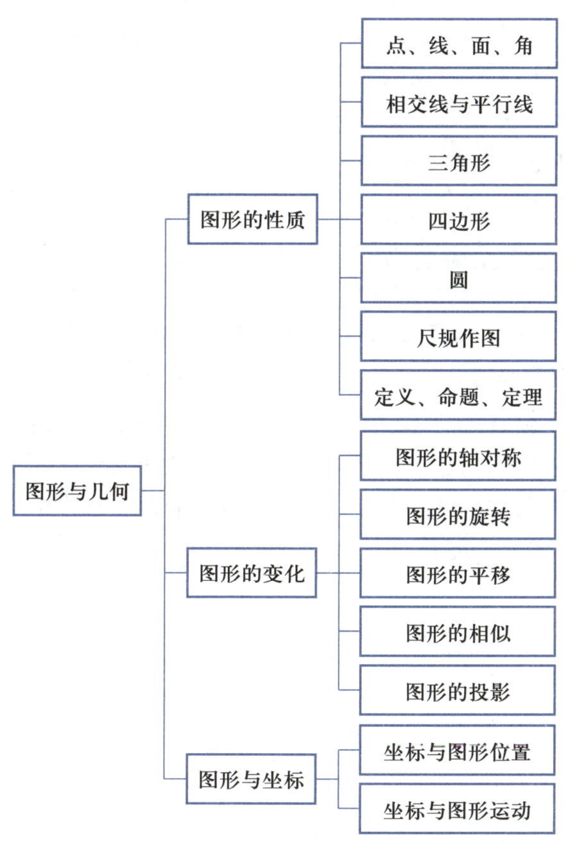

图 5 - 1 初中“图形与几何”的整体结构

初中传统几何课程一直是以欧氏几何为蓝本，严格按着逻辑演绎体系编排的。进入21世纪以来，2001年《全日制义务教育数学课程标准（实验稿）》（以下简称为《义教数学课标（实验稿）》）打破了传统几何的结构框架，以图形的认识、图形与变换、图形与坐标、图形与证明四个模块展开。而《义教数学课标（2011年版）》进一步修订为图形的性质、图形的变化、图形与坐标三个模块。

在20世纪末的初中几何课程中，立体图形必学内容包括圆柱、圆锥的侧面展开图，基本几何体的视图是选学内容。在2001年与2011年课程标准中，不但保留了直棱柱、圆锥的侧面展开图，而且将之前的选学部分改为必学，并且将基本几何体明确为棱柱、圆柱、圆锥、球及它们的简单组合体。在2001年版课程标准中，还包含视点、视角及盲区的涵义、中心投影与平行投影、实物阴影的形成等内容。2011年课程标准只要求了解中心投影和平行投影的概念，其他部分没做明确要求。

阅读5.1 初中阶段新旧课程标准“几何内容”的比较与分析

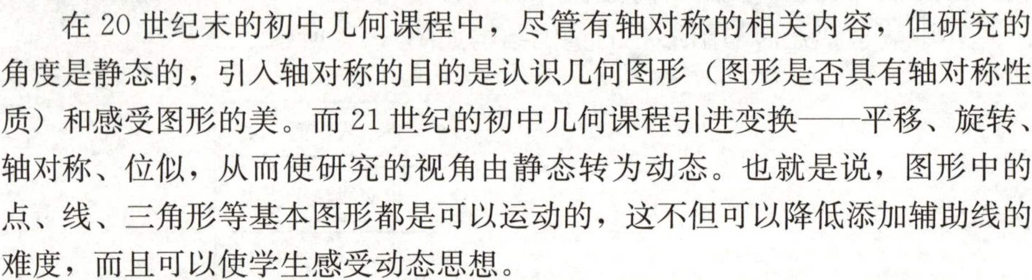

在20世纪末的初中几何课程中，尽管有轴对称的相关内容，但研究的角度是静态的，引入轴对称的目的是认识几何图形（图形是否具有轴对称性质）和感受图形的美。而21世纪的初中几何课程引进变换——平移、旋转、轴对称、位似，从而使研究的视角由静态转为动态。也就是说，图形中的点、线、三角形等基本图形都是可以运动的，这不但可以降低添加辅助线的难度，而且可以使学生感受动态思想。

二、高中数学“几何内容” 整体结构

《高中数学课标（实验）》将高中数学内容划分为5个必修模块和4个选修系列。其中系列1包含2个模块，是希望在文科继续深造的学生必选的。系列2包含3个模块，是希望在理科继续深造的学生必选的，我们把这两个系列归入必选系列。系列3包含6个专题，系列4包含10个专题，这两个系列的16个专题是针对所有学生开设的，是任选部分。

高中“几何内容”整体结构如图5-2所示。

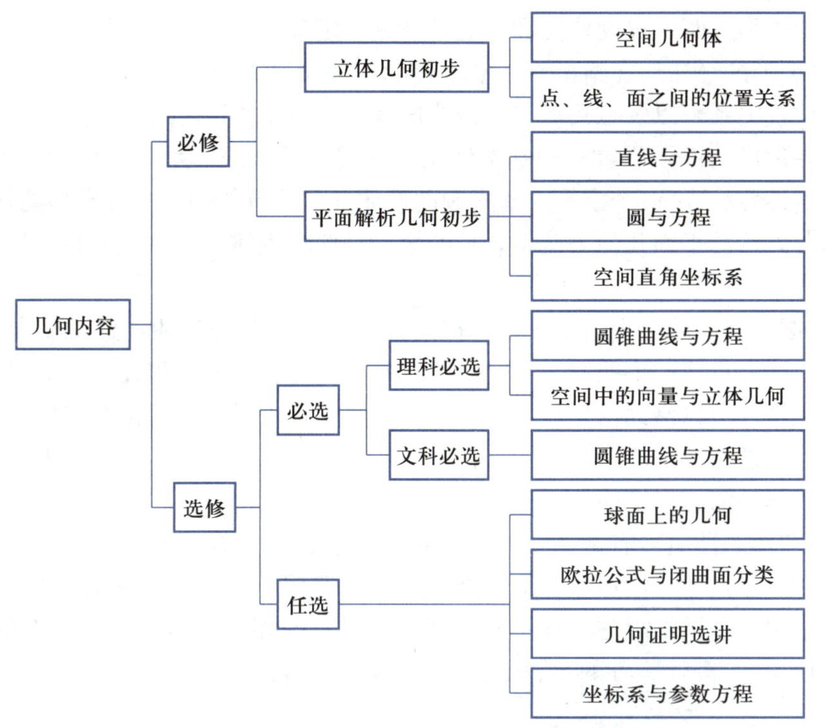

图 5-2　高中“几何内容”的整体结构

阅读 5.2　高中阶段新旧“几何内容”的比较与分析

阅读 5.3　中学数学几何内容的教育价值

拓展阅读

徐利治，王光明. 数学方法论选读［M］. 北京：北京师范大学出版社，2010.

第二节　初中数学“图形与几何”内容分析

初中数学“图形与几何”位于义务教育第三学段 7～9 年级。它是在小学第一学段（1～3 年级）与第二学段（4～6 年级）学习的基础上的进一步学习。在小学数学中，几何知识以图形的认识、测量、图形的运动、图形与位置四个模块呈现；初中减少一个模块，内容也发生了变化，主要学习图形的性质、图形的变化、图形与坐标三部分。

一、“图形的性质”内容分析

“图形的性质”主要内容包括点、线、面、角，相交线与平行线、三角形，四边形，圆，尺规作图和定义、命题、定理。

“图形的性质”在给出一些基本概念与 8 个基本事实以后，探索两条直线的位置关系，以及三角形（三条线段围成）、四边形（四条线段围成）与圆（多边形的极限位置）的基本性质，证明有关线段、角、直线、三角形、四边形性质的 30 多个定理，探索圆的性质并了解有关圆的一些定理的证明。这部分以欧氏平面几何为蓝本，目的之一是使学生体会公理化思想，提高推理能力。

“图形的性质”大量使用了“探索并证明……”的表述，这就要求我们教学时既要重视“证明”，也要重视“探索”，通过探索获得命题，通过证明获得定理。可以借助信息技术展示大量的图形，引导学生借助已有的知识和经验，通过操作、度量，运用合情推理或图形运动等方法，探索、发现图形的性质，进而给出证明。

“图形的性质”有两条主线，一条是知识：点、线、面、角—相交线与平行线—三角形—四边形—圆，逐级抽象，层层深化；另一条是逻辑证明：基本事实—合情推理与演绎推理—证明。教学既要使学生理解与掌握知识，也要使学生学会学习的方法、思考的方法、推理的方法等，体会公理化思想。

（一）点、线、面、角

点、线、面是原始概念（不被定义，但又用来定义其他概念的概念叫原始概念，也叫原名）。点动成线，线动成面，这是微观到宏观的认识，这也是一种动态的观点；反之，体体相交得面，面面相交得线，线线相交得点，这是整体到局部的认识，如图 5-3 所示。

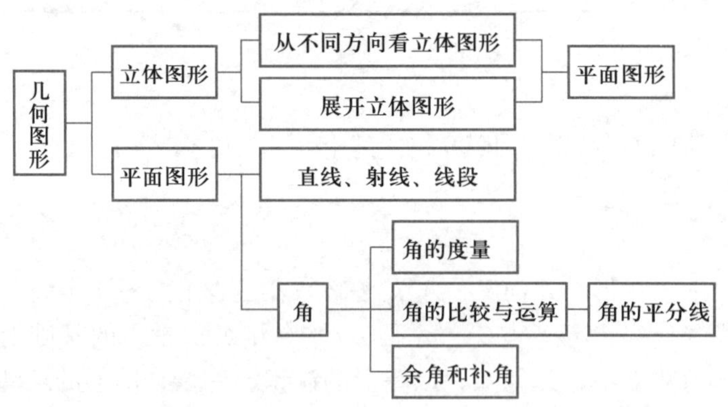

图 5-3 “点、线、面、角”知识结构

该部分有 2 个基本事实需要学生掌握，一是“两点确定一条直线”，二是“两点之间线段最短”。对于基本事实的教学，重要的是使学生确信其正确性，可以列举生活中的实例引导学生探索出基本事实，并且信服、掌握。以下是人民教育出版社教材对于基本事实“两点确定一条直线”的处理。

思考：

经过一个点能画几条直线？经过两个点呢？动手试一试。

经过思考和画图，我们可以得到一个基本事实：

经过两点有一条直线，并且只有一条直线.

简单说成：两点确定一条直线.

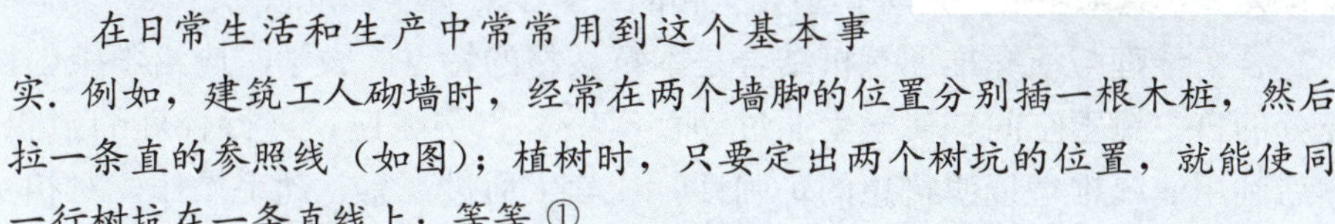

在日常生活和生产中常常用到这个基本事实. 例如，建筑工人砌墙时，经常在两个墙脚的位置分别插一根木桩，然后拉一条直的参照线（如图）；植树时，只要定出两个树坑的位置，就能使同一行树坑在一条直线上；等等.①

事实上，类似的例子非常多，可以让学生列举一些，这样不但可以帮助学生加深对基本事实的理解，而且能够激发学生学习的积极性与兴趣。

本章既有平面图形，也有立体图形，从点集的观点看，所有点共面就是平面图形，反之是立体图形，教学时应注意这种分类方法的渗透。

“线段”是“射线”和“直线”的基础，由“线段”引入“射线”和“直线”，可以让学生理解“射线”和“直线”的抽象过程，领悟它们的区别与联系。

“角”的部分尽管概念较多，但研究方法基本与“线”的部分类似，因此，“角”的教学要重视与“线”的教学的类比，使学生学习类比的方法，体会类比思想。

（二）相交线与平行线

同一平面内两条不同直线的位置关系有平行与相交两种，在相交的关系中，垂直是一种特殊的关系。探讨两条直线的平行与垂直是这部分的重点与难点（图 5－4）。

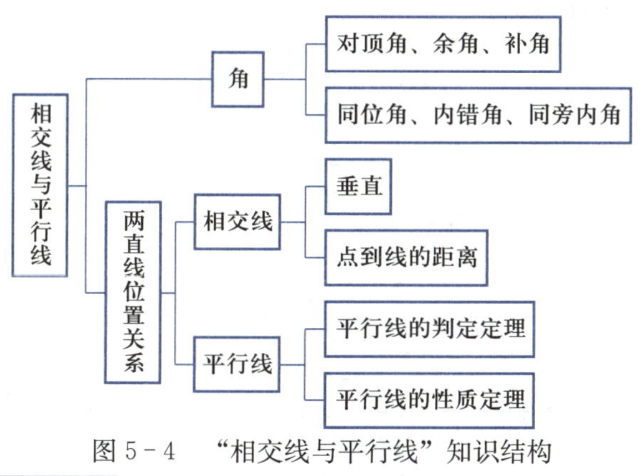

图 5－4　“相交线与平行线”知识结构

① 选自人民教育出版社《义务教育教科书数学七年级上册》（2012）第 125 页。

在点、直线、相交线、垂线与距离、平行线等概念的基础上，通过大量实例使学生直观感知，操作确认，学习相交线、平行线中的一些有关知识，学会判定平行线的一些方法，并认识平行线的主要性质。教师应注意逐步对学生进行一些数学语言的训练，使学生能用一些简单的数学语言叙述图形的某些位置和平行关系，并注意垂直、平行符号的使用，例如“直线 AB、CD 相交于点 O”“直线 $AB \perp CD$，垂足为点 O”“直线 l 分别截直线 a、b 于点 P、Q”等。需要说明的是，两条直线垂直与它们之间的夹角有关，与直线的具体位置无关，这与生活中的垂直不完全相同，教学时要注意概念的变式。

合情推理与演绎推理有机结合是本章教材的特点。教学时应给学生创设充分的自主探索空间，使学生通过动手实践、归纳类比，进行合理的猜想，然后利用演绎推理证明猜想的正确性，让学生通过观察、动手操作，对相交线、平行线中所形成的各个角的位置关系与数量关系进行探索，从对顶角到同位角、内错角、同旁内角，逐渐积累一定的数学活动经验。

从本章开始，应将实验几何与论证几何有机结合起来，既要探索几何图形的性质，又要尝试部分性质的证明。关于证明，首先要使学生理解证明的含义，了解证明是探究得出结论的自然延续，并尝试利用三段论进行简单证明。在中学数学中，通常用简化的形式：小前提—结论（大前提）。在最开始的教学证明时，一定要求学生将大前提写在结论后面的括号里，也就是结论获得的原因，以培养学生言必有据的思维习惯。

“两条平行直线被第三条直线所截，同位角相等”这一平行线性质的证明需要使用反证法，应该使学生了解反证法的含义，了解用反证法证明上述平行线性质定理的过程。

（三）三角形

该部分的主要内容包括三角形及其边、角、中线、高线、角平分线等概念，特殊三角形（等腰三角形、等边三角形、直角三角形）的特征及其判定，全等三角形的概念及其判定定理、性质定理。“三角形”知识结构如图 5－5 所示。

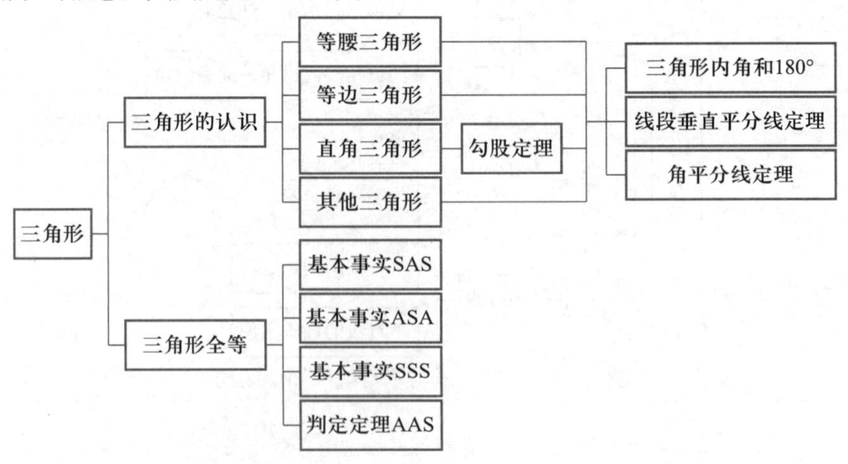

图 5－5　“三角形”知识结构

本章有两条主线，一是三角形的认识，二是两个三角形全等。其逻辑关系是：先认识单个三角形，再研究两个三角形的全等关系。

三角形是线段围成的最小平面封闭图形。它是组成四边形、多边形的基本图形。因此，这部分的教学在整个平面几何的教学中起到关键的作用，一定要引起足够的重视。

对于三角形的分类，划分依据要么是边长，要么是角度，标准要一致，这样才能保证不重不漏。人教版教材用逻辑关系图使学生理解按边长分类时不同三角形之间的隶属关系。

我们还知道：在等腰三角形中，相等的两边都叫做腰，另一边叫做底边，两腰的夹角叫做顶角，腰和底边的夹角叫做底角。

等边三角形是特殊的等腰三角形，即底边和腰相等的等腰三角形。

综上，三角形按边的相等关系分类如下：

三角形
- 三边都不相等的三角形
- 等腰三角形
  - 底边和腰不相等的等腰三角形
  - 等边三角形

下面探究三角形三边之间的大小关系。

该部分基本事实有三个，全部是关于三角形全等的判定（SAS；ASA；SSS），探索与证明的要求明显加强，至少要证明 9 个定理。与直线位置关系部分的教学类似，“探索”环节的教学应该借助生活中大量的实例和多媒体演示，并且引导学生独立或者小组合作完成。“证明”环节要加强，不但要求学生尝试证明更多的定理，而且逐步要求书写规范。我国学生在书写方面的问题长期存在，一个是杂乱，尤其是在中考等重要考试中，许多学生不认真审题，还没有想好就落笔书写，中途发现问题涂涂改改，以至于卷面又脏又乱；另一个是详略不当，该详细阐述的简略，该省略的地方又大书特书，甚至有的学生整个卷面没有“解”“证明”“因为”“所以”等词语。在学生刚刚接触证明的时候，应严格要求学生书写规范，养成良好的书写习惯。

“三角形内角和 180°”等价于平行公理，是一个非常重要的定理。学生在小学第二学段学习时已经接触过，那时的教学目标是使学生感性认识任意一个三角形的内角和都是 180°，此处的重点是证明。

勾股定理是重要的数学知识，在各个版本教材中均占有较大篇幅，均与数学史、现实生活建立连接，均采用探究的方式引导学生学习和应用勾股定理。

（四）四边形

四边形、特殊的四边形及其判定、性质，多边形及其内角和、外角和，三角形中位线定理，平行线间距离是这部分的主要内容，其中特殊四边形的认识与判定定理、性质定理是重点（图 5－6）。

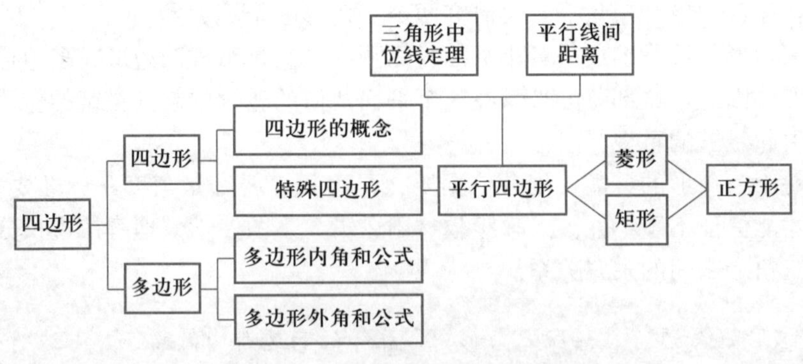

图 5－6 “四边形”知识结构

特殊四边形与四边形之间的关系是特殊与一般的关系，图形越来越特殊，它的性质就越来越多，判定起来需要的条件也越来越多，这对于研究特殊四边形的性质与判定有着重要的意义。平行四边形、矩形、菱形、正方形的安排像链条一样，环环相扣，前面的学习对后面的学习有很好的迁移作用，因此，平行四边形的教学就尤为重要，它是后续学习的基础，同时肩负着帮助学生体会一般与特殊的思想方法，分类的思想方法等重任。

平行四边形性质的探索是教学的重点，其突破的方法有多种：通过操作、观察、实验等活动，对现象进行归纳或类比，运用合情推理发现图形的性质；通过图形的运动，观察图形运动过程中变与不变的关系，从而发现图形的性质；通过演绎推理，确认图形的性质等。当然，经过探索发现的结论还必须通过演绎推理才能证明其正确性。其他四边形的性质的探索可以类比平行四边形进行。

三角形中位线定理的教学，应以平行四边形的性质为出发点，完整地展示“合情推理—提出猜想—演绎推理”①，引导学生经历这样的过程，有利于他们体会两种推理虽功能不同，但相辅相成。

多边形是由三角形构成的，因此，多边形内角和的探讨可以利用“三角形内角和 180°”这一定理。在复习三角形内角和定理的基础上，引导学生探讨多边形与三角形的关系，进而推得多边形内角和公式与外角和公式，也可以先推导多边形外角和公式，再推导多边形内角和公式，这两个思考方向都是可行的。教学时建议引导学生自主探究，鼓励学生从两个方向进行思考。多角度思考获得多种解决问题的途径和方法是值得提倡的，也是培养学生思维灵活性的必要手段，而思维灵活是创新的前提与基础。

但是，多边形（包括四边形）却与三角形有一个本质的不同，三角形具有稳定性，多边形不具备稳定性，因此，三角形可以由边长完全确定，但多

---

① 教育部基础教育课程教材专家工作委员会．义务教育数学课程标准（2011 年版）解读．北京：北京师范大学出版社，2012：194.

边形却不行。这一点可以通过实例使学生了解。

（五）圆

圆是平面几何的重要内容之一，其主要内容包括三部分：圆的认识，如半径、直径、圆周角、圆心角、弦、弧等概念和一些基本定理；圆与直线、多边形的关系；弧长、面积等的度量（图 5－7）。

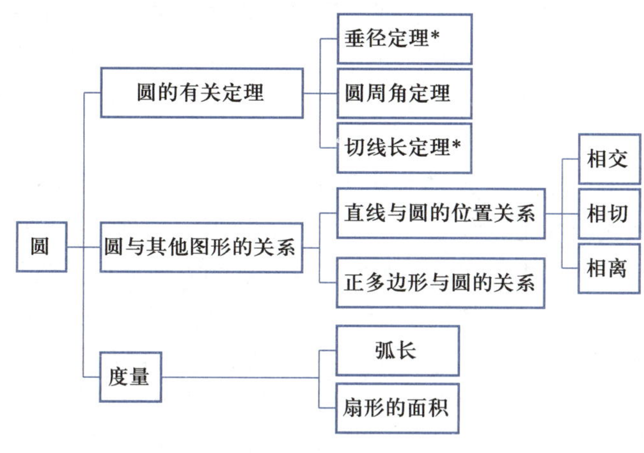

图 5－7　“圆”知识结构

在有关圆的定理中，只有圆周角及其推论需要学生掌握。其中北师大版教材介绍圆周角定理的推论时，圆心角定理安排在前一节圆的对称性之后。由圆的对称性引出圆心角定理也是非常自然的。这个定理的证明需要对图形的位置关系进行分类，这在几何定理的证明中并不多见，教学时应该使学生体会分类的必要和方法。

垂径定理和切线长定理作为选学内容，为学有余力的学校和学生提供了进一步学习的空间。

圆与直线的位置关系有相交、相切和相离三种情况，它是由圆心到直线的距离划分的。为什么用圆心到直线的距离刻画圆与直线的位置关系？如何发现这一条件？这是教学的重点。当圆心到直线的距离小于半径时，圆与直线相交；当圆心到直线的距离等于半径时，圆与直线相切；当圆心到直线的距离大于半径时，圆与直线相离。这里很好地体现了分类的思想方法。

圆的弧长就是圆周长的一部分，扇形的面积就是圆面积的一部分。因此，弧长与扇形面积的度量，建议在复习圆周长和圆面积的基础上进行，这里的关键是弧长所对的圆周角的大小，扇形顶角的大小。弧长与周长的比等于弧长所对圆周角与周角的比，扇形面积与圆面积的比等于扇形顶角与周角的比。了解了这一点，弧长与扇形面积公式不难获得。建议在教学时引导学生发现弧长与扇形面积求解能够化归为角度的计算，从而使学生体会化归的思想方法。

（六）尺规作图

“尺规作图”是指对仅用没有刻度的直尺（直尺本身没有刻度或作图时不利用直尺上的刻度）和圆规的作图。标准地作图能够加强几何直观，发展形象思维，提高动手能力，也能够辅助抽象思维，了解作图的原理，能够培养学生的理性精神，养成言必有据的好习惯。初中阶段标准要求作出的图形包括：满足一定条件的线段与直线，满足一定条件的角，满足一定条件的三角形和正多边形，满足一定条件的圆。

（七）定义、命题、定理

定义、命题、定理是2001年新增加的内容，2011年版课程标准将其保留了下来。其主要目的是使学生了解定义、命题、定理、推论的意义，了解原命题与逆命题以及两个互逆命题。这些要求都需要借助具体实例实现，如线段垂直平分线定理及其逆定理是互逆命题，命题被逻辑证明后方成为定理。

知道证明的必要性和过程，知道证明要合乎逻辑，会用综合法书写证明。这个要求不是一朝一夕的事，需要从平行线开始逐步培养，要结合具体实例使学生体会证明的必要性，并且自己尝试证明一些定理和命题，证明的过程用简化的三段论即可。

阅读 5.4 《标准（2011年版）》中“图形的性质”的内容与要求

反例与反证法不是一回事，反例是用来说明一个命题不成立，而反证法是用来证明一个命题成立。反证法是一种间接证法，其证明过程可以归纳成“作出反设、推出矛盾、肯定结论”①。“推出矛盾”既可以与条件矛盾，也可以与已知定理或者公式、法则矛盾，还可以推出自相矛盾的结果。反证法的掌握需要一个长期的过程，需要在反复应用的过程中不断加深理解，逐步掌握。

二、“图形的变化” 内容分析

引进动态思想，用动态的观点认识平面图形是新课程改革亮点之一。“图形的变化”主要内容包括图形的轴对称、旋转、平移、相似（包括位似）、投影等。

“图形的变化”中研究的脉络有两个：一是全等（合同）变换，是指不改变图形形状与大小的变换，包括轴对称、旋转、平移三类。二是相似变换，是指不改变图形形状只改变图形大小的变换。

联系现实世界是这部分总体要求之一，例如，认识并欣赏自然界和现实生活中的轴对称图形；认识并欣赏自然界和现实生活中的中心对称图形；认识并欣赏平移在自然界和现实生活中的应用；通过实例了解上述视图与展开

① 教育部基础教育课程教材专家工作委员会．义务教育数学课程标准（2011年版）解读［M］．北京：北京师范大学出版社，2012：195．

图在现实生活中的应用等。为此，教学时要借助信息技术，利用多媒体展示大量现实世界的实例，使学生感受图形的对称性和变换，感受图形美和数学美。

（一）图形的轴对称

“轴对称”与“轴对称图形”不同。轴对称图形指的是一个图形沿对称轴折叠后这个图形的两部分能完全重合，说的是一个具有特殊形状的图形；两个图形成轴对称指的是两个图形之间的位置关系，这两个图形沿对称轴折叠后能够重合。它们的联系是：都有一条直线，都要沿这条直线折叠重合；如果把轴对称图形沿对称轴分成两部分，这两个图形就是关于这条直线成轴对称，反过来，如果把两个成轴对称的图形看成一个整体，那么它就是一个轴对称图形。从运动的角度来看，轴对称的两个图形中的任何一个可以看成由另一个图形经过轴对称变换得到，一个轴对称图形也可以看成由它的一部分经过轴对称变换而成。在教学中不必严格区分这两个概念。

“图形的轴对称”知识结构如图 5－8 所示。

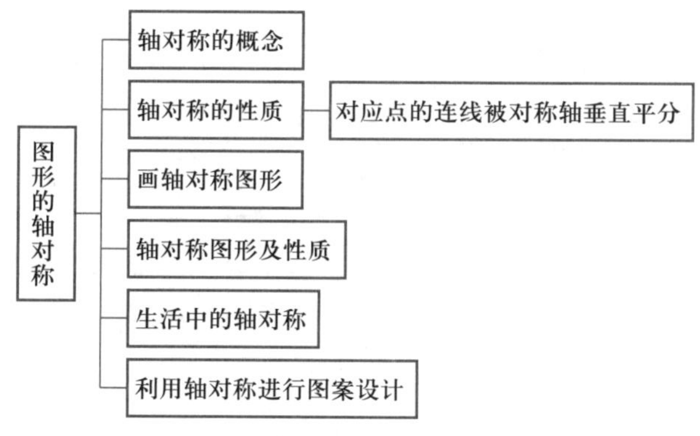

图 5－8　“图形的轴对称”知识结构

对于轴对称图形的作图，主要考查能够按要求作出简单平面图形经过一次或几次轴对称后的图形，作图过程同样包含两层意思：点的对称和图形整体的对称。课程标准要求学生能够画出点、直线、三角形关于给定对称轴的对称图形。

轴对称变换基本画图的操作过程如图 5－9 所示。

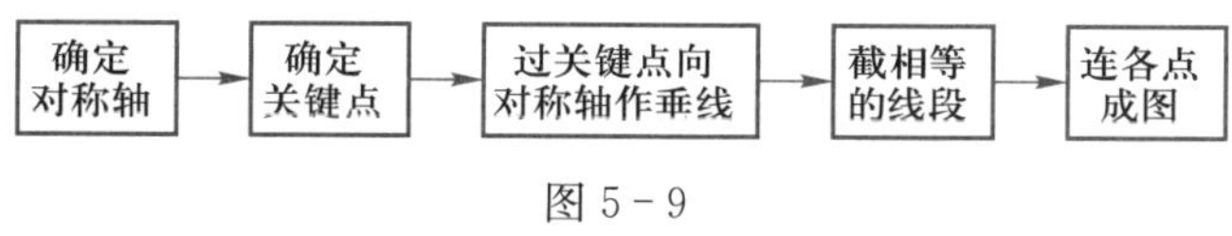

图 5－9

等腰三角形、等边三角形、矩形、正方形、正多边形、圆都是轴对称图形，它们为什么是轴对称图形？对称轴在哪里？具有哪些性质？

在这里我们可以思考一个问题：轴对称知识的引入对全等形的影响是什么？实际上，轴对称是两个图形之间的关系，这与全等形所研究的对象是一致的。为全等形的构成提供了依据，并为移动一个三角形提供了第二种方法。

轴对称是认识图形的一种工具和途径，比如说等腰三角形具有轴对称性，我们发现它的底角能够重合在一起，这成为我们认识图形基本性质的方法。在生活中，轴对称的现象很常见，所以也是我们从数学的角度来认识现实世界的一个工具，帮助我们进一步去创造，利用这些方法设计一些图案，进行创作。

轴对称变换使对称点与对称轴的相对位置发生变化，一个平面图形和它的轴对称图形之间对应点连线被对称轴垂直平分。

（二）图形的旋转

“旋转变换”在平面几何中有着广泛的应用，是初中数学中极为重要的内容。它不仅仅是课程标准新增加的一个知识内容，而且是工具性的知识，它能够帮助我们探究几何图形的性质，增加思考问题的视角，使得我们对图形不仅有静态的认识还有动态的理解。

“图形的旋转”知识结构如图 5－10 所示。

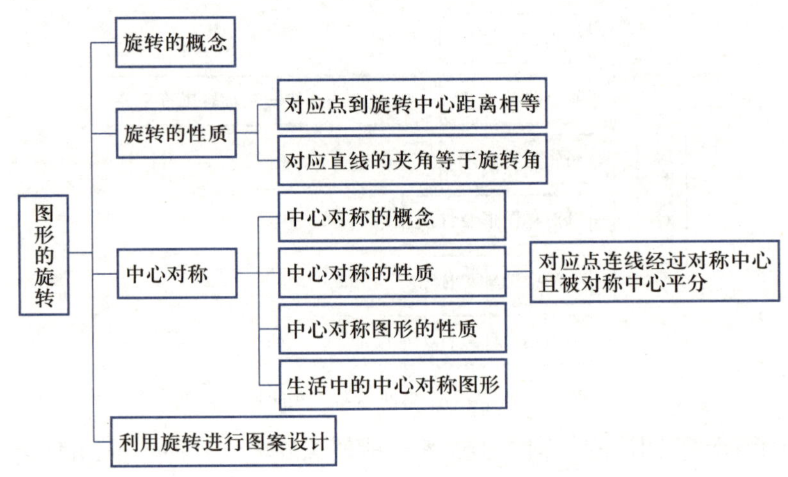

图 5－10　“图形的旋转”知识结构

“旋转变换”教学的重点在于引导学生通过具体实例认识旋转变换，探索它的基本性质，能够运用图形的旋转进行图案设计。难点在于明确变换产生的条件，探索变换前后图形和它的各对应元素间的“变”与“不变”的相互关系。“旋转变换”以具体的几何图形为载体，以培养学生用变换的观点来认识这些几何图形为主要任务。

阅读 5.5　“图形的旋转”教材分析示例

中心对称变换是旋转角为 π 的旋转变换。“中心对称”与“中心对称图形”的概念和“轴对称”与“轴对称图形”类似，概念不同，中心对称指的是两个图形关于一个定点对称，而中心对称图形指的是一个图形具有的性质。

线段、平行四边形、正多边形、圆都是中心对称图形，其对称性是借助信息技术，利用多媒体演示大量的图形实现的。

这部分的教学可以类比轴对称进行，使学生体会类比的思想，尝试类比的方法。

（三）图形的平移

“平移变换”作为一个工具去探究几何图形的性质，同样增加了一个思考问题的视角，使得我们对图形不仅有静态的认识还有动态的理解。

“图形的平移”知识结构如图 5－11 所示。

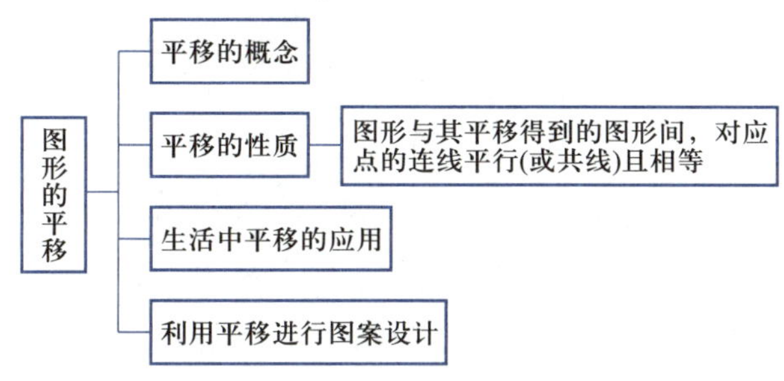

图 5－11　“图形的平移”知识结构

“平移变换”的重点在于引导学生通过具体实例认识平移变换，探索它的基本性质，能够运用图形的平移进行图案设计。难点在于明确变换产生的条件，探索变换前后图形和它的各对应元素间的“变”与“不变”的相互关系。

一个图形和它经过平移所得的图形中，两组对应点的连线平行（或在同一条直线上）且相等。平移变换可以使一个角在保持大小不变、角的两边方向不变的情况下移动位置，也可以使线段在保持平行且相等的条件下移动位置，这就是平移变换的性质。

在解决具体的几何问题时，旋转变换能够增加全等三角形，平移变换可以增加平行线或者平行四边形，从而使问题的条件增加，研究思路增加，获得解答的概率自然也会增加①。反之，平移变换也往往运用于具有平行线的图形中，这样不但可以使一些基本元素相对集中或者分散，使各元素之间的关系明朗化，同时又不使新增加的元素过于复杂。

阅读 5.6 “图形的平移”不同版本教材比较与分析

总之，轴对称变换、旋转、平移是三种基本的全等变换，一个三角形在这三种变换下的对应图形还是三角形，并且与原来的三角形全等。

（四）图形的相似

相似变换与轴对称、旋转、平移不同，它能保持图形的形状不发生变化，但不能保持图形大小不发生变化。即变换前后的对应角相等，但是对应边不等，有可能放大，也有可能缩小。

相似变换与全等变换是一般和特殊的关系。“图形的相似”知识结构如图 5－12 所示。

① 马波. 中学数学解题研究. 北京：北京师范大学出版社，2013：125.

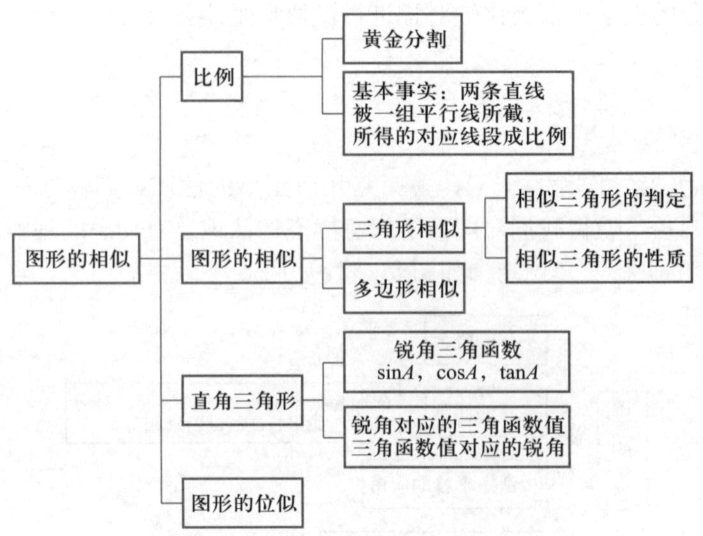

图 5-12 “图形的相似”知识结构

“比例”是这部分的基础，基本事实“两条直线被一组平行线所截，所得的对应线段成比例”是前提，相似三角形是重点。

黄金分割是一个重要的比例关系，在现实生活中存在着大量接近黄金分割的事物，如一些绘画作品、建筑设计等。教学要使学生体会线段的“黄金比”，感受数学的美。

相似三角形的性质与判定是这部分内容的重点和难点。第一，相似知识的学习是由以前研究线段的相等及角的相等进而研究线段的比和比例，这对学生来说是认识上的一个飞跃。第二，相似作为一种变换提出，从几何变换的角度看，全等变换保距、保角，相似变换保角、不保距，视觉上关系不明显，因此思考分析难度增大。因此，在教学过程中应注意引导学生分析证明思路，学会转化，从而克服难点。

相似三角形与全等三角形是一般与特殊的关系。需要注意的是，两个三角形全等，对应角平分线、对应中线、对应高都相等，面积也相等；两个三角形相似，对应角平分线、对应中线、对应高的比等于相似比，但面积的比等于相似比的平方。由此可见，前面学习的全等三角形知识对后面学习的相似三角形知识的学习既有正迁移，也产生负迁移。如何避免负迁移，最好的方法不是反复告知，而是在学生出现错误的时候，列举简单的例子引导学生自己发现错误并纠正错误，这样能够加深学生的理解与记忆。如作出一个正$\triangle ABC$各边中点D，E，F，连接它们，获得四个全等的小正三角形，那么，$\triangle ABC$与$\triangle AEF$相似，相似比是2，但面积比却为4（容易求出）。此时，将“相似三角形面积的比等于相似比的平方”的道理说清楚，趁热打铁，加深理解和掌握（见图5-13）。

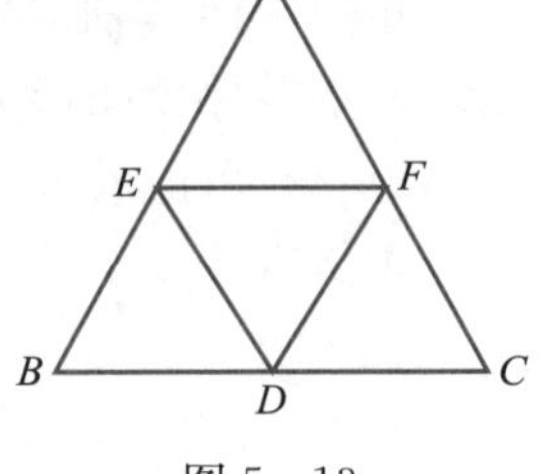

图 5-13

图形的位似变换是一种特殊的相似变换，又称伸缩变换。位似变换的确定条件是一个位似中心（O）和一个位似比（k，$k\neq0$）。平面上每一个点 P（除位似中心）和它的对应点 P'与位似中心三点共线，这为解决三点共线问题提供了另一个视角，如第 22 届 IMO（国际数学奥林匹克竞赛）第 5 题就是利用位似变换解决的：三个全等的圆（其圆心分别为 O_1，O_2，O_3）有一个公共点 K，并且都在$\triangle ABC$ 内，每个圆与$\triangle ABC$ 的两边相切，证明：$\triangle ABC$ 的内心 I、外心 O 与 K 共线。如果一条直线 PQ 不过位似中心O，那么它的像 $P'Q'$也是直线（图 5－14)，并且满足 $P'Q'\parallel PQ$，这个性质为原有的几何图形增加了平行线，进而带来平行线的性质，这就为打开思路提供了素材，当然也为问题的解决提供了可能。

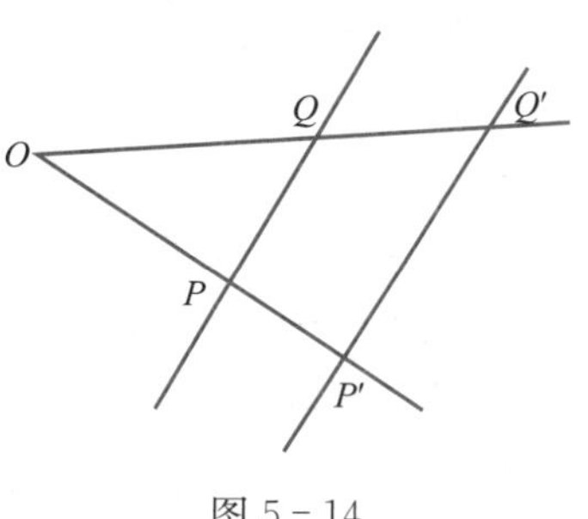

图 5－14

注意相似与位似之间的差异和联系：

（1）位似是一种特殊的相似，两个位似图形一定是相似图形，而相似图形不一定是位似图形；

（2）两个位似图形的位似中心有一个或两个（偶数边正多边形时，比如两个正方形如果位似，则有两个位似中心）；

（3）两个位似图形可能位于位似中心的两侧，也可能位于位似中心的一侧；

（4）位似比就是相似比。利用位似图形的定义可判断两个图形是否位似；

（5）平行于三角形一边的直线和其他两边相交，所构成的三角形与原三角形位似。

图形的相似与图形的轴对称、旋转、平移一样，都是从动态的观点看几何图形，学习与探索的经历能够提高识图能力和几何直观能力。学生学习相似的知识，是在前面学习全等知识基础上的进一步发展。从全等到相似，是一个从特殊到一般的过程，也是学生认识上的一个飞跃。在教学时，应注意充分利用学生在前面学到的有关知识以及研究问题的方法，注意加强相似和全等之间的区别和联系，加强类比和对比。

解直角三角形是相似三角形的应用，从形的角度研究三角函数，体现数形结合思想方法，教学时要注意渗透，使学生感受。

锐角三角函数与之前学习的一次函数、二次函数、反比例函数不同。一次函数、二次函数、反比例函数探讨的是实数与实数的对应，三角函数探讨的则是角度与线段比值之间的对应，学生刚接触时会不适应，因此，教学时要充分利用直角三角形这一模型，给定一个锐角 A 的大小（$0°<A<90°$），就有唯一确定的 $\sin A$（$\cos A$，$\tan A$）与之对应，反复强调这个函数的本质特征，使学生逐步理解三角函数。

由于三角函数的定义是用比值给出的，因此，需要利用相似三角形说明三角函数值与直角三角形的大小无关，这种确定性说明也是之前所学概念不需要的。

（五）图形的投影

日常生活中存在着大量的中心投影与平行投影的实例，教学时可以借助信息技术，采用多媒体演示丰富的实例，引导学生了解中心投影和平行投影的概念。

在小学第二学段，要求学生“能辨认从不同方向（前面、侧面、上面）看到的物体的形状图”，初中在此基础上要求学生了解三视图的概念，并“会画直棱柱、圆柱、圆锥、球的主视图、左视图、俯视图”。这里视图的绘画位置不做严格要求，但视图本身要准确。平行投影是学习三视图的基础。

阅读 5.7 《标准（2011 年版）》中“图形的变化”的内容与要求

“能判断简单物体的视图，并会根据视图描述简单的几何体”“了解直棱柱、圆锥的侧面展开图，能根据展开图想象和制作实物模型”这两个要求是本部分认识空间几何体的重点，目的是培养学生的空间观念及几何直观能力、识图能力以及动手能力。

三、“图形与坐标” 内容分析

“图形与坐标”包含坐标与图形位置、坐标与图形运动。

（一）坐标与图形位置

坐标系是解析几何的基本概念，在初中学习的目的是使学生感受“有序数对”与“点的位置”、“数量关系”与“图形位置关系”的内在联系，体会数形结合思想方法。

通过“结合实例进一步体会用有序数对可以表示物体的位置”“体会可以用坐标刻画一个简单图形”等，渗透对应思想。

阅读 5.8 “坐标与图形运动”教材分析示例

“在实际问题中，能建立合适的直角坐标系，描述物体的位置”。通过实例使学生了解建立的坐标系不同，问题解决的难易程度也不同，因此，“建立合适的坐标系”尤为重要。

“在平面上，能用方位角和距离刻画两个物体的相对位置”，这里蕴含着极坐标的思想，教学要使学生体会这一点。

（二）坐标与图形运动

阅读 5.9 《标准（2011 年版）》中“图形与坐标”的内容与要求

图形的轴对称、旋转、平移、位似都是从运动变化的观点认识图形间关系的方法。“坐标与图形运动”将图形的运动放在坐标系中，从代数的角度进一步刻画图形的运动。通过绘画点、线、基本图形在坐标系中的轴对称图形，旋转、平移、位似变换后的图形，加深对图形变换与运动的理解，从代数、几何两个方面认识平面图形，学习几何知识，体会坐标思想与数形结合思想。

“坐标与图形运动”教学内容和目标分别从静态（坐标与图形位置）和动态（坐标与图形运用）两个方面进行刻画。在知识教学的同时应渗透数形结合思想、对应思想、坐标思想，教学时要结合具体实例使学生体会它们。

第三节　高中数学“几何内容”结构与内容分析

普通高中数学课程几何内容分必修和选修两部分，选修部分又可以分为两部分，一是针对文理学生分别开设的课程，另一是全体学生都可以选修的专题。必修部分包括立体几何初步和解析几何初步，理科必选部分包括空间中的向量与立体几何、圆锥曲线与方程，文科必选部分包括圆锥曲线与方程，任选部分包括球面上的几何、欧拉公式与闭曲面分类、几何证明选讲、坐标系与参数方程等内容。

一、“立体几何”内容分析

高中数学立体几何主要内容是“空间几何体”“点、线、面之间的位置关系”“空间中的向量与立体几何”三部分。其中前两部分位于必修数学2“立体几何初步”中，是所有学生必须学习的，第三部分位于选修2-1，只针对理科学生开设。

“立体几何初步”的设计遵循从整体到局部、从具体到抽象的原则。这与以往立体几何教材有较大出入。以往教材重视数学知识之间的内在逻辑，先探讨点、线、面之间位置关系，再研究由点、线、面组成的几何体。新课程的呈现顺序刚好相反，从认识几何体开始，再探讨组成几何体的点、线、面。这种安排符合人的认识规律，体现了新课程以人为本的理念。

本部分内容体现了层次性：

第一层次，对几何体的认识，依赖于学生的直观感受，不做任何推理的要求。

第二层次，引入合情推理，以长方体为载体（包括其他实物模型、身边的实例）对图形（模型）进行观察、实验和说理。

第三层次，严格的推理证明，如线线、线面、面面平行、垂直的性质定理的证明。

第四层次，空间向量与立体几何，用代数的方法研究几何问题。

（一）空间几何体（数学2）

“空间几何体”在中小学数学课程中起承上启下的作用，学生在义务教育阶段通过实例与模型认识了长方体、正方体、直棱柱、圆柱、圆锥、球，并且会画它们的三视图，了解直棱柱、圆柱、圆锥的侧面展开图。

“空间几何体”知识结构如图 5－15 所示。

图 5－15 “空间几何体”知识结构

本章在义务教育的基础上，增加了棱锥、台体以及柱、锥、台、球的组合体的结构特征；要求学生会画它们及组合体的三视图，能用斜二侧画法画出它们的直观图；通过观察用平行投影和中心投影画出的视图与直观图了解空间图形的不同表示形式，了解球、棱柱、棱锥、台的表面积和体积公式。

直观图的学习是画图和读图的基础。三视图、表面积、体积的学习能帮助学生从整体上认识图形的结构特征，是培养学生空间想象能力的载体，不能把本部分的教学只定位在单纯的计算上。

由于空间线线平行、线面平行、面面平行的概念没有给出，因此，本章的教学重点仍然是使学生认识空间几何体的基本特征，逐步形成空间想象能力和几何直观能力。

本部分内容的第二个特点是强调过程，使学生“参与这些知识的发生、发展与应用的全过程”①。为此，教师应该提供丰富的实物模型或利用计算机软件呈现空间几何体，使学生观察、感受大量立体图形，抽象、概括出空间几何体的基本特征。

立体图形的侧面积与体积公式不需要记忆，但要求学生参与公式的推导过程，感受数学思想方法的魅力。如人民教育出版社 A 版教材，在推导棱柱、棱锥、棱台的表面积时，渗透类比思想，引导学生类比正方体与长方体的表面积，讨论棱柱、棱锥、棱台的表面积问题。有关度量的例题与习题要避免过分技巧。

（二）点、线、面之间的位置关系（数学 2）

本章重点探讨空间直线与直线、直线与平面、平面与平面的位置关系，其知识结构如图 5－16（公理 1、公理 2、公理 3、公理 4 的具体内容参考课程标准）。

本章紧紧围绕长方体这一模型，使学生观察、认识、理解、抽象、概括出空间点、线、面之间的各种关系，在直观感知、操作确认、思辨论证、度量计算的基础上理解四条公理，进而归纳出若干判定定理和性质定理，其中性质定理要求学生能够证明。这样安排的目的是使学生体会公理化思想，进一步发展合情推理与演绎推理。“强调本质，注意适度形式化”是这次高中

① 数学课程标准研制组.《普通高中数学课程标准（实验）》解读. 南京：江苏教育出版社，2004：95.

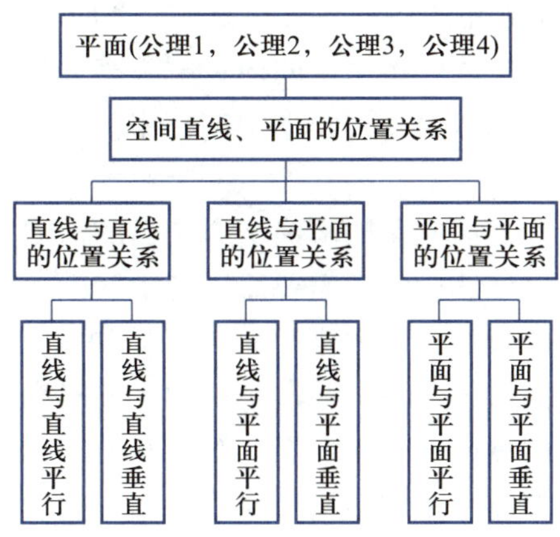

图 5-16 “点、直线、平面之间的位置关系”知识结构

数学课程改革的基本理念。

线运动成面，面相交于线，所以，空间直线与直线、直线与平面、平面与平面之间的位置关系是可以相互转化的，教学时要让学生体会这种转化，并利用这种转化进行学习，感受化归思想（图 5-17）。

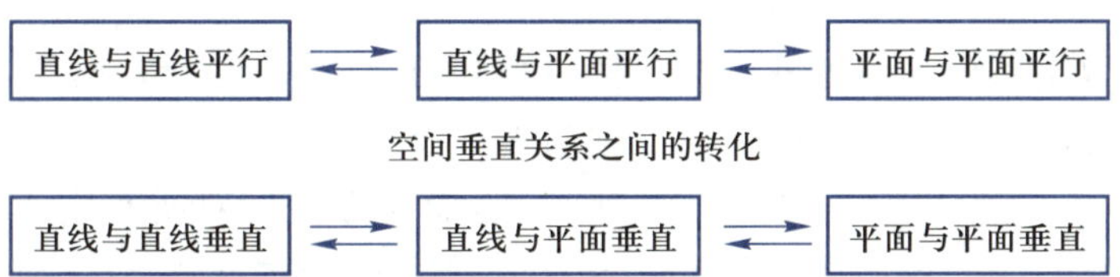

图 5-17 空间平行关系、垂直关系之间的互化

另外，教学中还要重视自然语言、图形语言和符号语言的相互转化，为学生进行逻辑推理打下坚实的基础。

（三）空间中的向量与立体几何（选修 2-1）

这部分主要内容是空间向量的概念、表示、运算以及应用（解决立体几何问题）。“空间向量与立体几何”知识结构如图 5-18 所示。

阅读 5.10 运用向量法解决立体几何问题的难点分析

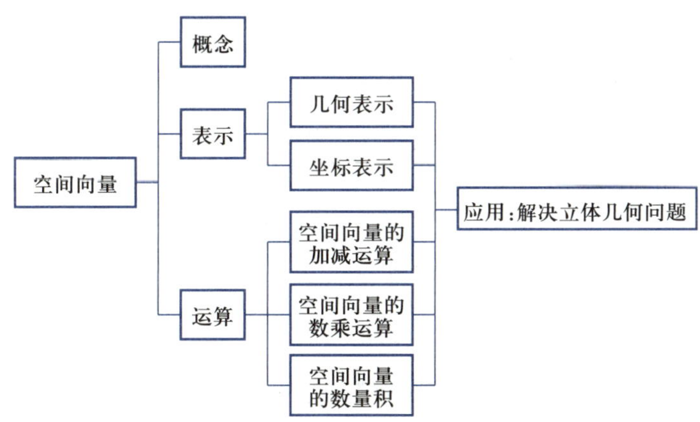

图 5-18 “空间中的向量与立体几何”知识结构

阅读 5.11《高中标准（实验）》中"立体几何"的内容与要求

在学习必修 2"立体几何初步"与必修 4"平面向量"的基础上，把平面向量及其运算推广到空间，运用空间向量解决有关直线、平面位置关系的问题，并体会向量方法在研究几何图形中的作用，进一步发展空间想象能力和几何直观能力。

向量的引入为立体几何问题的解决增添了新的活力、新的思想、新的方法。向量法克服了综合证法中常常需要添置若干辅助线而显得思路曲折的缺点，减弱了推理论证的成分，帮助学生跨越了解决立体几何问题中的障碍，为解决立体几何问题提供了通用的手段，使学生领略到机械化的数学方法。

向量法（借助基向量或直角坐标系）解决几何问题的基本思路：

第一，建立立体图形与空间向量的联系，用空间向量表示问题中涉及的点、直线、平面，把立体几何问题化归为向量问题；

第二，通过向量运算，研究点、直线、平面之间的位置关系以及它们之间距离和夹角等问题；

第三，把向量的运算结果"翻译"成相应的几何意义。

二、"解析几何" 内容分析

阅读 5.12 "坐标系与参数方程"内容分析

高中数学解析几何主要内容包括"直线与方程""圆与方程""空间直角坐标系""圆锥曲线与方程""极坐标与参数方程"五部分。其中前三部分位于数学 2，所有学生都需要学习；"圆锥曲线与方程"对所有学生开设，但文理学生学习的内容与要求不完全相同，分别位于选修 1－1（文科）与选修 2－1（理科）；"坐标系与参数方程"位于选修 4－4，是所有学生都可以选学的专题。

解析几何是数形结合思想方法的典范，用代数方程表示曲线，通过曲线的方程来讨论它的几何性质，是解析几何两大主要任务。在整个解析几何的教学中，都要渗透数形结合和坐标的思想方法，使学生体会并尝试使用。

阅读 5.13《高中标准（实验）》中"解析几何"的内容与要求

坐标法的基本思想如图 5－19 所示。

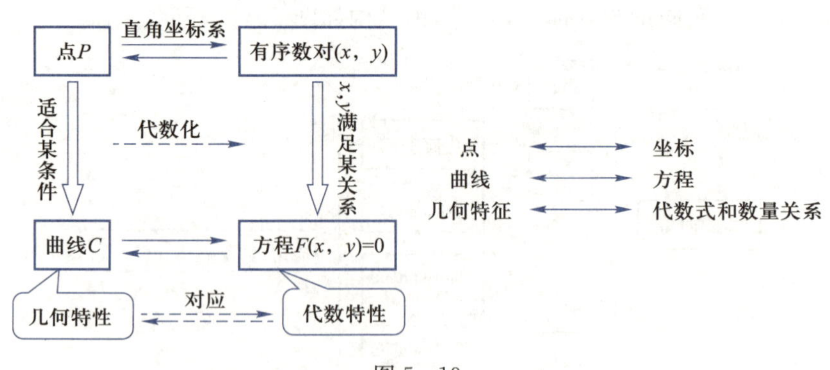

图 5－19

解析法解决问题的基本思路如下。

几何问题→代数问题→代数问题的解→几何问题的解

（一）直线与方程（数学 2）

直线与方程是解析几何教学的开始。本章以研究直角坐标系中的直线为对象，从直线的刻画、直线与方程、平行线间的距离三个方面进行探索。“直线与方程”知识结构如图 5－20 所示。

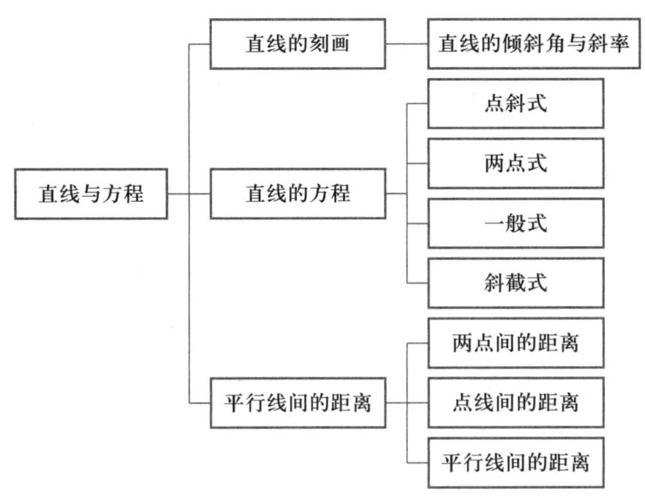

图 5－20 “直线与方程”知识结构

直线的斜率是刻画直线的重要概念，以往教材用其倾斜角的正切值来定义，但新课程规定数学 1 最先教学，之后可以根据学校的情况自行选择学习内容，而三角函数位于数学 4，因此，直线的斜率就无法延续以往的处理方法。大多数教材都是用直线上两点 $A(x_1, y_1)$、$B(x_2, y_2)$ 的坐标定义直线 AB 的斜率 $k=\frac{y_2-y_1}{x_2-x_1}$ $(x_1\neq x_2)$，然而该定义无法表示与 x 轴垂直的直线。也就是说，垂直于 x 轴的直线没有斜率（与倾斜角的正切值定义情况相同），这一点要举例进行说明。在教学过程中，应该使学生探索确定直线位置的几何要素，经历用代数方法刻画直线斜率的过程。当然，与锐角三角函数定义类似，在定义直线的斜率时需要说明直线斜率的定义与选择的两点的具体位置无关，只与它们坐标差的比值有关，这一说明也可以类比锐角三角函数定义，利用相似三角形性质完成。

用比值 $k=\frac{\Delta y}{\Delta x}$ $(\Delta x\neq 0)$ 定义斜率为导数的学习埋下了伏笔。在此定义下推导两直线垂直时的斜率关系更简捷。教材从斜率反映直线相对 x 轴的倾斜程度，继而引入刻画倾斜程度的另一直观几何量——倾斜角的概念。倾斜角的范围是 $[0, \pi)$，可先由学生思考、探索，进而得到结论。

特别注意 $\Delta x=0$ 或 $\Delta y=0$ 时直线的斜率与倾斜角的意义。

直线的倾斜角和斜率是直线的基本特征量，倾斜角是从几何角度刻画，斜率则是从代数角度刻画。理解斜率与倾斜角需要注意以下几点：

(1) 都反映直线的倾斜程度。

(2) 直线不垂直 x 轴和 y 轴时，$k=\tan\alpha$.

(3) 倾斜角为 $90°$ 或 $x_1=x_2$ ⇔斜率不存在；倾斜角为零角⇔ $k=0$；倾斜角为锐角⇔ $k>0$；倾斜角为钝角⇔ $k<0$。

(4) 斜率公式与两点的顺序和具体位置无关。

(5) 斜率公式是推导直线方程、研究直线的位置关系等许多问题的关键，也是学好本章的关键。

直线的方程可以用点斜式、两点式、一般式、斜截式表示，在具体问题中用哪种形式表示，需要具体分析。每种表示方式的探索应该由学生参与完成，这样教学既可以避免“掐头去尾烧中段”，也可以培养学生思维的灵活性，进而培养学生的创新意识，逐步掌握坐标方法，体会数形结合思想。

直线与二元一次方程之间是一一对应的关系。二元一次方程的每一个解都是平面直角坐标系中的一个点的坐标，所有解的集合组成一条直线；反之，直线上任一个点的坐标都是二元一次方程的解，直线上所有点的坐标的集合是二元一次方程的解集。这种一一对应的关系需要举例进行说明，但不必严格证明。

直线方程是数形结合的根基，从中要让学生了解点与坐标的对应，直线与直线斜率的对应，直线与直线方程的对应，为进一步学习圆及选修中的圆锥曲线打下坚实的基础。学习时让学生充分经历建立直线方程的过程，引导学生感悟隐含其中的数形转化、分类讨论等数学思想。在得出直线方程的各种形式之后，学生要清楚地知道其适用范围及使用时的优劣势，做到既严谨又简洁。

几何中经常涉及“位置关系”和“数量关系”，因此在得出直线方程之后，教材重点研究两条直线的位置关系及距离问题。

研究两直线的位置关系，一种方法是转化为对应二元一次方程组解的讨论，这是方程的思想方法；另一种方法是转化为斜率的讨论，这是解析的思想方法。

两条不同的直线 l_1，l_2：

$l_1 /\!/ l_2$ ⇔方程组无解

l_1 与 l_2 相交⇔方程组有唯一解

两条不同的直线 l_1，l_2：

$l_1 /\!/ l_2 \Leftrightarrow k_1=k_2$（$k_1$，$k_2$ 均存在）

或　$l_1 /\!/ l_2 \Leftrightarrow k_1$，$k_2$ 均不存在

$l_1 \perp l_2 \Leftrightarrow k_1k_2=-1$（$k_1$，$k_2$ 均存在且 $k_1k_2\neq 0$）

或　$l_1 \perp l_2 \Leftrightarrow k_1$ 与 k_2 一个为 0，一个不存在

点到直线的距离公式推导方法很多，如面积法、函数法、三角法、向量法、不等式法等，可以作为学生研究性学习课题，让学生探究，注意引导学

生关注运算策略的选取。人教B版教材是用两点的距离公式来推导的：

作直线 m 通过点 $P\ (x_1,\ y_1)$，并且与直线 l 垂直，设垂足为 $P_0\ (x_0,\ y_0)$，容易求得直线 m 的方程为

$$B(x-x_1)-A(y-y_1)=0,$$

由此得

$$B(x_0-x_1)-A(y_0-y_1)=0. \qquad (*)$$

因为点 P_0 又在直线 l 上，可知 $Ax_0+By_0+C=0$，

即　$C=-Ax_0-By_0$.

所以　$Ax_1+By_1+C=Ax_1+By_1-Ax_0-By_0$，

即　$A(x_1-x_0)+B(y_1-y_0)=Ax_1+By_1+C.$　(* *)

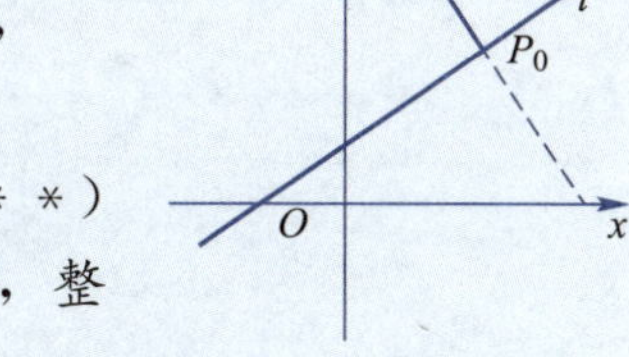

把等式（*）和（* *）两边平方后相加，整理可得

$$(A^2+B^2)\left[(x_1-x_0)^2+(y-y_0)^2\right]=(Ax_1+By_1+C)^2,$$

即

$$(x_1-x_0)^2+(y-y_0)^2=\frac{(Ax_1+By_1+C)^2}{A^2+B^2}.$$

公式教学，要让学生去发现、探究，让学生尝试用已经学过的数学知识，结合问题的转化、知识的迁移，探索新的数学结论，培养学生的数学能力和数学素养。

（二）圆与方程（数学2）

通过直线与方程的学习，学生已初步建立起解析几何思想方法，对于圆的学习，可以适当放手，类比直线学习建立圆的方程和研究圆的有关性质，进一步巩固和感悟解析几何的思想，理解其实质。

该部分的主要内容是探索圆的方程以及圆与直线、圆与圆的位置关系（图5-21）。

与直线与方程一样，圆与方程之间的一一对应关系也必须加以说明，使学生体会“曲线与方程”的思想——坐标满足方程的点一定在曲线上，曲线上点的坐标一定满足方程。

在推导圆的标准方程时，教材首先探讨确定圆的几何要素，之后回忆前一章学习的两点之间的距离公式，获得圆的标准方程。对于圆的一般方程，需要明确二元二次方程表示圆的条件以及它与标准方程的互化。

直线与圆、圆与圆的位置关系的探索，重点是引导学生思考用什么量来刻画二者之间的关系。具体来说，从几何的角度，直线与圆的关系可以从直线与圆的交点个数来判断，从代数的角度，可以联立直线与圆的方程，看所得到的方程组的解的情况；也可以比较圆心到直线的距离与半径的关系来进行判断。多用一些几何关系，就可能少一些代数运算。直线和圆相交时，半

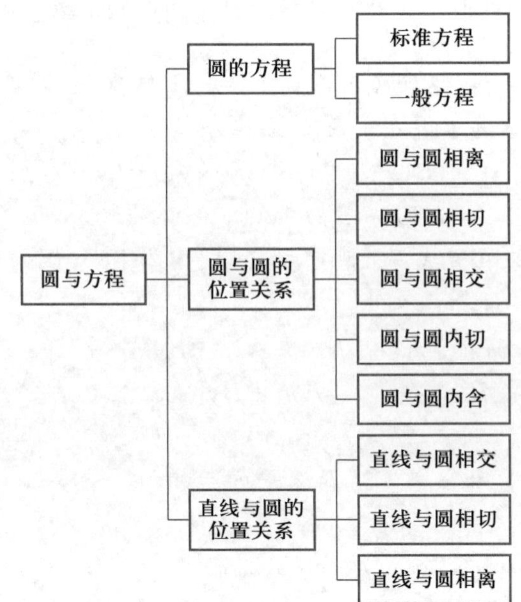

图 5－21　“圆与方程”知识结构

弦、弦心距、半径构成一个直角三角形，在相关计算中有着重要作用。对于两圆的位置关系的判定也有类似情况，可以采用类比的方法引导学生小组合作或者独立思考获得圆与圆之间的位置关系的判定。

从圆心距与半径的关系看两圆的位置关系，如表 5－1 所示。

表 5－1

外离	外切	相交	内切	内含
$d>r_1+r_2$	$d=r_1+r_2$	$\lvert r_1-r_2\rvert<d<r_1+r_2$	$d=\lvert r_1-r_2\rvert$	$d<\lvert r_1-r_2\rvert$

教学中，要恰当地使用信息技术手段展示图形，为学生理解提供形象的支持。更重要的是通过用坐标法讨论两圆的位置关系，让学生再次感受到坐标法在研究几何问题中的方法和作用，体会数形结合思想。

（三）空间直角坐标系（数学 2）

空间直角坐标系是高中数学课程改革新增加的内容，将空间解析几何中点的坐标和两点之间的距离公式引入中学。教材通过具体情境，使学生感受建立空间直角坐标系的必要性——坐标系为几何对象和数、几何关系和方程之间建立了密切的联系，这样就可以将空间形式的研究归结成比较成熟也容易驾驭的数量关系的研究。

平面空间：点 $P \leftrightarrow (x, y)$；点 $P \leftrightarrow (x, y, z)$。

$$|P_1P_2|=\sqrt{(x_1-x_2)^2+(y_1-y_2)^2}$$

$$|P_1P_2|=\sqrt{(x_1-x_2)^2+(y_1-y_2)^2+(z_1-z_2)^2}$$

由于上述数学知识之间的相似性，本章的教学要注重引导学生在复习前面平面解析几何相关知识的基础上，类比探索空间点的刻画与两点之间的距离公式，使学生进一步体会数形结合思想和类比思想。注重数学思想方法的渗透，是高中数学课程改革的基本要求。

（四）圆锥曲线与方程（选修 1－1，选修 2－1）

选修 1－1（针对文科学生开设）与 2－1（针对理科学生开设）都含有圆锥曲线与方程，内容大致相同，但要求有所不同（见前面课标内容与要求部分）。与以往课程相比，课标更强调学生“感受”“经历”“体会”。因此，教学时要注重引导学生经历知识发生、发展、深化的过程。

该部分的教学重点是椭圆的定义、标准方程的推导过程以及简单的几何性质。在椭圆标准方程的推导过程中，要注重坐标方法的渗透与使用：建立合适的直角坐标系，给出定点与动点的坐标 (x, y)，根据条件建立方程。化简得到标准方程。

对于椭圆及其标准方程的推导：

（1）椭圆是本章中学到的第一个圆锥曲线，也是三种圆锥曲线中最重要的一个，它在本章中起着重要的奠基作用和承上启下的作用。

（2）在教学中应该突出椭圆的实际背景，渗透数学源于生活又应用于生活的学科特点。

（3）建议在引出椭圆定义之后，借助几何画板构造椭圆的轨迹，让学生进一步体会椭圆的定义中的几何条件，加深学生对定义的理解。

（4）关于椭圆的定义还应该让学生能够感受条件除 $2a>2c$ 之外的其他情况：$2a<2c$，$2a=2c$。

（5）求椭圆方程的时候，建议让学生自己尝试建立适当的坐标系，有的学生可能会把坐标原点建在一个焦点上，（比如左焦点）推导出的方程为 $\frac{(x-c)^2}{a^2}+\frac{y^2}{b^2}=1$，与标准方程比较让学生发现数学的简洁美、对称美。

（6）椭圆方程的推导过程很好地锻炼了学生计算化简能力，教学时要充分利用这一机会提高学生的运算技能和能力。

（7）要给学生说明基本量 b 是怎样引入的，帮助学生更自然地理解基本量之间的关系式：$a^2=b^2+c^2$。

（8）椭圆标准方程的两种形式本质上是一样的，其关系只不过是横纵坐标的对换，体现在同一坐标系里图形关于直线 $y=x$ 对称。

（9）体会曲线方程与函数解析式的联系。

（10）教会学生研究问题的一套方法：下定义，建立曲线方程；研究几何性质（范围、对称性、顶点、离心率）。

双曲线、抛物线的教学完全可以类比椭圆的教学过程进行，甚至由学生独立或者合作学习完成。这个过程可以使学生体会类比的思想，学会类比的方法，同时进一步感受坐标思想和方法。

理科学生还需要在实例的帮助下，了解曲线与方程的对应关系。曲线与方程的概念使学生从理论层面认识数形结合的研究方法，是对解析几何研究方法理解的一次理论提升。

“圆锥曲线与方程”除了承担圆锥曲线本身内容之外，还承担着复习并应用相关内容的功能。如必修 1 的函数、必修 2 的直线与圆、必修 4 的平面向量等内容，注重它们之间的联系，有助于学生建立完善的数学认知结构。

运算教学应贯穿于“圆锥曲线与方程”教学的始终。许多学生对代数运算存在严重的畏难情绪，运算水平较低，教师需要在解析几何的教学中注重运算技能的传授，注重运算途径与设计策略的选择，注重评估与分析运算的方法。

在求曲线方程的教学中，要重点引导启发学生分析曲线上点所满足的几何特征，通过对几何特征的多角度分析，使学生认识到一条曲线的几何特征存在多种等价形式，但是这些几何特征在代数化的过程中涉及的运算量、繁简度是不一样的，因此，求曲线方程时应注意分析曲线上的点所满足的几何特征。

在由曲线方程研究曲线几何性质的教学中，要突出由方程特征分析曲线几何性质的方法，即建立几何性质与方程代数特征的对应关系，并说明一般情况下主要研究曲线的哪些几何性质：范围、对称性、与轴的交点、曲线变化趋势。

阅读 5.14 高中立体几何课程设置的国际比较

圆锥曲线的统一定义是传统内容中非常重要的知识，但是在新课程中是只作为学有余力的学生的了解内容。

阅读 5.15 几何证明选讲

拓展阅读

曹一鸣，贾思雨. 高中平面解析几何课程设置的国际比较 [J]. 外国中小学教育，2015 (8).

思考题

阅读 5.16 欧拉公式与闭曲面分类

1. 初中阶段数学课程增加了一些坐标系的知识，请结合课程标准和教材谈谈你对这一举措的认识。

2. 几何变换是从运动变化的角度认识平面图形，学习几何知识，相比于欧氏几何综合法，几何变换有哪些优势？

3. 立体几何初步的教学从以往的由“点、线、面之间的位置关系”到“空间几何体”，改为由“空间几何体”到“点、线、面之间的位置关系”，这种顺序的改变给教学带来怎样的影响?

4. 请比较新旧教材直线的斜率的概念的呈现方式，谈谈对新课程中直线斜率概念的认识。

5. 球面上的几何是非欧几何的一个模型，它与欧氏平面几何的根本区别是什么？它的教育价值体现在哪里?

阅读5.17 球面上的几何

第六章 中学数学“统计与概率” 内容分析

编者的话

通过本章的学习，可以了解中学数学“统计与概率”整体结构；可以针对初中阶段、高中阶段“统计与概率”内容进行教材分析。

如果想要了解更多，使用手机扫描二维码，可以比较“新旧版本课程中统计与概率内容”的异同；学习不同统计与概率知识的教材分析；还可以深入钻研现行课程标准中对于“统计与概率”的要求。

要点提示

“统计与概率”是中学数学课程的重要内容之一，在《义教数学课标（2011年版）》中，与“数与代数”“图形与几何”“综合与实践”共同作为义务教育阶段的课程内容，安排在各个学段中。同时，“统计与概率”也出现在高中数学必修3以及选修系列中。统计与概率的基础知识已经成为一个未来公民的必备常识。本章首先介绍了“统计与概率”在中学阶段的整体结构，在此基础上，分别针对初中以及高中的课程内容进行教材分析。

学习目标

1. 知道中学“统计与概率”课程的内容体系；

2. 理解中学“统计与概率”课程的基本特点；

3. 理解《义教数学课标（2011年版）》以及《高中数学课标（实验）》对于“统计与概率”课程的内容与要求；

4. 初步掌握初中“统计与概率”内容的重点与难点；

5. 初步掌握高中“统计与概率”内容的重点与难点。

视频 6.1　本章内容介绍

PPT6.1

第一节　中学数学“统计与概率”整体结构

统计是研究数据的收集、整理、分析的学科；概率是研究随机现象规律的学科。信息化社会经常需要统计与概率的知识对问题进行分析、预测和判断。当前社会已经进入了信息社会，概率统计的应用日益广泛，它既有非常严密的数学基础，又大量渗透到各个学科领域中，通过收集、整理、分析数据并依据数据对问题进行判断、分析已经成为人们的基本素质与能力。因此，课程改革大大增加了统计与概率的内容。

在义务教育阶段的数学课程中，统计与概率成为和数与代数、图形与几何、综合与实践并列的四个内容之一。高中数学课程中，统计与概率也是课程内容设置的主线之一。学习统计与概率的目标不应该是会计算、会画图，而应该是发展学生的统计观念和随机观念，养成用数据说话，通过数据分析问题、解决问题的习惯。从义务教育阶段以及高中阶段课标对统计与概率各部分内容的要求设定，以及各阶段各版本教材内容的呈现上来看，都贯彻了这一理念。

一、初中统计与概率内容体系及特点

在义务教育的三个不同学段，课程标准对“统计与概率”的规定如表6－1所示。

表 6－1

学段	第一学段 （1～3 年级）	第二学段 （4～6 年级）	第三学段 （7～9 年级）
统计与概率	• 数据统计活动初步 • 不确定现象	• 简单数据统计过程 • 可能性	• 抽样和数据分析 • 事件的概率

对于课标规定的初中阶段统计与概率的内容，不同版本的教材有不同的安排方式，下面以人教版和北师大版教材为例给予说明。

人教版教材和北师大版初中阶段统计与概率内容具体安排对比如表 6－2 所示。

表 6－2

时间	人教版	北师大版
7 年级上册	无	第六章　数据的收集与整理 1. 数据的收集

续表

时间	人教版	北师大版
7年级上册	无	2. 普查和抽样调查 3. 数据的表示 4. 统计图的选择
7年级下册	第十章　数据的收集、整理与描述 10.1 统计调查 10.2 直方图 10.3 课题学习：从数据谈节水	第六章　概率初步 1. 感受可能性 2. 频率的稳定性 3. 等可能事件的概率
8年级上册	无	第八章　数据的代表 1. 平均数 2. 中位数与众数 3. 利用计算器求平均数
8年级下册	第二十章　数据的分析 20.1 数据的集中趋势 1. 平均数 2. 中位数和众数 20.2 数据的波动程度 20.3 课题学习：体质健康测试中的数据分析	第五章　数据的收集与处理 1. 每周干家务活的时间 2. 数据的收集 3. 频数与频率 4. 数据的波动
9年级上册	第二十五章　概率初步 25.1 随机事件与概率 1. 随机事件 2. 概率 25.2 用列举法求概率 25.3 用频率估计概率 25.4 课题学习：键盘上字母的排列规律	第六章　频率与概率 1. 频率与概率 2. 投针试验 3. 生日相同的概率 4. 池塘里有多少条鱼
9年级下册	无	第四章　统计与概率 1. 50年的变化 2. 哪种方式更合算 3. 游戏公平吗

相比较而言，人教版教材对统计与概率内容的安排较为集中。7年级和8年级安排了统计的内容，7年级的学习内容主要是数据的收集、整理和描述；8年级的学习内容主要是在收集整理数据的基础上掌握一定的处理分析数据的方法，如计算平均数、中位数、众数，并且提取数据中的信息来进行

简单的推断；9 年级的学习内容为简单随机事件和得到概率的两种方法。

北师大版教材是统计与概率的内容穿插进行的。统计的内容安排在了 7 年级上册、8 年级上册以及 9 年级下册的教材中。7 年级上册的内容主要是数据的收集和整理；在 8 年级上册中的内容主要是通过数据的代表分析数据，介绍了平均数、中位数和众数的概念；在 8 年级下册中学生继续学习数据分析的方法，即用方差来描述数据的波动性。概率的内容安排在 7 年级下册和 9 年级上册中，在 7 年级下册中主要让学生感受事件发生的可能性以及等可能性事件及其概率的求法；在 9 年级上册中的概率内容主要介绍了频率与概率的关系，以及如何用频率估计概率。在 9 年级下册中仍然安排了统计与概率的内容，主要是通过案例对前面学习的知识进行回顾与总结。

从统计与概率的主要内容的设置上可以看到，无论是哪个版本的教材，统计与概率的内容安排都立足于强调收集、整理、描述数据，处理、分析数据以及根据数据进行推断的数据分析的全过程。对于统计这部分内容，以往的处理比较偏重计算，新教材更加侧重通过实例让学生感受统计和概率中蕴涵的基本思想，特别注意体现“通过统计数据探究规律”的归纳思想，重视反映统计与概率之间的联系，通过频率来估计事件的概率，通过样本的有关数据对总体的可能性做出估计等。

各版本教材从整体情况来看，都注意加强探究性和活动性，结合现代社会生活中丰富的实例，发挥典型案例的引导作用，避免脱离实际例子的讲述概念与计算，强调了这部分内容的实际应用价值。

二、高中概率统计内容体系及特点

在高中阶段，由于教材是按照模块划分的，课标对每一模块的内容都做了规定，因此各版本教材从内容上差异不大，以人教社 A 版教材为例，统计与概率内容安排如表 6－3 所示。

表 6－3

<table>
<tr><td>必修 3</td><td>第二章　统计
2.1 随机抽样
2.2 用样本估计总体
2.3 变量间的相关关系
第三章　概率
3.1 随机事件的概率
3.2 古典概型
3.3 几何概型</td></tr>
</table>

续表

选修 1-2 （文科）	第一章 统计案例 3.1 回归分析的基本思想及其初步应用 3.2 独立性检验的基本思想及其初步应用
选修 2-3 （理科）	第一章 计数原理 1.1 分类加法计数原理与分步乘法计数原理 1.2 排列与组合 1.3 二项式定理 第二章 随机变量及其分布 2.1 离散型随机变量及其分布列 2.2 二项分布及其应用 2.3 离散型随机变量的均值与方差 2.4 正态分布 第三章 统计案例 3.1 回归分析的基本思想及其初步应用 3.2 独立性检验的基本思想及其初步应用
专题	风险与决策

从内容设置来看，对于统计部分，教材的整体思路还是围绕收集数据、分析处理数据、根据数据对问题进行估计推断这一数据分析的全过程来设计的。相对于初中阶段的内容来说，各部分内容都有所拓展和加深。对于数据分析，可以分为描述性统计分析和推断性统计分析，在义务教育阶段的第一学段和第二学段，学生主要学习的是描述性统计分析，就是对总体数据进行描述和分析。在义务教育的第三学段就出现了推断性统计分析，也就是通过抽取总体中的一部分个体形成样本，通过对样本进行的数据分析来推断总体的情况。这时候学生学习的抽样方法是简单随机抽样。到了高中阶段，学生继续学习不同抽样的方法。首先学生在初中学习的简单随机抽样的基础上学习了简单随机抽样的两种具体实施方法——抽签法和随机数表法，在此基础上还会学习两种新的抽样方法——分层抽样和系统抽样。在必修 3“概率”这一章中，学生将进一步学习随机事件的概率，从频率估计概率的角度给出了概率的统计学定义，这部分内容义务教育阶段也有，但是课标的要求是不一样的。之后学习了古典概型和几何概型两种类型的概率求解。古典概型的内容在义务教育阶段也有，高中阶段的问题更为复杂，对问题的表述更为抽象。

在选修系列 2 中，理科学生将首先学习计数方法，为解决很多与计数有关的实际问题提供了思想和工具，同时也为解决更加复杂的概率问题提供了工具。之后，在必修 3 的基础上，学习离散型随机变量的分布列问题，这实际上是之前概率问题的深入，可以看到，在这之前的概率问题解决的是某个随机试验的某个结果发生的概率，而现在要解决的是某个随机试验所有可能的结果的概率分别是怎样的，从而看到各种结果概率分布的情况。并且可以用随机变量的数字特征对随机现象进行推断。选修 2 - 3 的最后一章是统计案例的内容，通过对几个典型案例的讨论，学生可以经历数据处理的全过程，了解几种统计方法的基本思想、方法及其初步应用。选修系列 1 是为文科学生设计的，在选修系列 1 中没有安排计数方法和概率的内容，只安排了统计案例这一章的内容，这体现了对文理学生不同的要求。

在选修系列 4 中还为对数学学习特别有兴趣的学生安排了风险与决策的课程内容，这一内容是统计概率应用中的一类问题。

从以上分析可以看到，统计与概率内容一直贯穿在学生从义务教育阶段到高中阶段十二年的学习中，在这一过程中学生通过学习逐渐树立统计观念，对随机思想不断加深认识理解，这是一个螺旋式上升的认识过程。

第二节　初中数学“统计与概率”教材分析

一、统计部分重难点分析

在第三学段，整个统计内容是按照数据的收集与整理、分析与推断这样两个体系来安排的，各个版本的教材在呈现方式和顺序上有所不同，但按照统计过程的顺序安排内容的理念是一致的。数据的收集与整理中包含了数据收集的方法，统计图表（扇形图以及直方图的绘制），以及简单随机抽样。分析与推断这部分内容中包含了平均数、中位数与众数、方差、频数与频率等知识。

（一）数据处理过程

新课标强调让学生经历统计活动的全过程。学生从义务教育的第一学段，即小学一到三年级，就开始接触统计学的知识。在小学一到三年级学习数据统计活动初步，学生首先学会对一些事物进行分类，有了这个基础后，在第二学段学生不仅会收集数据，还应该学会处理数据，这时学生已经会用一些统计图表来表达数据，在这一学段，学生就经历了简单的数据统计过程。

初中学生获取数据的能力比小学阶段有了很大增强，获取数据的途径也有了很大拓展，他们可以从网络或其他途径获取相对于小学阶段更为复杂的数据，他们对数据选取的目的性也更强了，这时就不仅仅是由教师提供给学生一些简单的数据，可以由学生根据自己的想法通过不同方式搜集不同类型的数据来进行分析研究，对于复杂数据应学会用计算器进行处理。

课程标准的第一条就规定：经历收集、整理、描述和分析数据的活动，了解数据处理的过程；能用计算器处理较为复杂的数据。本条要求的贯彻实际上贯穿在统计学习的始终。在统计学习的不同内容中，教材通过典型例子的呈现，让学生感受数据处理的全过程，并通过适当的例子让学生经历从收集数据到处理数据的过程。

例如，在“数据的收集与整理”这一章中，人教版教材首先设置了问题：“如果你要了解全班同学对新闻、体育、动画、娱乐、戏曲五类电视节目的喜爱程度，你会怎么做?”其次，提出了用问卷调查的方式进行数据的收集。最后，采用扇形图、条形图、画图表的方法对数据进行整理。北师大版教材首先给出了一个实例，背景是2010年春，我国西南五省遭受特大旱灾，由此引出水资源问题。教材设置情境：小颖通过查找资料，获得了城镇和农村用水指标趋势图的统计图表，这是一个折线图。其次，引导学生从统计图中获取信息。而小明采取问卷调查的方式获取数据，调查问卷一共有两道题目，教材在后面展示了小明根据调查结果绘制的被调查者年龄结构的扇形图，以及两个题目的条形图。教材引导学生从小明的问卷调查统计结果中获取相关的数据信息。最后，教材又让学生利用小明的调查问卷对全班同学进行调查。

实际上，可以看到，不同版本的教材都在设置问题情境的过程中，对学生在义务教育第一、第二学段中所学到的统计知识进行了复习，体现了收集数据的不同方法，包括折线图、扇形图和条形图三种统计图表。通过对实际问题的解决呈现了收集数据、整理数据的一个过程，学生跟随这个过程感受到数据收集整理的过程，并体会从数据中获取信息。按照教材的要求对全班同学进行调查，学生又会亲身经历数据的收集、整理和分析的全过程。

（二）抽样调查

通过案例了解随机抽样的方法，不仅让学生了解随机抽样的实施过程，还应该注重让学生体会抽样的必要性。在小学阶段，学生已经经历了收集、整理、分析数据的过程，而那时候主要采取普查的方法，比如，收集全班的身高数据，并进行分析。而在初中阶段，就要认识到普查的弊端和抽样调查的必要性，这是与小学阶段最大的不同。抽样的必要性可以从两方面来理解：一是当数据量非常大的时候，进行普查就变得不大现实，要采取抽样的方法进行抽样调查；二是有些调查具有破坏性，比如调查研究灯泡的使用寿命，就不可能对所有的灯泡都进行试验。因此，为了研究问题并节约成本，就要采取抽样调查的方法。

除了理解抽样的必要性以外，还应该让学生了解不同的抽样可能得到不同的结果，在统计中体会随机思想。

人教版教材对这个问题的处理是，在刚才问题的基础上进一步提出：

“某校有 2 000 名学生，如果你要了解全班同学对新闻、体育、动画、娱乐、戏曲五类电视节目的喜爱程度，你会怎么做?”

北师大版教材针对这一问题给出了这样的例子：“为了了解你所在地区老年人的健康状况，你准备怎样收集数据?”

两个版本的教材都力图通过实例让学生体会抽样的必要性。北师大版教材随后指出第一个小组在公园调查了 100 名老人，第二小组在医院调查了 100 名老人，第三小组则调查了 10 名老年邻居。他们分别得出了不同的结果。显然这个例子是为了说明不同的抽样可能得到不同的统计推断结果，由此指出应该注意进行抽样时样本的代表性和广泛性。

（三）统计图表

对于统计图表，在小学阶段学生已经学习了用扇形图、条形图和折线图来表示数据。但在前面学习中对统计图表的要求是会画条形图和折线图，而没有要求会画扇形图，对于扇形图的要求主要是会读扇形图。到初中阶段，学生将学习如何画扇形图。

在扇形图、折线图和条形图的基础上，学生还将学习一种新的统计图表——频数直方图。学习直方图的基础是条形图，实际上，由于调查的目的不同采用条形图或直方图。比如，同样是调查一个班级学生的数学成绩，如果只关注优秀、及格、不及格人数的情况就可以选择条形图，如果关注每十分一个分数段的详细情况则适合用直方图。此外，对于频数直方图应着重强调频数直方图的意义在于通过频数直方图对总体的分布进行推断。

学生学习制作统计图表，不仅仅应该了解统计图表的制作过程，更为重要的是继续体会利用统计图来表达数据的意义。因此，应强调对不同问题选择不同的统计图表表示数据。实际上当需要了解整体与部分的关系时，选择扇形统计图来表示数据是非常直观方便的。比如，我们调查了全班同学每天上下学的方式，制成扇形统计图就可以非常直观地看出采用每种方式的同学所占整体的比例。因此根据不同的数据及需求，应该有意识地选择不同的统计图来表示数据。又如，我们想比较各班运动会的得分情况，就应该选用条形图这种统计图表，而不应该选取扇形图。为此，各版本教材都通过实例让学生体会不同统计图表的意义和作用，北师大版教材七年级上册“统计与概率”这一章的最后一节还专门安排了“统计图的选择”的内容。

（四）数字的代表

“理解平均数的意义，能计算中位数、众数、加权平均数，了解它们是数据集中趋势的描述。”这是课程标准对这部分内容的要求。实际上，对于平均数的概念，学生在小学阶段已经学习过，在第二学段的课标要求中有这样的阐述：体会平均数的作用，能计算平均数，能用自己的语言解释其实际意义。在初中阶段再次出现了平均数，初中阶段的重点是在平均数概念的基础上学习加权平均数，以及平均数与其他几个数字特征放在一起，了解它们在描述数据集中趋势中各自的特点。

对于加权平均数，教材一般都是通过实际例子引导学生很好理解加权平均数的意义，对于加权的理解认识需要在高中和大学阶段不断加深。例如，人教版教材给出了如下的例子引出加权平均数的概念：

例　某市三个郊县的人数及人均耕地面积如下表：

郊县	人数/万	人均耕地面积/公顷
A	15	0.15
B	2	0.21
C	10	0.18

这个市郊县的人均耕地面积是多少（精确到 0.01 公顷）？

思考

小明求得这个市郊县的人均耕地面积为

$$\bar{x}=\frac{0.15+0.21+0.18}{3}=0.18\text{（公顷）}$$

你认为小明的做法有道理吗？为什么？

通过这种设计在学生平均数的基础上引起学生对新问题的思考。

在给出了加权平均数的定义后，进一步给出以下例子，通过这个例子进一步使学生理解权重的作用。

例　一家公司打算招聘一名英文翻译，对甲、乙两名应试者进行了听、说、读、写的英语水平测试，他们各项的成绩（百分制）如下：

应试者	听	说	读	写
甲	85	83	78	75
乙	73	80	85	82

(1) 如果这家公司想招一名口语能力较强的翻译，听、说、读、写成绩按照 3∶3∶2∶2 的比确定，计算两名应试者的平均成绩（百分制），从他们的成绩看，应该录取谁？

(2) 如果这家公司想招一名笔译能力较强的翻译，听、说、读、写成绩按照 2∶2∶3∶3 的比确定，计算两名应试者的平均成绩（百分制），从他们的成绩看，应该录取谁？

学生在利用合理的抽样方法收集了数据之后，针对这些数据产生了一些数字特征，包括平均数、中位数、众数。平均数应用比较广泛，它作为一组数据的代表，比较稳定可靠。但平均数与一组数据中的所有数据都有关系，容易受极端数据的影响。中位数在一组数据中的数值排序中处于中间的位置，由中位数可以对数据的大体进行判断和掌控，它虽然不受极端数据的影响，但可靠性比较差，所以中位数只是表示这组数据的一般情况。众数考查一组数据出现的频数，它作为一组数据的代表，不受极端数据的影响，其大小与一组数据中的部分数据有关。一组数据中如果个别数据有很大的变化，且某个数据出现的次数较多，则用众数表示这组数据的集中趋势比较合适，体现了整个数据的集中情况。一组数据的这些数字特征从不同角度描述了数据的特点，采取哪个数字特征来描述数据，应根据所关注的问题而定。

对于上述问题，各版本教材都有所体现。如人教版教材在学生学习了平均数、中位数和众数的概念后，给出了下面的例题。

例 一家鞋店在一段时间内销售了某种女鞋 30 双，各种尺码鞋的销售量如下表所示：

尺码/厘米	22	22.5	23	23.5	24	24.5	25
销售量/双	1	2	5	11	7	3	1

你能根据上面的数据为这家鞋店提供进货建议吗?

分析 一般来讲，鞋店比较关心哪种尺码的鞋销量最大，也就是关心卖出的鞋的尺码组成的一组数据的众数，一段时间内卖出的 30 双女鞋的尺码组成一个样本数据，通过分析样本数据可以找出样本数据的众数，进而可以估计这家鞋店销售哪种尺码的鞋最多。

可以看到在分析中首先指出鞋店关心的是什么，之后再来决定选择用哪个数字特征来描述。

而北师大版的教材中在平均数与加权平均数之后，在中位数和众数的概念之前，给出了下面的实例。

例 某公司员工的月工资如下：

员 工	经理	副经理	职员 A	职员 B	职员 C	职员 D	职员 E	职员 F	杂工 G
月工资/元	6 000	4 000	1 700	1 300	1 200	1 100	1 100	1 100	500

你怎样看待该公司员工的收入?

实际上，学生会很自然地用平均数来表示收入水平，但由于公司里面的经理和副经理的收入水平远远高于其他人，因此，用平均数来表示公司的收入水平显然不够合理。从而引入中位数和众数的概念。

无论是哪种处理方法，教材都关注了如何选择恰当的数字特征为代表来描述数据的问题。

（五）极差与方差

极差可以用来表示数据的波动情况，但是极差受极端值影响较大。方差在描述数据波动程度时更加准确。数据的稳定性这一问题是初中阶段在数据的平均值、中位数和众数这几个数字特征的基础上提出来的新问题。

根据一组数据以及方差的公式来计算一组数据的方差并不难。对于方差的定义，重点在理解方差的实际意义，也就是如何用数学的方法来刻画一组数据的离散程度。对此，人教版教材给出了下面的例子来引入方差。

思考　在一次女子排球比赛中，甲、乙两队参赛选手的年龄如下：

甲队	26	25	28	28	24	28	26	28	27	29
乙队	28	27	25	28	27	26	28	27	27	26

用图表整理这两组数据，分析你画出的图表，看看你能得出哪些结论？

（1）两队参赛选手的平均年龄分别是多少？

（2）你能说说两队参赛选手年龄波动的情况吗？

在计算得到两队平均年龄之后，教材给出了下面两张图（图 6 - 1）。

为了直观地看出甲、乙两队参赛选手年龄的分布情况，我们把这两组数据画成下面的图。

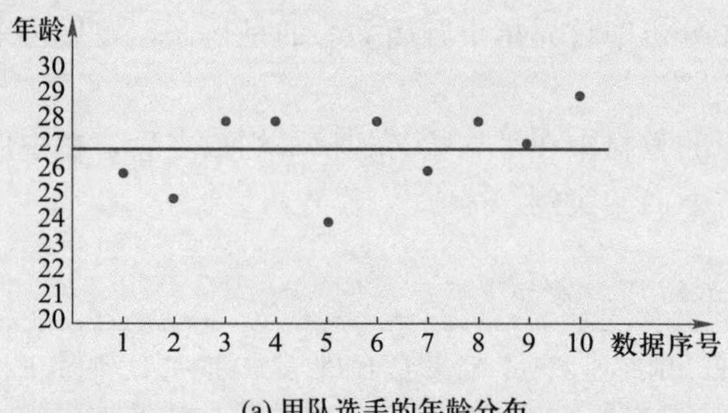

(a) 甲队选手的年龄分布

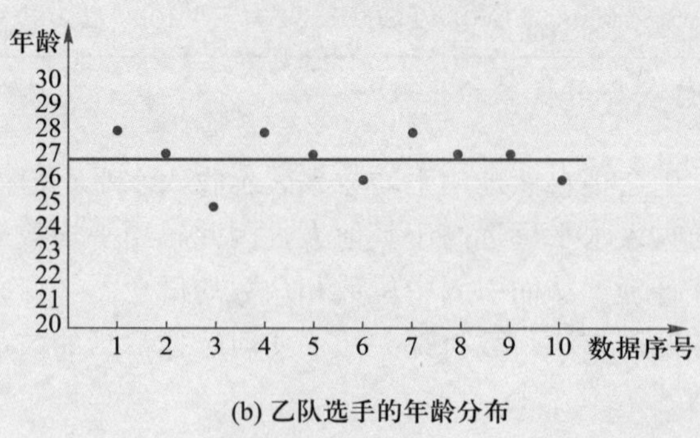

(b) 乙队选手的年龄分布

图 6 - 1

通过观察直观的图，学生很自然想到用每个点相对于平均值的距离来表示这种波动，之后再给出方差的定义。这样的处理，既可以让学生很容易接受方差的公式，又可以很直观地让学生感受方差的意义。此外，在本节后面的阅读与思考中，还提出了直接用每个数据减去数据的平均数再求和除以数据个数这种方法来表示数据的波动性，讨论了这种方法存在的问题，进一步帮助学生理解方差定义的合理性。在阅读与思考中教材还介绍了计算平均差的方法来表示数据的波动，并对极差、方差、平均差进行了比较，这些体现了对方差意义的强调。

二、概率部分重难点分析

新课标将原来安排在第一学段（1～3 年级）的概率内容删除，主要原因是在基础教育阶段发展学生的数据分析观念是这部分内容的核心。因此，统计的重要性要大于概率，同时，对于随机性的理解也可以通过数据的随机性来实现。在义务教育的第二学段（4～6 年级）安排了概率的内容，称为“随机现象发生的可能性”；在第三学段（7～9 年级）称为“事件的概率”。在初中阶段，概率的主要内容有感受随机事件发生的可能性、通过列举得到等可能性事件的概率、通过频率来估计概率。

（一）事件发生的可能性

学生在小学阶段已经对随机现象发生的可能性有一定的认识，能够感受随机试验可能的结果在试验之前是不确定的，并能够列出简单的随机现象所有可能发生的结果。小学阶段所涉及的现象比较简单，学生一般能够直接列出所有可能的结果，并且感受到每个结果发生的可能性是相同的。在初中阶段，对随机事件发生的可能性将进行更加抽象一般的学习，并且给出必然事件、不可能事件、确定事件、随机事件等概念。

以人教版教材为例，在第二十五章第一节第一个问题随机事件中，教材首先通过问题 1 和问题 2 来让学生感受有些事件不可能发生，有些事件必然发生，而有些事件有可能发生也有可能不发生。

问题 1　5 名同学参加讲演比赛，以抽签方式决定每个人的出场顺序，签筒中有 5 根形状，大小相同的纸签，上面分别标有出场的序号 1，2，3，4，5。小军首先抽签，他在看不到纸签上的数字的情况下从签筒中随机（任意）地取一根纸签。请考虑以下问题：

（1）抽到的序号有几种可能的结果？

（2）抽到的序号小于 6 吗？

（3）抽到的序号会是 0 吗？

（4）抽到的序号会是 1 吗？

问题 2 小伟掷一个质地均匀的正方体骰（tóu）子，骰子的六个面上分别刻有 1 到 6 的点数。请考虑以下问题：掷一次骰子，在骰子向上的一面上。

（1）可能出现哪些点数？

（2）出现的点数大于 0 吗？

（3）出现的点数会是 7 吗？

在直观感受之后，教材给出了必然事件、不可能事件以及随机事件的定义。之后，又通过问题 3 使学生感受到随机事件发生的可能性有大有小，为后面研究随机事件的概率做准备。

问题 3 袋子中装有 4 个黑球 2 个白球，这些球的形状、大小、质地等完全相同，在看不到球的条件下，随机地从袋子中摸出一个球。

（1）这个球是白球还是黑球？

（2）如果两种球都有可能被摸出，那么摸出黑球和摸出白球的可能性一样大吗？

（二）随机事件的概率的定义

对于随机事件的概率，在小学阶段是没有出现“概率”这个名词的，小学阶段的提法是“随机现象发生的可能性”。初中阶段，课标的要求是“了解事件的概率”。对于这一问题，以人教版教材为例给予说明。

首先，教材通过实例给出了事件概率的描述性定义，称“对于随机事件 A，刻画其发生可能性大小的数值为随机事件 A 发生的概率。记作：$P(A)$。”这是一个描述性定义，并给出了随机事件 A 的概率的符号表示。

之后，教材又通过实例，归纳得到如下的概率的公理化定义，也称为古典定义。

归纳 一般地，如果在一次试验中，有 n 种可能的结果，并且它们发生的可能性都相等，事件 A 包含其中的 m 种结果，那么事件 A 发生的概率 $P(A)=\frac{m}{n}$.

在上述类型的试验中，通过对试验结果以及事件本身的分析，可以求出相应事件的概率，在 $P(A)\frac{m}{n}$ 中，由 m 和 n 的含义可知 $0\leqslant m\leqslant n$，进而有 $0\leqslant\frac{m}{n}\leqslant1$。因此，

$$0\leqslant P(A)\leqslant1$$

特别地：

当 A 为必然事件时，$P(A)=1$；

当 A 为不可能事件时，$P(A)=0$。

在学习了概率的古典定义之后，教材给出以下两个例子。

例 1　掷一个骰子，观察向上的一面的点数，求下列事件的概率：

(1) 点数为 2；

(2) 点数为奇数；

(3) 点数大于 2 且小于 5。

例 2　图 6-2 是一个转盘，转盘分成 7 个相同的扇形，颜色分为红、绿、黄三种颜色。指针的位置固定，转动转盘后任其自由停止，其中的某个扇形会恰好停在指针所指的位置（指针指向两个扇形的交线时，当作指向右边的扇形）。求下列事件的概率：

(1) 指针指向红色；

(2) 指针指向红色或黄色；

(3) 指针不指向红色。

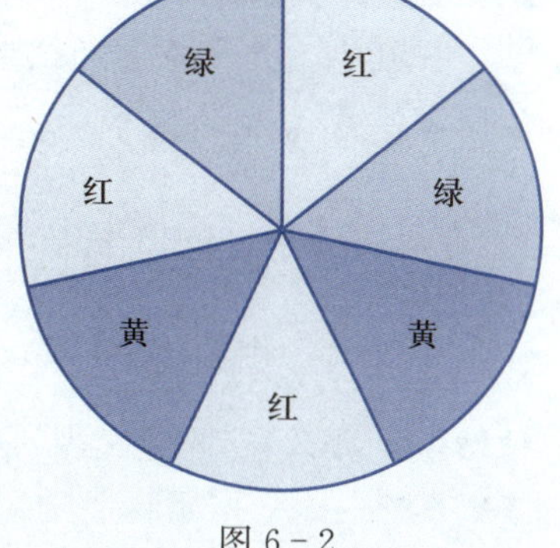

图 6-2

这两个例子是对上面给出的概率的古典定义的应用。其中例 1 很容易将试验所有可能的结果列举出来，再求概率。例 2 求指针所指各种不同颜色的扇形的概率，实际上这是由每个扇形圆心角的大小决定的，而在同一圆中圆心角又与扇形面积成正比，所以也可以说是由扇形的面积决定的，因此这实际上是一个几何概型问题，而由于例题中每个扇形的面积是相同的，因此可以转化为结果为有限个的古典概型问题，用概率的古典定义求解。在利用概率的古典定义求解概率的时候，教材特别注意了将试验所有可能的结果以及所求概率的事件所包含的各种结果一一列出。

此后，在本章的第三节“用频率估计概率”中，提出对于随机事件的概率还可以通过频率来估计概率。在给出具体例子后，归纳得到如下概率的统计学定义。

归纳　一般地，在大量重复试验中，如果事件 A 发生的频率 $\frac{m}{n}$ 会稳定在某个常数 p 附近，那么事件 A 发生的概率 $P(A)=p$。

对于抛掷硬币的试验，前面用列举法得出的“正面向上”的概率，与用频率的稳定性得出的“正面向上”的概率，是同一个数值。更一般地，即使试验的所有可能结果不是有限个，或各种可能结果发生的可能性不相等，我们也可以通过试验的方法去估计一个随机事件发生的概率。只要试验的次数 n 足够大，频率 $\frac{m}{n}$ 就可以作为概率的估计值。

从北师大版的教材来看，教材在频率的稳定性一节中给出了以下的概率描述性定义及统计学定义。

> 由于事件 A 发生的频率，表示该事件发生的频繁程度，频率越大，事件 A 发生越频繁，这就意味着事件 A 发生的可能性也越大，因而，我们就用这个常数来表示事件 A 发生的可能性的大小。我们把刻画事件 A 发生的可能性大小的数值，称为事件 A 发生的概率（probability），记为 P（A）。
>
> 一般地，大量重复的试验中，我们常用不确定事件 A 发生的频率来估计事件 A 发生的概率。

在等可能事件的概率中，又给出了以下的概率的古典定义。

> 一般地，如果一个试验有 n 种等可能的结果，事件 A 包含其中的 m 种结果，那么事件 A 发生的概率为：$P(A)=\frac{m}{n}$。

可以看到，在第三学段，不同版本的教材基本上都呈现了从三个不同角度给出的概率的定义，即概率的描述性定义、概率的古典定义以及概率的统计学定义。对于这一问题，根据课标对于事件概率的要求，对于概率的定义应重点关注在实际问题中学生对概率意义的理解，在实例中了解概率的定义，抽象的定义不作为学习的重点。

（三）等可能性事件的概率

一个随机试验的所有可能结果发生的可能性有可能是相同的，也有可能是不同的，如果所有可能的结果是有限个而且是相同的，考虑每个事件发生的概率问题就是古典概型问题。

对于等可能性事件的概率，课标指出：“能通过列表、画树状图等方法列出简单随机事件所有可能的结果，以及指定事件发生的所有可能结果，了解事件的概率。”对这一问题，课标在第二学段提出“能列出简单的随机现象中所有可能发生的结果”的要求。在初中阶段，重点强调的是掌握列出各种结果的方法，如列表和画树状图，以及区分简单随机事件以及指定事件发生的所有可能结果。这一内容在高中阶段仍然会继续研究，那时的问题相对较为复杂，对于理科学生就不仅仅采用列举的方法，而需要借助一些计数的方法。

以人教版教材为例，在 9 年级上册教材的“用列举法求概率”一节中，教材分别介绍了用列表法和画树状图来列举随机事件的所有可能结果以及指定事件的所有可能结果，指出列表法主要针对试验中涉及两个变量，每个变量取值为有限个的情形，而画树状图的方法主要针对试验分三个或三个以上的变量的情形。在介绍两种列举方法的过程中，教材特别注意引导学生思考这些所有可能的结果之间的等可能性，这也是古典概型的前提条件。

（四）用频率来估计概率

对于古典概型可以通过计算或列举获得概率，那么对于其他类型的随机试验，如何获得事件发生的概率呢？这时可以通过大量的重复试验。通过试验结果去估计概率。对这一问题，课程标准强调注重让学生亲身进行试验，体会频率的不确定性以及它的稳定性，理解频率的稳定值就是概率。

阅读 6.1 《标准（2011 年版）》中的“统计与概率”

以人教版教材为例，在 9 年级上册用频率估计概率一节中，教材首先设计了让学生扔硬币的试验，通过分别记录抛掷正面向上的次数为 50，100，…，500，引导学生思考：从得到的数据中是否可以得到“正面向上”的频率的规律？由于实际的试验次数毕竟有限，在试验之后，教材又给出了历史上掷硬币试验的结果。

阅读 6.2 《标准（2011 年版）》与《标准（实验稿）》关于“统计与概率”内容比较

通过这些环节，让学生体验频率的不确定性以及当次数增大时逐渐稳定的总体趋势，最后给出概率的统计学定义。

在给出概率的统计学定义之后，教材又给出两个实际问题，问题 1 设置的目的是说明对于不属于各种结果可能性相同的问题，可以采用大量试验后得到的频率来估计概率。问题 2 主要体现了用概率的方法来解决实际问题，增强学生对数学的应用意识。

第三节　高中数学“统计与概率”教材分析

一、统计部分重难点分析

高中阶段统计的内容主要集中在必修 3 的第二章，在选修 2－1 和选修2－3 中还安排了“统计案例”一章，下面主要就必修 3 中的重难点内容进行分析。

必修 3 统计部分的知识框图如图 6－3 所示。

从统计的知识结构图可以看到，统计的内容还是按照一般的统计过程，即收集整理数据、分析处理数据、对数据进行推断等环节。在这个过程中不断通过实例让学生体会数据处理的全过程。这种安排与义务教育统计内容的安排是一致的，只是所涉及的案例更加复杂，收集数据和处理数据的方法和手段更加丰富，并且加入了通过数据来分析变量之间关系等新的统计问题。

（一）抽样方法

学生在初中阶段就开始接触抽样调查。在小学阶段主要是通过普查收集

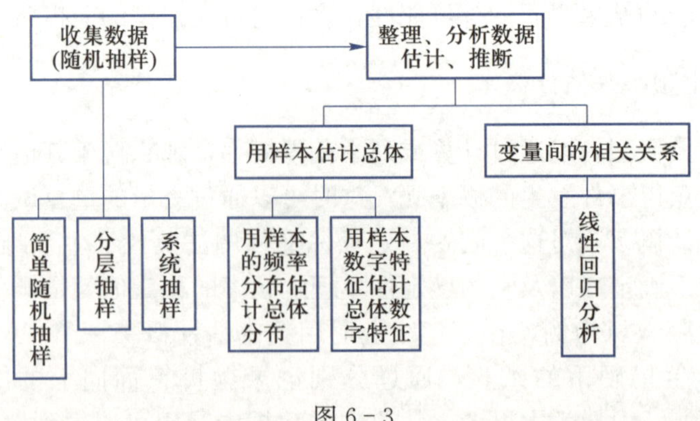

图 6-3

数据，到初中阶段学生知道了对于总体数目太大的问题，可以通过随机抽样来收集数据，用的抽样方法主要是简单随机抽样。学生已经通过具体实例初步了解了抽样的必要性以及样本抽取应具有代表性和广泛性。高中阶段，将具体介绍简单随机抽样的实施方法，并且学习系统抽样和分层抽样。

阅读 6.3 “抽样方法”教材分析示例

在这里强调的是理解抽样的必要性和重要性。从必要性的角度来说，由于普查的工作量较大，而且有些时候试验具有破坏性，实行普查就不大现实，因此需要进行抽样。而抽取的样本会直接影响统计结果的推断，因此保证样本抽取的合理性非常重要。同时这也可以让学生体会到样本抽取所具有的随机性，从中体会统计思维具有的不确定性。

（二）用样本的分布估计总体

阅读 6.4 “用样本的分布估计总体”教材分析示例

统计学的基本思想就是用样本估计总体。用样本估计总体主要包含两个方面：一是用样本的分布估计总体的分布，二是用样本的数字特征估计总体的数字特征。一般教材也是按照这样的思路安排这部分内容。以人教 A 版教材为例，教材在“用样本估计总体”这一节中首先介绍了用“样本的分布对总体进行估计”，接下来介绍“用样本的数字特征来估计总体”。

在义务教育阶段学生已经知道如何对数据进行表示，学生对于统计图表已经不陌生，从小学阶段学生就开始学习认识扇形图，学画折线图和条形图，初中阶段学生又学习了画扇形图和频数直方图。高中阶段学生将继续学习表示数据的方法，学会画频率分布直方图和茎叶图。在这里不仅仅是学习几种统计图表的画法，更加重要的是通过实例体会样本分布的意义和作用。

（三）用样本的数字特征估计总体

用样本估计总体的第二个方面就是用样本的数字特征对总体进行估计。在义务教育阶段，学生实际已经学习了这方面的内容，只不过那时候称为数据的代表。学生在小学阶段学习了平均数，到了初中阶段除了平均数，又学习了加权平均数、中位数、众数、极差和方差。对于体现样本的数据特征的量，在高中只增加了标准差的概念，其他的数字特征都是初中学习过的内容，但明显的变化是高中阶段需要处理的数据要比初中阶段复杂得多，并且，初中阶段强调的只是数据的代表，而高中阶段强调的是用样本的数字特征来估计总体。

（四）变量的相关性

在高中阶段的统计内容中除了讨论用样本估计总体的问题，还讨论了另外一类统计问题，就是两个相关的变量之间的相关性问题。对这个问题的要求，课程标准有如下阐述：“通过收集现实问题中两个有关联变量的数据做出散点图，并利用散点图直观认识变量间的相关关系。”“经历用不同估算方法描述两个变量线性相关的过程。知道最小二乘法的思想，能根据给出的线性回归方程系数公式建立线性回归方程。”

阅读 6.5 “用样本的数字特征估计总体”教材分析示例

阅读 6.6 “变量的相关性”教材分析示例

二、概率部分重难点分析

高中阶段的概率内容主要安排在必修 3 中的第三章和选修 2－3 的第二章。下面分别介绍一下基本内容。

必修 3 中概率内容知识结构框图如图 6－4 所示。

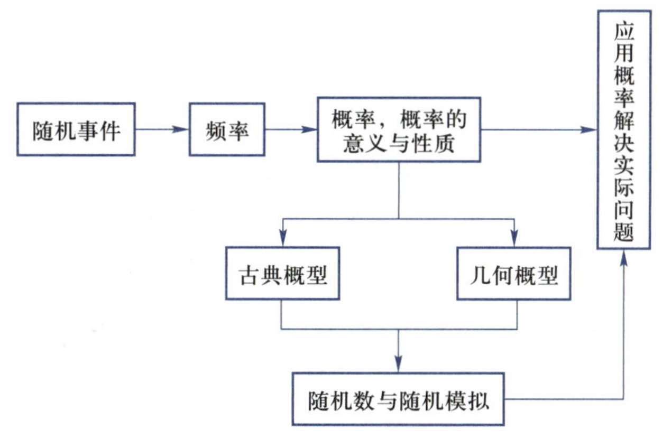

图 6－4

必修 3 概率部分包括以下内容：（1）随机事件的概率的统计定义，通过一些具体实例介绍概率的意义，概率的基本性质；（2）古典概型的特征及概率的计算公式；（3）几何概型的特征及概率的计算公式；（4）利用随机模拟的方法估计随机事件的概率。

在必修 3 的基础上，选修 2－3 中概率部分包含以下内容：（1）离散型随机变量及其分布列；（2）二项分布及其应用；（3）离散型随机变量的均值和方差；（4）正态分布。

应该指出的是，计数原理这一内容按照课标的要求安排在选修 2－3 中，在大纲版教材中这一内容则安排在必修的内容中。现在这样的安排降低了对文科学生的要求，同时使得学生在学习必修 3 概率内容时能够把精力集中在对概率意义的理解上而不是在概率的计算上，即必修 3 在概率问题的计算方面降低了难度，而强调了列举法求概率的重要性。学生学习了计数原理之后，再学习离散型随机变量的分布列这部分内容，就可以运用所学计数原理中的方法来进行较为复杂的概率的计算。

实际上，在这部分内容中虽然涉及很多概率的计算问题，也学习了一些概率的计算公式，但课程标准在必修 3 部分强调的概率教学的核心问题是让学生了解随机现象与概率的意义，选修 2－3 部分应注重引导学生利用所学概率知识解决实际问题。

下面对高中概率部分的重难点内容进行分析。

（一）频率与概率

学生从小学阶段就开始接触概率，初中阶段了解了概率的定义，会求简单随机事件发生的概率，也了解了可以用频率来估计概率。实际上已经基本认识了概率的古典定义和统计学定义，初中阶段强调的是能够认识随机现象，高中阶段强调的是理解概率的意义，正确理解随机事件发生的不确定性，频率的稳定性以及概率的确定性。

阅读 6.7 “频率与概率”教材分析示例

（二）概率的意义

课程标准强调学生在初中学习概率的基础上，进一步了解概率的意义。

以人教 A 版教科书为例，教材从下列几方面解释概率的意义：

（1）概率的大小可以用来检验游戏的公平性。

（2）正确理解随机事件的概率的意义，澄清日常生活中出现的一些错误认识。例如，尽管抛掷一枚硬币出现正面的概率为 0.5，但连续两次抛掷硬币，不一定会出现一次正面和一次反面。又如，中奖率为 $\frac{1}{1\ 000}$ 的彩票，买 1 000 张不一定中奖。

（3）决策中的概率思想。

（4）每天听到的天气预报中降水概率的解释。

（5）用概率解释遗传学的机理。

通过大量的实际例子，使学生充分感受到概率在解决生活中的问题以及在科学研究中的意义和作用。

（三）古典概型

古典概型问题是学生在小学就学习到的内容，在小学第二学段，课标提出的要求是“能够列出简单的随机现象中所有可能发生的结果”，并不涉及概率的计算。在初中阶段，课标要求是“能通过列表、画树状图等方法列出简单随机事件所有可能的结果，以及指定事件发生的所有可能结果，了解事件的概率”，对于这条要求，虽然各版本教材基本都给出了概率的古典定义，但对计算的要求比较低，主要还是会用列举的方法列举出所有可能的结果。

在初中阶段，明确给出古典概型的特征，但并没有提出古典概型的名称，在人教 A 版教材 9 年级上册“用列举法求概率”一节的开头，有这样一句话：“在一次试验中，如果可能出现的结果只有有限个，且各种结果出现的可能性大小相等，我们可以通过列举试验结果的方法，分析出随机事件发生的概率。”在高中阶段，以人教 A 版教材为例，在古典概型这一节有这样的阐述：“上述试验和例 1 的共同特点是：（1）试验中所有可能出现的基本事件只有有限个；（2）每个基本事件出现的可能性相等。我们将具有这两个特点的概率模型称为古典概率模型，简称“古典概型。”可以看到，在高中阶段给出了古典概型的定义，明确了古典概型要满足的条件，同时也指出了这是一种特殊的概率模型，除此之外还有其他的概率模型。

在古典概型的求解问题上，相比起初中所涉及的问题要更为复杂，而且由于之前学习了概率的性质有了互斥事件、对立事件以及概率的加法公式，因此也可以解决一些稍复杂概率的计算问题。但从根本上来看，随机事件概率的求解主要还是通过列举法将随机事件所有可能的结果以及指定事件所有可能的结果列举出来，再根据概率的古典定义进行计算。

（四）几何概型

几何概型是以前学生没有学习过的一种概率类型。它不同于古典概型之处主要在于试验的结果不是有限个，这种概率类型的求解通常需要借助几何方法，通过线段长度、面积、体积等几何量进行求解。对于这类概率模型，除了用几何概型的定义进行求解外，还可以用模拟方法估计概率。课程标准对这部分的要求是这样阐述的：“了解随机数的意义，能运用模拟方法估计概率，初步体会几何概型的意义。”由于很多试验实际操作起来费时费力，有时难以实现，这时通常采用模拟的方法。其中产生随机数是模拟试验的一种常用方法。通过计算机模拟来估计概率是一种常用的方法，根据课程标准的要求，教材力求通过实例让学生了解用模拟试验估计概率的过程和方法。

随机数的产生与随机模拟也是新课标增加的内容，在人教 A 版教科书中分两部分介绍：第一部分是在几何概型的第二节，分别介绍了用计算器和计算机中的 Excel 软件产生取整数值的随机数的方法，这样的随机数可以用在简单随机抽样中。第二部分是在第三节，分别介绍了用计算器和计算机中的 Excel 软件产生取均匀随机数的方法。通过具体实例，介绍了利用随机模拟的方法估计随机事件的概率、估计圆周率的值、近似计算不规则图形的面积。

阅读 6.8 “几何概型”教材分析示例

（五）计数原理

本章知识框图如图 6 - 5 所示。

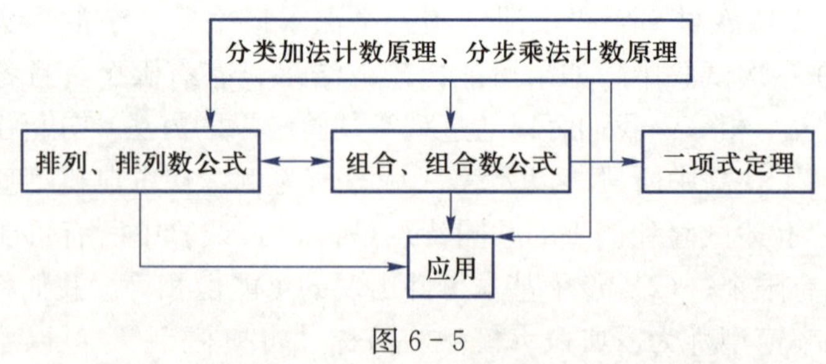

图 6 - 5

阅读 6.9 “计数原理”教材分析示例

对于计数原理课标的要求与以往“教学大纲”基本一致，只是“教学大纲”要求“掌握组合数的两个性质，并能用它解决一些简单的应用问题”，而课标没有这个内容和要求。

对于这部分内容，学生并不陌生，只是没有进行系统学习，系统学习计数原理实际上是复杂计数的需要，依靠列举的简单方法无法解决的计数问题就需要通过排列组合的知识来解决。

（六）离散型随机变量及其分布列

离散型随机变量是理科学生在高中阶段学习的新内容，与之前的概率问题相比，离散型随机变量关注的是随机试验的整体情况，之前的概率问题可以说关注的是随机试验中某一个结果，随机试验的结果是变化的，如果我们用一个变量来表示随机试验的结果，就可以通过这个变量来研究随机试验所有结果发生的概率。

在人教 A 版教材选修 2 - 3 第二章随机变量及其分布的章首语中提出了这样的例子：“射击选手的每次射击成绩有随机性，他的射击特点该如何刻画？他的射击水平该如何评价？”之后有如下阐述：“把随机试验的结果数量化，用随机变量表示随机试验的结果，就可以利用数学工具来研究所感兴趣的随机现象。”

学生可以从这种表述中理解随机变量的作用，以及用数学方法解决问题的思路。

随机变量的概念比较抽象，教材强调从映射的角度来认识随机变量，对于这一问题，教材通过以下安排给予强调。

教材首先给出了以下的思考问题：掷一枚骰子，出现的点数可以用数字 1，2，3，4，5，6 来表示，那么掷一枚硬币的结果是否也可以用数字来表示呢？

之后，指出“虽然这个随机试验的结果不是数字，但我们可以用数 1 和 0 分别表示正面向上和反面向上”，并用图 6 - 6 来表示这种映射关系。

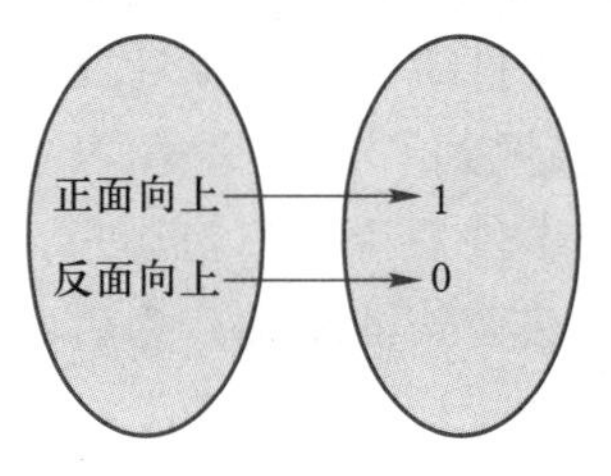

还可以用其他的数来表示这两个试验的结果吗?

图 6-6

教材又提出问题："还可以用其他的数来表示这两个试验的结果吗?"促使学生认识到用数字表示随机试验的结果形式是不唯一的。然后给出随机变量的定义："像这种随着试验结果变化而变化的变量称为随机变量。"教材还有下面的阐述："随机变量和函数都是一种映射，随机变量把随机试验的结果对应为实数，函数把实数对应为实数。在这两种映射之间，试验结果的范围相当于函数的定义域，随机变量的取值范围相当于函数的值域。"最后进一步给出了一个从 100 件产品中取出 10 件产品，将其中次品的个数用随机变量来表示的问题。

在了解了用数字来表示随机试验的结果后，教材给出了所有取值可以一一列出的随机变量为离散型随机变量的概念。提出问题："电灯泡的寿命 X 是离散型随机变量吗?"帮助学生认识到离散型随机变量与连续性随机变量的区别。

（七）离散型随机变量的分布列

在这个问题中，重点是通过例子使学生了解离散型随机变量分布列的定义及其性质，强调的是认识分布列对于刻画随机现象的重要性。人教 A 版教材在离散型随机变量的分布列这个问题中，首先通过掷骰子的例子，给出了概率分布列的定义，结合例子讨论了分布列的性质。其次，教材通过图钉的例子介绍了服从两点分布的随机变量的分布列。指出"抽取的彩券是否中奖，买回的一件产品是否为正品，新生婴儿的性别，投篮是否命中等，都可以用两点分布来研究"。再次，教材通过从 100 件产品中取出 5 件次品的例子介绍了超几何分布，并通过一个摸奖的问题进行了应用。最后，设计了思考题："如果要将这个游戏的中奖概率控制在 55%左右，那么应该如何设计中奖规则?"从整个设计来看，教材强调了概率分布列的特点，并通过大量实例来说明分布列在研究随机试验中的重要性，同时也体现了概率在实际生活中的意义。

（八）条件概率

条件概率从其字面上理解就是有条件的概率，是在附加一定的条件下所计算的概率。实际上，任何概率都是有条件的，在实际问题中我们都是在一定的试验下而考虑事件的概率的，在概率论中，规定试验的那些基础条件被看成是不变的，如果不再加入其他条件或假设，则计算出的概率称为“无条件概率”，就是通常所说的概率，当说到“条件概率”时，总是指另外附加的条件，其形式可归结为“已知某事件发生了”。此外，条件概率也是讨论相互独立事件同时发生的概率的乘法公式的基础，为后面事件独立性的学习做准备。

条件概率是比较难理解的概念，人教 A 版教材利用“抽奖”这一典型实例，以无放回抽取奖券的方式，通过比较抽奖前和在第一名同学没有中奖条件下，最后一名同学中奖的概率，从而引入条件概率的概念，给出两种计算条件概率的方法，同时指出了条件概率的两个性质。

实际上，条件概率的核心是由于条件的附加使得样本空间范围缩小，从而所求事件概率发生变化。教材力求在条件概率的计算公式以及应用中通过实例让学生理解这一本质。教材提出了这样的问题：“如果已经知道第一名同学没有抽到中奖奖券，那么最后一名同学抽到中奖奖券的概率又是多少?”在对这个问题分析的过程中，详细分析了当事件“第一名同学没有抽到中奖奖券”已经发生的时候，基本事件空间发生的变化，强调在此前提下求最后一名同学抽到中奖奖券的概率，与不知道第一名同学是否抽到中奖奖券的时候的区别。

在例 1 中，教材设置了三个问题，第一个问题求概率 $P(A)$，第二问求概率 $P(AB)$，第三个问题是求 $P(B|A)$，教材采用了两种方法来求解第三问的条件概率。一种方法用概率的比值，第二种方法用事件 AB 和事件 A 所包含的基本事件的个数的比值来求解。这三个问题的设置也是让学生区别这三个非常易混淆的事件的概率。

实际上，我们比较关注 $P(B|A)$ 与 $P(AB)$ 和 $P(A)$ 的关系，但实际应用中，有时用基本事件的个数求解更为方便，教材对此也进行了强调。

（九）事件的相互独立性

事件的相互独立性也是事件之间一个重要的性质。在此之前，学生已经在必修三中学习了互斥事件和对立事件，讨论了互斥事件有一个发生的概率的加法公式。这里又来学习事件的独立性，对事件之间的关系有了更多的认识，同时也增加了求解概率的方法。以人教 A 版教材为例，教材首先提出了一个抽奖的思考问题来引出事件的独立性；其次讨论了相互独立的两个事件同时发生的概率即 $P(AB)$，与 $P(A)$ 和 $P(B)$ 之间的关系，从而得到了相互独立的事件同时发生的乘法公式；最后通过例 3 对知识进行应用，在这个例题中涉及互斥事件、对立事件、独立事件的相应知识，通过这个例题，对相应的知识进行应用和巩固。

（十）独立重复试验与二项分布

很多试验要在相同的条件下重复做大量次数来发现规律，这种试验称为 n 次独立重复试验。n 次独立重复试验是在事件的独立性基础上继续讨论随机试验的问题。考虑 n 次独立重复试验中事件 A 发生的次数，这个随机变量服从的分布列称为二项分布。这是学生在前面学习了两点分布、超几何分布之后学习的又一个特殊的分布列。

实际上，独立重复试验中重复进行的试验中的随机变量从事件 A 是否发生的角度来看总是一个两点分布，即这个试验的结果只有两个即事件 A 发生和事件 A 不发生。这是两点分布和二项分布的关系。

教材也通过实例说明了二项分布的特点，以及二项分布与两点分布的关系。

（十一）离散型随机变量的均值与方差

随机变量的均值与方差是用来衡量随机试验所有可能结果的整体情况的数值，依据随机变量的均值和方差可以进行一些统计推断。课程标准在这里强调的是随机变量的均值与方差的意义和作用。

对于均值与方差的名称学生并不陌生，经过对统计的学习，学生已经有了样本的平均值、方差的概念。应从实际意义和计算公式两方面来区分随机变量的均值和方差与样本的均值和方差。

以人教 A 版教材为例，教材首先提出了如下思考问题：“某商场要将单价为 18 元/kg，24 元/kg，36 元/kg 的 3 种糖果按 3∶2∶1 的比例混合销售，如何对混合糖果定价才合理?”这实际上是一个加权平均数的问题，学生在初中阶段学习过加权平均数的概念，回答这个问题并不困难。之后，教材将这个问题转变成了随机变量的问题，再推广到一般，就得到了随机变量均值的定义。教材这样的设计强调了随机变量均值的意义以及和数据加权平均值的关系。

随机变量的方差是描述随机变量取值的波动程度的量，有了样本方差的定义和随机变量均值的定义作为基础，理解随机变量的方差就显得比较容易。教材通过比较两名同学射击水平高低的例子引出随机变量的稳定性如何刻画的问题，之后引出方差的概念。

教材在引出问题后，画出了两名同学射击环数和概率值的条形图，引导学生从直观上来观察随机变量取值的稳定性，再给出严格的定义。教材提出了“随机变量的方差与样本方差有何联系与区别”的问题。教材指出“随机变量的方差是常数，而样本方差是随着样本的不同而变化的”，“对于简单随机样本，随着样本容量的增加，样本的方差越来越接近于总体的方差”。通过这种讨论指出了样本方差的特点，以及随机变量方差与样本方差的区别。

（十二）正态分布

现实生活中的很多随机变量都服从正态分布，它可以刻画很多随机现象。在学习正态分布之前，学生学习到的都是离散型随机变量，讨论的是离散型随机变量的分布列，正态分布的随机变量是连续型的随机变量，对于离散型随机变量关注的是随机变量取某个值的时候的概率，对于连续性的随机变量关注的是随机变量的取值落在某个区间的概率，离散型随机变量用分布列来刻画随机变量的取值，而连续型随机变量的分布规律用概率密度曲线来描述。

对于正态分布的要求是“通过实际问题，借助直观（如实际问题的直观图），认识正态分布、曲线的特点及曲线所表示的意义”。人教 A 版教材，用高尔顿板引出了正态分布，形象直观地说明了“一个随机变量如果是众多的，互不相干的，不分主次的偶然因素作用结果之和，它就服从或近似服从正态分布”。教材还举出了很多生活中的实例帮助学生来认识正态分布。

阅读 6.10 《高中标准（实验）》中的“统计与概率”

阅读 6.11　课程标准与教学大纲中的“统计与概率”

通过高尔顿板试验，引导学生得到曲线与 x 轴在相应区间围成的面积就是随机变量落在该区间的概率，这样就可以通过对正态曲线在某一区间求积分的方法来获得概率值。教材通过这样的安排使学生感受到用连续型随机变量的概率分布密度曲线来研究概率的意义。

教材在给出了正态分布的概率密度曲线的解析式正态函数后，结合图形分析了正态曲线的特点，并与随机变量实际取值的变化相对应。还讨论了 μ，σ 对正态曲线的含义，指出当 μ，σ 改变时，从正态曲线如何分析随机变量变化。

教材在介绍这些问题的时候，都注重通过图形直观地让学生感受正态曲线的特点及实际意义，并注重强调其实际应用。

思考题

1. 试述高中“统计与概率”的内容体系，并简要说明特点。

2. 举例说明初中北师大版与人教版教材中关于“统计与概率”内容编排的相同点与不同点。

3. 以初中“数据处理过程”为例，任选一个版本教材进行分析，简要阐述其编排特色。

4. 结合高中人教 A 版教材，以“频率与概率”内容为例，分析教材是如何体现课标要求的。

第七章　中学数学研究性学习分析

编者的话

通过本章的学习，可以了解“研究性学习”的基本理论；可以针对“研究性学习”进行课程标准解析；还可以深入进行“研究性学习”的教材分析以及实践案例研究。

如果想要了解更多，使用手机扫描二维码，可以掌握“研究性学习的历史发展”；可以了解“直接经验、间接经验与研究性学习”之间的关系；可以探讨“研究性学习”的性质。

如果你还有更多的课余时间，本章推荐了关于义务教育阶段、高中阶段数学课程标准、“中学数学建模课程的实践案例与探讨”等拓展内容，读一读，会让你在本章的学习中获得意外的收获哦!

要点提示

在本章的学习中，我们将接触一种新的课程形态，即以一种特定学习方式——研究性学习为基础建构起来的数学课程。这是一种在近若干年的国际课程改革中被推崇的课程形态，同时也是我国进入21世纪以来课程改革中一贯强调的内容。

本章将从学习方式的角度，展示以“研究性学习”为基础的数学课程的基本理论观点和实践策略，以掌握这个特殊的课程维度，为未来教育教学工作打下基础。具体内容包括研究性学习的基本理论，课程标准对研究性学习的要求，教材对研究性学习的处理，以及部分教学实践案例等。

学习目标

1. 了解“研究性学习”产生的历史及其意义；

2. 了解以“研究性学习”为基础的数学课程的基本理论观点和实践策略；

3. 明确课程标准对研究性学习的要求，明确教材对研究性学习的处理及其评价方法；

4. 会运用“研究性学习”理论进行研究性学习教学活动设计。

视频 7.1　本章内容介绍

PPT7.1

第一节　研究性学习的基本理论

一、从作为学习方式到作为课程的“研究性学习”

研究性学习作为一种学习方式，从被提出之日起，就与课程和教学密不可分，并且已经被纳入课程标准与教材的内容之中。因此，在课程与教学的视野下建构研究性学习的基本理论是必要的。

特定的学习方式和教学组织形式形成了特定课程的基础。一类课程可以是从某种特定的教学内容出发，配合以相应的学习方式和教学组织形式，如平面向量课程、算法课程等，后者的教学组织形式和学习方式可以不同于前者，如采用研究性学习的方式或自学辅导的教学方式等。同时，一类课程可以是从某种特定的学习方式出发，配合以相应的教学内容和教学组织形式，如研究性学习课程，配以小组合作探究的教学组织形式，结合某种特定的数学内容（如探究函数的零点等）。本书的前几章是从特定数学核心知识的角度（代数、几何、概率统计），解析了课程标准形态和教材形态的数学课程，与本章所强调的从特定学习方式（研究性学习）的角度解析课标形态和教材形态的数学课程形成呼应。

如前所述，作为课程形态的研究性学习可以认为是与作为学习方式的研究性学习共同提出的，或者说是作为学习方式的研究性学习的提出的目的。

从其本质上讲，作为学习方式的“研究性学习”对研究性学习的含义可以有广义和狭义两种理解①：从广义理解，它泛指学生探究问题的学习，可以贯穿在各科各类学习活动中。从狭义解释，它是指学生在教师的指导下，从自然现象、社会现象和个人生活中选择和确定研究专题，并在研究过程中主动获得知识、应用知识、解决问题的学习活动。它可以包括学习性、研究性和经验性的基本特征②。其行为主体是学生，其目的是完成学习任务，而完成学习任务的方式是在以新知识发现问题与问题解决为核心的过程中来达成学习目的，这个过程通常是在教师的指导下完成的。从这个意义上讲，新知的发现与问题的解决不是研究性学习的目的，至多是一个“副产品”，而在这一“研究”过程中，学习行为的达成才是最终目的，从这个意义上讲，研究性学习具有过程性的特征。学生不仅学习如何“解释”和“解决”问题，还学习如何“提出”和“界定”问题；不仅学习一些基本的研究程序和方法，还学习如何在具体的问题情境和研究环境下应用和修正这些程序和方法；不仅要学习大量的有关课题研究的显性知识，还要学习大量的有关课题

---

① 庞维国. 研究性学习：教育心理观 [J]. 课程·教材·教法，2003 (3)：42－46.

② 石中英. 试论研究性学习的性质 [J]. 课程·教材·教法，2002 (8)：14－17.

研究的隐性知识或缄默知识①。其中的隐形知识或缄默知识并非呈现于书本上的数学定理、公式、法则，而是大体相当于经验，或者说是个体化的“知识”。研究性学习需要建立在学生已有的研究经验的基础上，并且在学习过程中不断地积累、发展与完善。当然，常规的数学知识在这个过程中也扮演着重要的作用，没有实质性内容的研究显然是空洞的、无意义的。关于学习的研究表明，对于同一内容的学习可分为不同的层次（如了解、理解、掌握与综合应用层次），高层次的学习不容易通过常规的学习方式获得，可以期望研究性学习来补充常规课程的不足。综上所述，学习性、研究性和经验性共同构成了研究性学习的基本特征。

从教育心理学的角度，研究性学习是由一定的内部和外部的条件驱动的②。其内部条件需要一定的学习动机（同时也能够培养这些动机），如求知欲、好奇心与兴趣，特别强调学生的自觉主动性。在研究性学习的学习过程中，往往需要高水平的认知技能（也培养这种技能），如批判性思维、创造性思维和实用性技能等。在国际比较研究的视野下，在众多的国际评价研究中通常认为，东亚学习者（受儒家文化影响的国家）能够获得较高的考试成绩，但同时也被指出缺乏重要的创造性思维能力；同时，有关批判性思维是科学研究活动中被特别强调的思维品质，但在中国传统文化的背景下，这种思维品质的培养并没有被很好地重视起来。从这个意义上讲，开展研究性学习对学生的发展具有明显的意义。

有关研究性学习的外部条件包括：

（1）数学内容的可研究性。研究内容的选择对学生已有的知识结构和经验基础构成一个认知冲突（形成内部动机），从而形成一个学生的研究课题（对教师来说，这个课题可能已被研究过）。

（2）教师的指导。研究性学习的教学过程中，教师的作用并不是讲解知识，而是指导学生的研究，在课题的选择、活动的开展以及问题的解答过程中教师起到参与者、促进者、组织者与指导者的作用，通过帮助学生优化元认知过程（如启发学生反思，设定研究方向与解决策略等）来推动学生的认知过程。

在上述条件的保障下，有学者认为研究性学习需要经历如下的心理学过程：发现问题—界定和表征问题—确定问题的解决策略—执行策略—评价问题解决的结果等③。需要强调的是，这个过程并非单一的线性过程，往往需要多个循环。

此外，研究性学习过程中，还需要学生的社会交往能力，如在小组合作研究的过程中，如何合理协调小组成员的分工，如何顺畅地与队友进行交流等。

---

① 石中英. 试论研究性学习的性质 [J]. 课程·教材·教法，2002 (8)：14-17.

② 庞维国. 研究性学习：教育心理观 [J]. 课程·教材·教法，2003 (3)：42-46.

③ 庞维国. 研究性学习：教育心理观 [J]. 课程·教材·教法，2003 (3)：42-46.

从作为学习方式的研究性学习出发，可生长出教学组织形态和课程形态的研究性学习，即研究性学习已不局限于一种特定的学习方式，而是形成一个以学生的研究性学习活动为核心的教育系统，涉及的人员已不局限于学生，还涉及课程设计者、教材编者、教学资源开发者以及不可缺少的一线教师的作用等。

为学生的研究性学习服务的教学组织形式是达成课程设计意图，帮助学生高效地完成研究性学习任务的必要保证。相关的教学组织形式，既不能完全由教师“包办”和“代替”，也不能“不教”与“放羊”，否则便造成学生丧失研究的机会，或漫无目的地低效“探究”。

研究性学习的教学组织形式应具有“多样性”与“自主参与性”①。其中，多样性是指研究性学习不应局限于单一的教学组织形式，不应局限于特定的教学组织形式，如小组合作等，而是需要调动这种资源综合利用多种教学组织形式，特别是实现多种教学组织形式的平衡，如课内教学与课外活动相平衡，个人探究与小组合作探究的平衡，单一学科教师指导与多学科教师共同指导的平衡等。

参与性特征的主要关注点在教学组织形式方面，研究性学习特别强调学生的亲自参与、亲自实践，强调“人人参与”，教师在开展研究性学习过程中的基本职责之一就是促进学生的参与，包括鼓励学生的参与积极性，同时指导学生如何参与到研究之中（特别是个体参与到集体的合作研究当中）。只有经历了“做中学”的过程，学生才能够真切地体验科学研究的曲折与艰辛，真正地掌握和理解科学研究的基本策略与规范，同时认识到良好的研究习惯和科学道德对于科学研究的重要意义。

作为课程的研究性学习，本质上是对“研究”这一人类特殊实践形式的实践②，是帮助学生获得对于数学内容的高层次学习的重要方式。从这个意义上讲，研究性学习课程是数学课程中的必要组成部分，也是各个国家课程改革所采取的基本策略。

二、研究性学习的评价问题

评价是课程的重要组成部分。对于研究性学习的评价问题是有关研究性学习的一个难点。通常认为，传统的纸笔测验和标准化考试不能够全面地评价学生研究性学习的成果。因此，需要在现代评价理论与技术发展的基础上，全面审视研究性学习的评价问题。

对于研究性学习的评价，主要涉及评价的多元化特征。主要包括以下几个方面：

---

① 石中英. 试论研究性学习的性质 [J]. 课程·教材·教法，2002 (8)：14-17.

② 石中英. 试论研究性学习的性质 [J]. 课程·教材·教法，2002 (8)：14-17.

(1) 评价标准的多元化①，对于研究性学习的不同方面采取不同的评价标准，如对于研究成果的评价不应单纯地采用系统的、严格的科学标准，而应该针对学生的实际情况与已有知识基础（不同年龄段学生的特征）采用弹性标准。不应过分关注研究结果的对与错，而更应当关注学生在这个研究过程所表现出的认知与非认识的能力，如科学素养、意志品质等。

阅读 7.1 “研究性学习”的历史发展

(2) 评价主体的多元化，教师不应是研究性学习评价的唯一主体，学生自评、学生互评都可以成为研究性学习的评价方式。

阅读 7.2 直接经验、间接经验与研究性学习

(3) 评价对象的多元化，特别关注对于研究过程的评价，包括：参与数学活动的程度，自信心，合作交流的意识，独立思考的习惯，数学思考的发展水平，应重视对学生发现问题、解决问题能力的评价等方面。例如，是否积极主动地参与学习活动；是否有学好数学的自信心，是否能够勇敢地面对研究过程中遇到的各种困难；是否乐于与他人合作，愿意与同伴交流各自的想法；是否能够通过独立思考获得解决问题的思路；能否找到有效地解决问题的方法，尝试从不同的角度去思考问题；是否能够使用数学语言、有条理地表达自己的思考过程；是否理解别人的思路，并在与同伴交流中获益；是否有反思自己思考过程的意识（元认知能力）等。

阅读 7.3 试论研究性学习的性质

(4) 评价方式的多样化，由单一的纸笔测验到多样化的评价方式，如研究论文、口试、成长记录袋、针对音频视频素材的评价等。

第二节 数学研究性学习的课程标准解析

有关研究性学习在学校教育中的基础性作用已经成为各个国家的基本共识，各国通常将研究性学习的有关内容作为课程改革的重要组成部分，虽然具体的形式和处理方式是多种多样的。作为课程的重要表现形式，课程标准在研究性学习深入学校教育的过程中，扮演了举足轻重的作用。研究性学习的内容已成为课程内容中的重要组成部分。

下面将从几个方面对我国现行基础教育阶段数学课程标准中的研究性学习进行阐述，期望从课程标准层面对于作为课程的研究性学习进行解析。

一、义务教育数学课程标准中的研究性学习解析

在 2001 年颁布实施《全日制义务教育数学课程标准（实验稿）》中，设置了四个基本内容领域，分别是数与代数、空间与图形、统计与概率、实

① 夏正江. 关于研究性学习评价方式的构想 [J]. 课程・教材・教法，2003 (11)：24－29.

践与综合应用。其中，"实践与综合应用"将帮助学生综合运用已有的知识和经验，经过自主探索和合作交流，解决与生活经验密切联系的、具有一定挑战性和综合性的问题，以发展他们解决问题的能力，加深对数与代数、空间与图形、统计与概率内容的理解，体会各部分内容之间的联系。"实践与综合应用"在不同的学段有不同的侧重点，见表 7-1。

表 7-1

学段	第一学段（1～3 年级）	第二学段（2～6 年级）	第三学段（7～9 年级）
实践与综合应用	实践活动	综合应用	课题学习

在《义教数学课程标准（2011 年版）》中，大体延续了相关的内容，四个领域为数与代数、图形与几何、统计与概率、综合与实践。其中，"综合与实践"被定位为一类以问题为载体、以学生自主参与为主的学习活动。在这类学习活动中，学生将综合运用数与代数、图形与几何、统计与概率等知识和方法解决问题。这类教学活动应当保证每学期至少一次，可以在课堂上完成，也可以课内外相结合。提倡把这种教学形式体现在日常的教学中。在各个学段中，分别给出了具体的标准要求：

第一学段（1～3 年级）

1. 通过实践活动，感受数学在日常生活中的作用，体验运用所学的知识和方法解决简单问题的过程，获得初步的数学活动经验。

2. 在实践活动中，了解要解决的问题和解决问题的方法。

3. 经历实践操作的过程，进一步理解所学的内容。

第二学段（4～6 年级）

1. 经历有目的、有设计、有步骤、有合作的实践活动。

2. 结合实际情境，体验发现和提出问题、分析和解决问题的过程。

3. 在给定目标下，感受针对具体问题提出设计思路、制订简单的方案解决问题的过程。

4. 通过应用和反思，进一步理解所用的知识和方法，了解所学知识之间的联系，获得数学活动经验。

第三学段（7～9 年级）

1. 结合实际情境，经历设计解决具体问题的方案，并加以实施的过程，体验建立模型、解决问题的过程，并在此过程中，尝试发现和提出问题。

2. 会反思参与活动的全过程，将研究的过程和结果形成报告或小论文，并能进行交流，进一步获得数学活动经验。

3. 通过对有关问题的探讨，了解所学过知识（包括其他学科知识）之间的关联，进一步理解有关知识，发展应用意识和能力。

对于上述课程标准的教学实施建议，有如下描述：

“综合与实践”的实施是以问题为载体、以学生自主参与为主的学习活动。它有别于学习具体知识的探索活动，更有别于课堂上教师的直接讲授。它是教师通过问题引领、学生全程参与、实践过程相对完整的学习活动。积累数学活动经验、培养学生应用意识和创新意识是数学课程的重要目标，应贯穿整个数学课程之中。“综合与实践”是实现这些目标的重要和有效的载体。“综合与实践”的教学，重在实践、重在综合。重在实践是指在活动中，注重学生自主参与、全过程参与，重视学生积极动脑、动手、动口。重在综合是指在活动中，注重数学与生活实际、数学与其他学科、数学内部知识的联系和综合应用。

教师在教学设计和实施时应特别关注的几个环节是：问题的选择，问题的展开过程，学生参与的方式，学生的合作交流，活动过程和结果的展示与评价等。要使学生能充分、自主地参与“综合与实践”活动，选择恰当的问题是关键。这些问题既可以来自教材，也可以由教师、学生开发。提倡教师研制、开发、生成出更多适合本地学生特点且有利于实现“综合与实践”课程目标的好问题。

实施“综合与实践”时，教师要启发和引导学生进入角色，组织好学生之间的合作交流，要放手让学生参与，并照顾到所有的学生。教师不仅要关注结果，更要关注过程，不要急于求成，要鼓励引导学生充分利用“综合与实践”的过程，积累活动经验、展现思考过程、交流收获体会、激发创造潜能。

在实施过程中，教师要注意观察、积累、分析、反思，使“综合与实践”的实施成为提高教师自身和学生素质的互动过程。

教师应该根据不同学段学生的年龄特征和认知水平，根据学段目标，合理设计并组织实施“综合与实践”活动。

通过课程标准的有关内容我们可以看到，“综合与实践”课程内容的主体是以研究性学习的基本过程展开的，学生需要在课程学习过程中，有目的、有设计、有步骤、有合作地参与实践活动。结合实际情境，体验发现和提出问题、分析和解决问题的过程，以及展示思考过程，交流研究结果、体会收获的过程。在给定目标下，学生感受针对具体问题提出设计思路、制订简单的方案解决问题的过程。将研究的过程和结果形成报告或小论文，进一步获得数学活动经验，特别是有关“研究”这种重要而基本的数学实践活动的经验。该过程基本与研究性学习的基本过程相契合。对于该过程的教学要求也大体基于已有的研究性学习基本理念，要求学生在这个过程中发挥自主性，积极参与；要求教师在这个过程中发挥启发、引导、组织的作用。教师不仅应在学科研究的方向上对学生进行启发引导，还应当对于学生之间如何进行合作交流进行指导。研究性学习过程的要求是循序渐进式的，针对不同学段有不同的处理方式，如在低学段中，对于发现和提出问题没有明确提出要求。

需要注意的是，“综合与实践”课程是整个义务教育数学课程内容的有机组成部分，不应与课程的其他内容相隔离，而应当综合其他三个以具体数学知识内容为载体的课程领域的知识和方法。“综合与实践”课程当然也承载着强化其他课程领域实施的作用，学生在研究过程中对于已有知识、方法的应用和反思，可以进一步理解所学的知识和方法，了解所学知识之间的联系，在某种程度上，对于学生的要求比单纯的知识学习要高。

当然，这种承载并非“综合与实践”课程的核心目标，而应当为积累数学活动经验、培养学生应用意识和创新意识的核心目标服务，或者是实现核心目标的客观成果。因此，“综合与实践”课程不应完全拘泥于三个领域的限制，如果研究性学习的各个探究过程都是完全基于学生已有的知识、方法与技巧，则会使“研究过程”有过多教师控制的痕迹，使得在实际研究中的随机性与曲折性没有得到必要的体现，学生也就丧失了积累有关基本活动经验的机会。也就是说，研究性学习不一定都是“成功”的，也应当让学生体验到研究的可失败性，进而培养学生面对失败的态度与意志品质，经过失败后的成功体验比轻而易得的成功体验更能够激发学生数学学习的动机与兴趣。

在具体的实施中，“综合与实践”课程有以下两种具体的方式。

一种方式是专门安排研究性学习的数学活动，课程标准的要求是每学期至少一次专门活动，并给出了若干个适合于不同学段的教学设计案例。

适用于低年级段的“象征性长跑”。为了迎接奥运会的召开，某小学决定组织“迎接圣火、跑向北京”的象征性长跑活动，学校想同学们征集活动方案，请你参与设计，其中要解决的问题有：

(1) 调查你所在的学校到北京天安门的距离约有多少千米?

(2) 如果一个人每天跑一个“马拉松”，那么几天能完成这项长跑?

(3) 如果全班用接力方式开展这项活动，请你设计一个合理的活动方案。

(4) 全班交流、展出同学们的不同方案，说明各个方案的特点，同学之间评价方案的优缺点，推荐本班的最佳活动方案。

上述案例需要教师与学生利用完整的课内教学时间以及课余时间加以完成。研究过程囊括了研究性学习的各个过程，包括数学问题部分（本质上是一个测量有关的问题）和对于研究过程的指导（如方案设计、成果交流与评论等）。

需要注意的是，课程标准对于“研究问题”的地位十分推崇，这里的问题并不局限于传统意义上的数学题目（question），而应当是包含着一个或若干个具体的数学题目的数学问题或课题（problem or topic）。当然，这些课题是需要精心设计的，课程标准明确提出：这些问题既可以来自教材，也可以由教师、学生开发。提倡教师研制、开发、生成出更多适合本地学生特点且有利于实现“综合与实践”课程目标的好问题。当然，对于不同年级和学习基础、学习能力的学生来说，问题的意义是不同的，因材施教是研究性学习问题选择的基础。这里，需要特别说明一点，精心设计并非意味着教师必须明确这些问题的研究过程与研究结果，并非意味着学生一定会按照教师设计的道路获得“研究成果”。所谓的好问题应当是符合数学学科本质与学科特点的，与数学家在进行数学创造活动中所遇到的问题相类似的“真实”的数学问题。一个比较好的提出问题的策略可以是将日常教学中，在建构概念、论证命题的过程中，所出现的一些不能够被简单解决的问题（或在教材中查不到，或课标中不要求的）作为研究性学习的课题与学生一同探讨，即使是现阶段不能完整的解决，也可以帮助学生带着问题进行后续的数学学习，成为兴趣的种子。

另外一种方式是渗透性的，即将研究性学习作为一种理念渗透在数学课程内容当中。课程标准中提倡把这种教学形式体现在日常的教学中。这种渗透可以是局部的、部分环节的、简化版的，如在日常课堂教学中，教师引导学生研究性学习的简化方式进行探究，可能实践的仅仅是研究过程的某个环节（如提出问题、提出策略等，实践中不必专门设计研究问题，也不必撰写论文等）。

总体说来，在把握“综合与实践”课程内容的要求时，需要与其他三个具体数学知识领域区别对待，在具体实施的过程中，具体把握这种课程的特殊性，从而促进课程目标的达成。

二、普通高中数学课程标准中的研究性学习解析（数学探究、数学建模）

现行的《高中数学课标（实验）》于 2003 年 4 月正式颁布实施。标准设置了与必修系列（必修 1—5）、选修系列（选修 1—4）相并列的内容标准：数学探究、数学建模（另一个与之并列的内容是数学文化）。

课程标准明确提出数学探究即数学探究性课题学习，是指学生围绕某个数学问题，自主探究、学习的过程。这个过程包括：观察分析数学事实，提出有意义的数学问题，猜测、探求适当的数学结论或规律，给出解释或证明。

数学探究是高中数学课程中引入的一种新的学习方式，有助于学生初步了解数学概念和结论产生的过程，初步理解直观和严谨的关系，初步尝试数学研究的过程，体验创造的激情，建立严谨的科学态度和不怕困难的科学精神；有助于培养学生勇于质疑和善于反思的习惯，培养学生发现、提出、解决数学问题的能力；有助于发展学生的创新意识和实践能力。

从这个描述可以看出，以数学探究为核心的课程实质上是研究性学习课程，其基本过程大致与研究性学习过程相契合。与义务教育阶段的“综合与实践”内容相比，高中阶段对数学探究活动的要求相对更高，更贴近真实的科学探究过程，这里既包括数学应用的研究（如数学建模），也包括非应用的纯数学研究（如对于二分法内容的探究）。

《高中数学课标（实验）》在学习的过程、选题等方面提出的具体要求如下：

（1）数学探究课题的选择是完成探究学习的关键。课题的选择要有助于学生对数学的理解，有助于学生体验数学研究的过程，有助于学生形成发现、探究问题的意识，有助于学生发挥自己的想象力和创造性。课题应具有一定的开放性，课题的预备知识最好不超出学生现有的知识范围。

（2）数学探究课题应该多样化，可以是某些数学结果的推广和深入，不同数学内容之间的联系和类比，也可以是发现和探索对自己来说是新的数学结果。

（3）数学探究课题可以从教材提供的案例和背景材料中发现和建立，也可以从教师提供的案例和背景材料中发现和建立，应该特别鼓励学生在学习数学知识、技能、方法、思想的过程中发现和提出自己的问题并加以研究。

（4）学生在数学探究的过程中，应学会查询资料、收集信息、阅读文献。

（5）学生在数学探究中，应养成独立思考和勇于质疑的习惯，同时也应学会与他人交流合作，建立严谨的科学态度和不怕困难的顽强精神。

（6）在数学探究中，学生将初步了解数学概念和结论的产生过程，体验数学研究的过程和创造的激情，提高发现、提出、解决数学问题的能力，发挥自己的想象力和创新精神。

（7）高中阶段至少应为学生安排一次数学探究活动，还应将课内与课外有机地结合起来。

从内容要求上看，课程标准的基本要求与义务教育阶段的“综合与实践”课程保持了较好的延续性。两者的关注点大体相似，如强调课题的选择，强调学生在这个过程中的元认知能力（如独立思考、勇于质疑的习惯）和非智力因素（如不怕困难的顽强精神等）。

与此同时，课程标准从教学的角度，给出了以下说明与建议：

（1）教师应努力成为数学探究课题的创造者，有比较开阔的数学视野，了解与中学数学知识有关的扩展知识和内在的数学思想，认真思考其中的一些问题，加深对数学的理解，提高数学能力，为指导学生进行数学探究做好充分的准备，并为指导学生数学探究积累资源。

（2）教师要成为学生进行数学探究的组织者、指导者、合作者。教师应该为学生提供较为丰富的数学探究课题的案例和背景材料；引导和帮助而不是代替学生发现和提出探究课题，特别应该鼓励和帮助学生独立地发现和提出问题；组织和鼓励学生组成课题组合作地解决问题；指导和帮助学生养成查阅相关的参考书籍和资料、在计算机网络上查找和引证资料的习惯；一方面应该鼓励学生独立思考，帮助学生建立克服困难的毅力和勇气，另一方面应该指导学生在独立思考的基础上用各种方式寻求帮助；在学生需要的时候，教师应该成为学生平等的合作者，教师要有勇气和学生一起进行探究。

(3) 教师应该根据学生的差异，进行有针对性的指导。在鼓励学生创新的同时，允许一部分学生在模仿的基础上发挥自己的想象力和创造力。

(4) 数学探究的结果以课题报告或课题论文的方式完成。课题报告包括课题名称、问题背景、对事实的观察分析、对结果的猜测、对结果的论证、合作情形、对探究结果的体会或评论、引证的文献资料等方面。

(5) 可以通过小组报告、班级报告、答辩会等方式交流探究成果，通过师生之间和学生之间的讨论来评价探究学习的成绩，评价主要是正面鼓励学生的探索精神，肯定学生的创造性劳动，同时也指出存在的问题和不足。

(6) 数学探究报告及评语可以收入学生成长记录，作为反映学生数学学习过程的资料和推荐依据。对于学生中优秀的报告或论文应该给予鼓励，可以采取表扬、评奖、推荐杂志发表、编辑出版、向高等学校推荐等多种形式。

(7) 教材在适当的章节应该提供一些数学探究课题的案例和背景材料，可以提供一些由学生完成的数学探究的案例，为教师指导数学探究学习提供一些参考性的建议。

从上述具体要求可以看到，高中课程标准对教师的数学素养提出了更高的要求，强调教师在探究过程中的因材施教，明确学生的主体地位和教师的组织、指导作用，也特别强调了教师的合作者地位。在这个意义下，随着学生年龄的增长，教师与学生之间可以逐渐接近“平等”的地位，当然这里的平等指的是在学术问题上的平等，即教师可以与学生有更多的学术对话，教师（特别是青年教师）可以在这个过程中提高学术水平。学生如何与同伴交流，如何与指导教师进行交流，这种基本的社会技能也可以在研究的过程中加以培养。此外，对于高中学生的研究成果，可以有更多的展示方式，甚至发表于专业的学术杂志。纵观整个高中阶段的数学探究，与“综合与实践”课程一样，可以采用专门课时的形式或渗透到其他课程中两种基本形式加以实施。

在高中数学课程中，另一个与研究性学习相关的课程内容是数学建模。需要注意的是，与数学探究课程相比，数学建模课程具有更强的“内容性”，是基于特定的数学方法（模型化方法）的研究性学习课程。

高中课程标准对于数学建模的具体要求为：数学建模是运用数学思想、方法和知识解决实际问题的过程，已经成为不同层次数学教育重要和基本的内容。数学建模可以通过图 7－1 所示的框图体现。

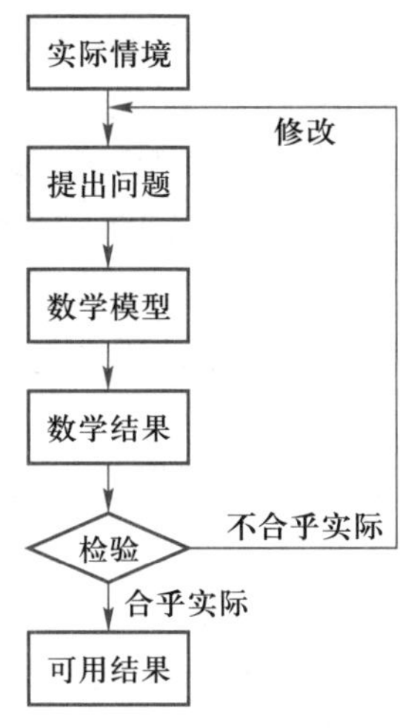

图 7－1

数学建模为学生提供了自主学习的空间，有助于学生体验数学在解决实际问题中的价值和作用，体验数学与日常生活和其他学科的联系，体验综合运用知识和方法解决实际问题的过程，增强应用意识；有助于激发学生学习数学的兴趣，发展学生的创新意识和实践能力。

从具体操作的角度，课程标准给出了以下要求：

（1）在数学建模中，问题是关键。数学建模的问题应是多样的，应来自于学生的日常生活、现实世界、其他学科等多方面。同时，解决问题所涉及的知识、思想、方法应与高中数学课程内容有联系。

（2）通过数学建模，学生将了解和经历如图 7－1 所示的解决实际问题的全过程，体验数学与日常生活及其他学科的联系，感受数学的实用价值，增强应用意识，提高实践能力。

（3）每个学生可以根据自己的生活经验发现并提出问题，对同样的问题，可以发挥自己的特长和个性，从不同的角度、层次探索解决的方法，从而获得综合运用知识和方法解决实际问题的经验，发展创新意识。

（4）学生在发现和解决问题的过程中，应学会通过查询资料等手段获取信息。

（5）学生在数学建模中应采取各种合作方式解决问题，养成与人交流的习惯，并获得良好的情感体验。

（6）高中阶段至少应为学生安排一次数学建模活动，还应将课内与课外有机地结合起来，把数学建模活动与综合实践活动有机地结合起来。

学校和教师可根据各自的实际情况，统筹安排数学建模活动的内容和时间。例如，可以结合统计、线性规划、数列等内容安排数学建模活动。

同时，课程标准针对数学建模内容提出了相应的说明与建议：

（1）学校和学生可根据各自的实际情况，确定数学建模活动的次数和时间安排。数学建模可以由教师根据教学内容以及学生的实际情况，提出一些问题供学生选择；由教师提供一些实际情境，引导学生提出问题；特别要鼓励学生从自己生活的世界中发现问题、提出问题。

（2）数学建模可以采取课题组的学习模式，教师应引导和组织学生学会独立思考、分工合作、交流讨论、寻求帮助。教师应成为学生的合作伙伴和参谋。

（3）数学建模活动中，应鼓励学生使用计算机、计算器等工具。教师在必要时应给予适当的指导。

（4）教师应指导学生完成数学建模报告，报告中应包括问题提出的背景、问题解决方案的设计、问题解决的过程、合作过程、结果的评价以及参考文献等。

（5）评价学生在数学建模中的表现时，要重过程、重参与。不要苛求数学建模过程的严密、结果的准确。评价内容应关注以下几个方面：

① 创新性。问题的提出和解决的方案有新意。

② 现实性。问题来源于学生的现实。

③ 真实性。确实是学生本人参与制作的，数据是真实的。

④ 合理性。建模过程中使用的数学方法得当，求解过程合乎常理。

⑤ 有效性。建模的结果有一定的实际意义。

以上几个方面不必追求全面，只要有一项做得比较好就应该予以肯定。

（6）对数学建模的评价可以采取答辩会、报告会、交流会等形式进行，通过师生之间、学生之间的提问交流给出定性的评价，应该特别鼓励学生工作中的“闪光点”。

（7）数学建模报告及评价可以记入学生成长记录，作为反映学生数学学习过程的资料和推荐依据。对于学生中优秀的论文应该给予鼓励，可以采取表扬、评奖、推荐杂志发表、编辑出版、向高等学校推荐等多种形式。

（8）教材中应该提供一些适合学生水平的数学建模问题和背景材料供学生和教师参考；教材中可以提供一些由学生完成的数学建模的案例，以激发学生的兴趣。

从上述要求可以看到，数学建模的核心过程基本同质于研究性学习的基本过程。基于高中学生学习水平发展的特点，这个研究性学习的过程对学生的要求更高，如要求学生“全程”体验解决问题的过程，充分发挥其个人特长和个性，对于问题进行多角度、多层次探索，强调创新意识，以答辩会、报告会、交流会等形式进行成果交流。当然，对于研究过程的要求还是与真正的研究有区别，不应过度苛求数学建模过程的严密、结果的准确，要注意鼓励学生数学建模过程中在创新性、现实性、真实性、合理性、有效性等方面的亮点。

第三节　数学研究性学习的教材分析与实践案例

从课程定位的角度来看，研究性学习作为一种特殊的课程形式与中小学基于具体数学内容的课程在教材的处理上自然有所不同。课程标准对于研究性学习的要求均采取"渗透式"，即对于教学内容不做统一的、固定的安排，主要将研究性学习的过程渗透到日常的数学教学中。当然，相关标准也都要求设置相对完整的研究性学习教学活动（通常每学期一次）。

从教学实践的角度来看，研究性学习对于教师的要求相对较高，如选择课题，把握研究性学习的过程，对于学生的创新活动进行评价等，都对教师提出了较高的要求。此外，应试的驱动也使得研究性学习的内容在日常教学中没有得到课程标准所期望的重视程度。

一、义务教育阶段研究性学习教材分析与实践案例

按照课程标准的要求，在义务教育初中阶段数学教材中，对于"综合与实践"活动的处理大体有以下两种基本方式。

（一）渗透到其他三个数学内容领域的教学之中

在北师大版数学教材 7 年级上册中的第三章"整式及其加减"的最后一节设置了"探究与表达规律"的内容。

探索与表达规律

星期日	星期一	星期二	星期三	星期四	星期五	星期六
		1	2	3	4	5
6	7	8	9	10	11	12
13	14	15	16	17	18	19
20	21	22	23	24	25	26
27	28	29	30	31		

（1）日历图的套色方框中的 9 个数之和与该方框正中间的数有什么关系？

（2）这个关系对其他这样的方框成立吗？你能用代数式表示这个关系吗？

（3）这个关系对任何一个月的日历都成立吗？为什么？

（4）你还能发现这样的方框中 9 个数之间的其他关系吗？用代数式表示。

从教材对于该内容的呈现方式可以看到，四个问题形成一个连贯的问题链，其中第三个问题是数学研究中常见的通过推广和一般化的方式提出问题，可以给予学生很好的研究策略指导。第四个问题具有很好的开放性，能够调动学生的发散性思维，特别是发现问题（定理、公式、性质等）和解决

问题的能力。

在人教版数学教材 8 年级上册中的第十一章“三角形”中的 11.1 节与三角形有关的线段中，设置了如下的思考问题：

思考

我们知道，按照三个内角的大小，可以将三角形分为锐角三角形、直角三角形和钝角三角形。如何按照边的关系对三角形进行分类？说说你的想法，并与同学交流。

教材要求学生在已有基于角的三角形分类的基础上，类比探究基于边的三角形分类，同时，提出了要求学生之间交流研究成果的研究性学习方式。

（二）独立设置“综合与实践”活动课题

按照课程标准的要求，每个学期至少应安排一次完整的综合与实践活动。北师大版数学教材 7 年级上册设置了三个综合与实践活动的课题，包括：探寻神奇的幻方；关注人口老龄化；制作一个尽可能大的无盖长方体盒子。从内容上看，三个课题都和 7 年级上学期数学学习内容密切相关，如幻方涉及对数字规律的探究和利用字母表征数字规律的内容，后两个课题都是涉及数据的收集与整理的内容（其中有关制作无盖长方体的内容教材也提示使用统计图表的方法）。虽然基于学生已有的学习内容，但学生又不能够通过简单的数学推理来完成课题，而是需要对于问题进行深入的探究，如制作无盖长方体的课题中，学生需要比较不同的制作方案，特别是利用统计图表探究各种方案之间的内在数学规律，而且相关统计图的制作和方案的相对不易由个人完成，而需要小组内部的合作完成。学生需要以小组为单位完成数学小论文，经历研究成果的汇报过程。

显然，这三个课题都明确提示了研究性学习的基本过程。

上述三个课题的选题对于教师根据学生的基本情况设计高质量的综合与实践课题提供了很好的启示。如幻方问题是利用了已有的著名数学问题（包括历史名题）作为素材，经过一定的改编作为研究性学习课题，幻方问题仅限于研究三阶幻方，同时在问题导语中提示学生关注“幻方中最核心的位置是什么，有没有‘成对’的数”，在一定程度上为学生提供了探究方向。另外两个问题是来自于生产和生活的实践，经过改编作为研究性学习课题（主要是通过增加限制条件将问题简化）。老龄化问题中，主要强调获得学生所居住社区老年人比例的相对简单的问题，但要求学生以小组为单位真正深入社区，完成调查工作（这无疑会让学生体会的调查研究的“艰辛”），同时也要求学生完成一定的公益活动。课题也要求学生提出有关老龄化的问题，这涉及研究性学习的关键能力——“提出问题能力”的培养。

在参考教科书中设计的研究性学习课程进行相关教学的同时，教师需要针对学情，整合各方面的资源，设计相应的校本综合与实践方案。下面是一个校本综合与实践活动的设计①。

首先需要说明的是，这是一个多学科综合设计的综合实践活动，数学作为其中的一个重要组成部分融入整体课程设计之中。

整体设计为定向越野，数学探究活动被作为定向越野的过关题目纳入整个活动之中。

针对完成 7 年级数学学习的学生设置了以下两个数学探究任务（神奇的数学与一笔画问题），并提供了数学背景知识②。趣味的数学内容融入趣味的定向越野活动，无疑激发了学生数学探究的兴趣。

教师在定向越野活动前给学生提供了数学背景知识介绍，如图 7－2 所示。

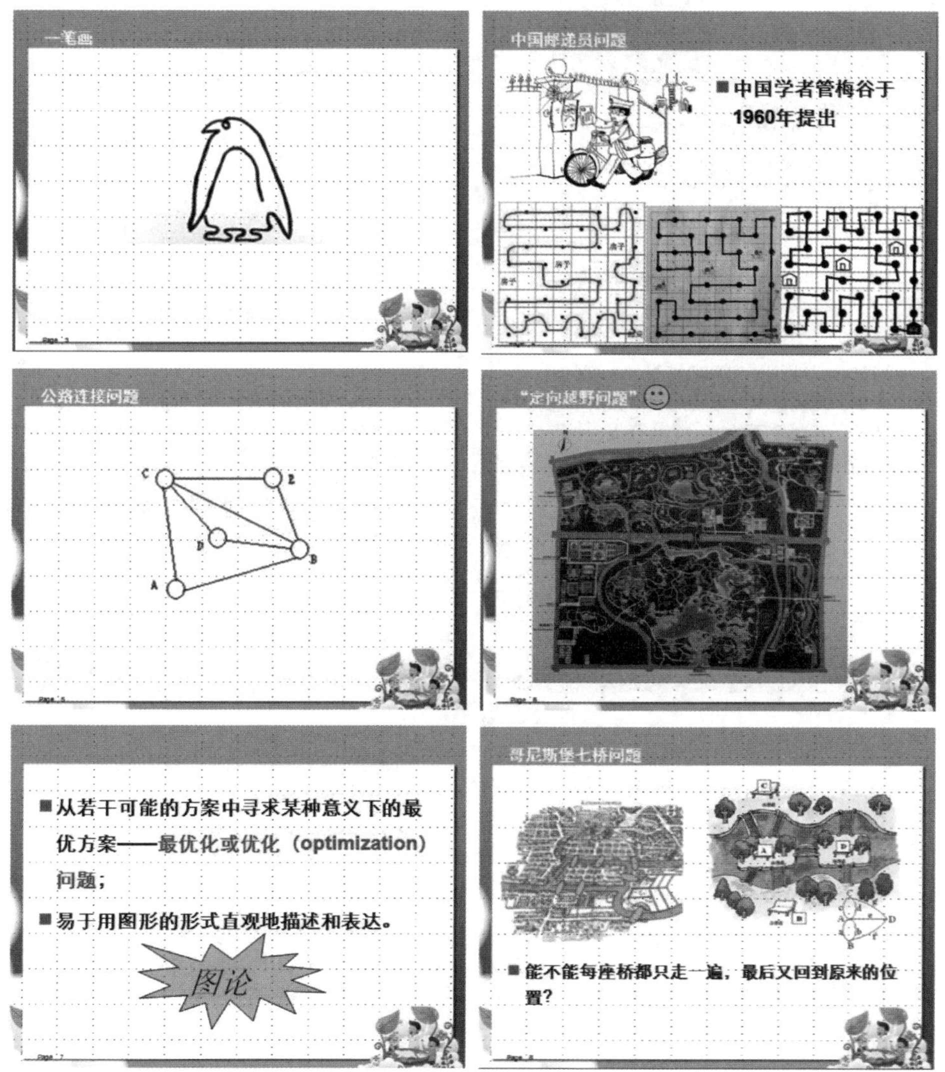

① 本案例来自中国人民大学附属中学 2012 级初中综合与实践课程（8 年级）。

② 本教学设计由中国人民大学附属中学教师张雯完成。

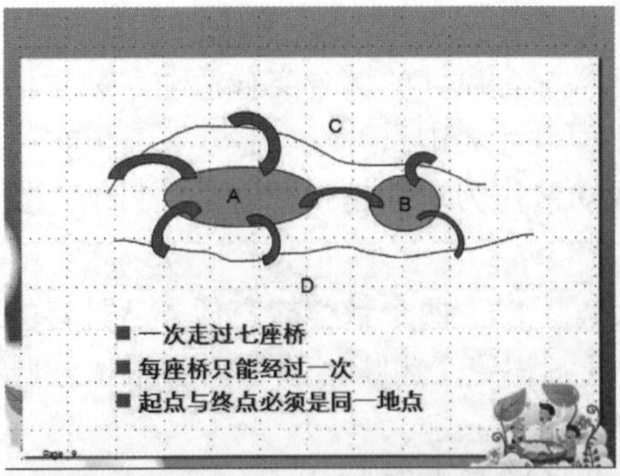

C

A　B

D

- 一次走过七座桥
- 每座桥只能经过一次
- 起点与终点必须是同一地点

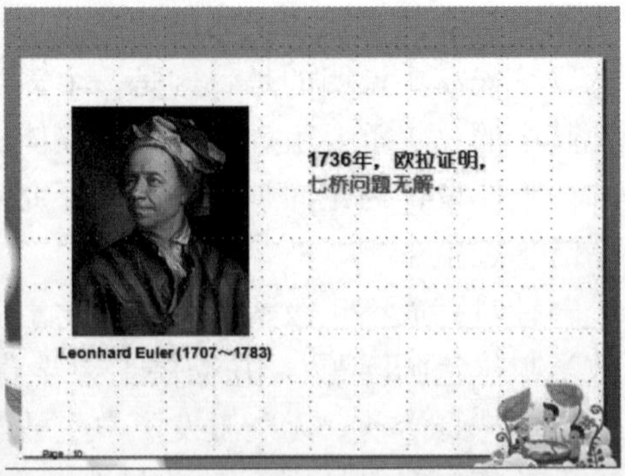

1736年，欧拉证明，七桥问题无解.

Leonhard Euler (1707～1783)

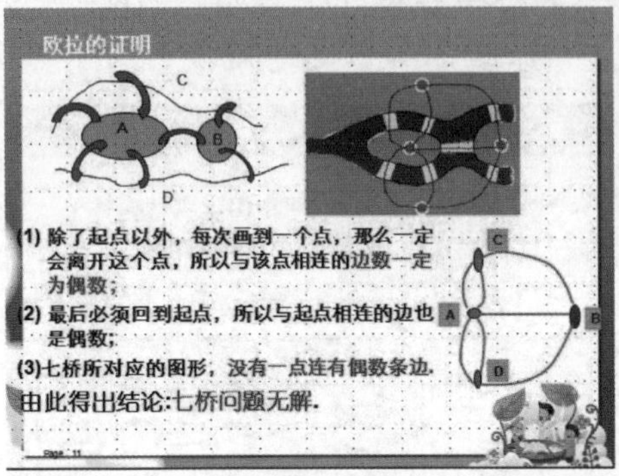

欧拉的证明

C　A　B　D

(1) 除了起点以外，每次画到一个点，那么一定会离开这个点，所以与该点相连的边数一定为偶数；

(2) 最后必须回到起点，所以与起点相连的边也是偶数；

(3)七桥所对应的图形，没有一点连有偶数条边.

由此得出结论:七桥问题无解.

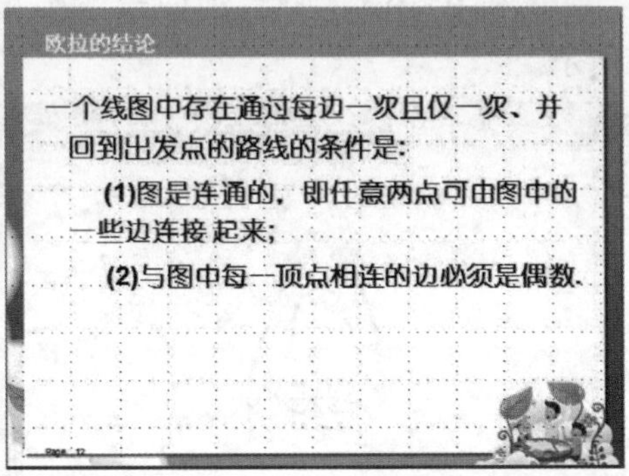

欧拉的结论

一个线图中存在通过每边一次且仅一次、并回到出发点的路线的条件是:

(1)图是连通的，即任意两点可由图中的一些边连接起来;

(2)与图中每一顶点相连的边必须是偶数.

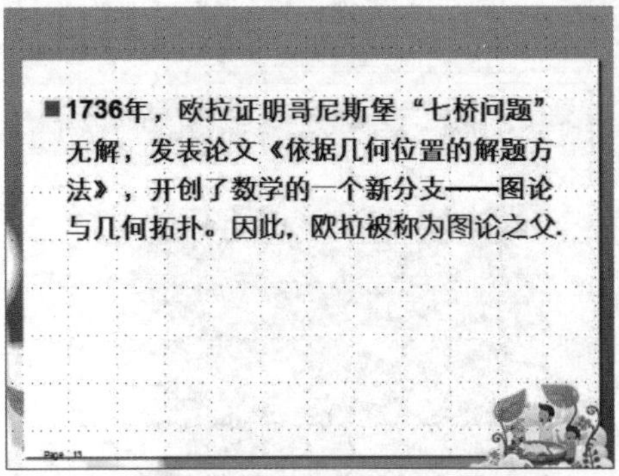

- 1736年，欧拉证明哥尼斯堡“七桥问题”无解，发表论文《依据几何位置的解题方法》，开创了数学的一个新分支——图论与几何拓扑。因此，欧拉被称为图论之父.

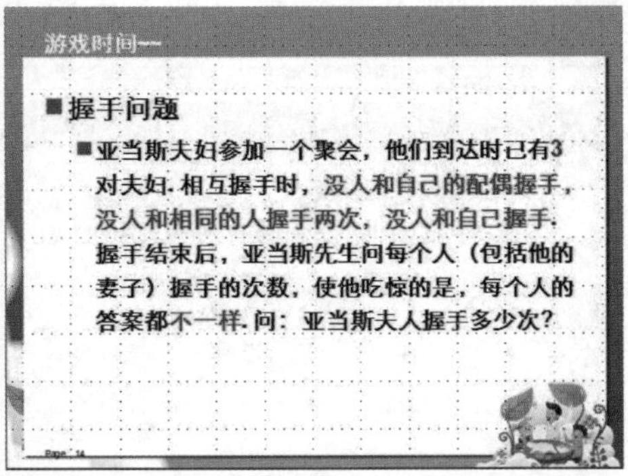

游戏时间~~

- 握手问题
  - 亚当斯夫妇参加一个聚会，他们到达时已有3对夫妇. 相互握手时，没人和自己的配偶握手，没人和相同的人握手两次，没人和自己握手. 握手结束后，亚当斯先生问每个人（包括他的妻子）握手的次数，使他吃惊的是，每个人的答案都不一样. 问：亚当斯夫人握手多少次?

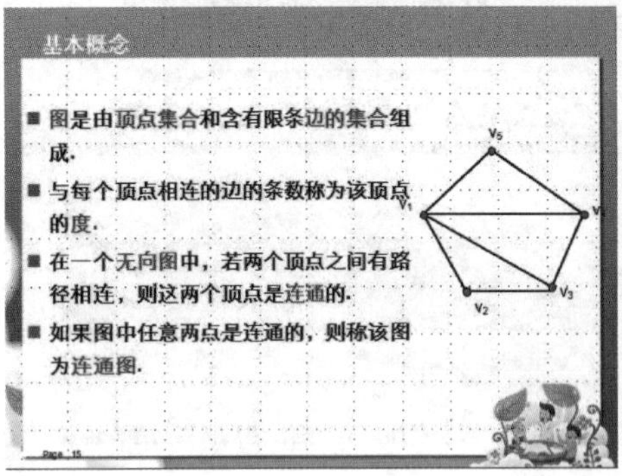

基本概念

- 图是由顶点集合和含有限条边的集合组成.
- 与每个顶点相连的边的条数称为该顶点的度.
- 在一个无向图中，若两个顶点之间有路径相连，则这两个顶点是连通的.
- 如果图中任意两点是连通的，则称该图为连通图.

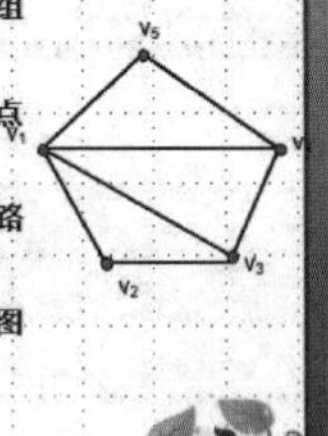

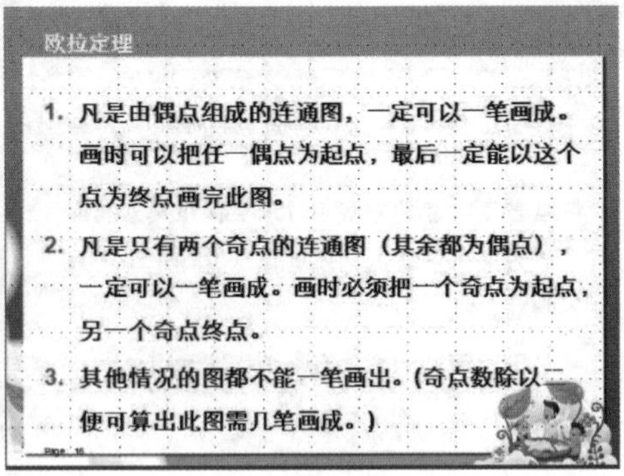

欧拉定理

1. 凡是由偶点组成的连通图，一定可以一笔画成。画时可以把任一偶点为起点，最后一定能以这个点为终点画完此图。
2. 凡是只有两个奇点的连通图（其余都为偶点），一定可以一笔画成。画时必须把一个奇点为起点，另一个奇点终点。
3. 其他情况的图都不能一笔画出。(奇点数除以二便可算出此图需几笔画成。)

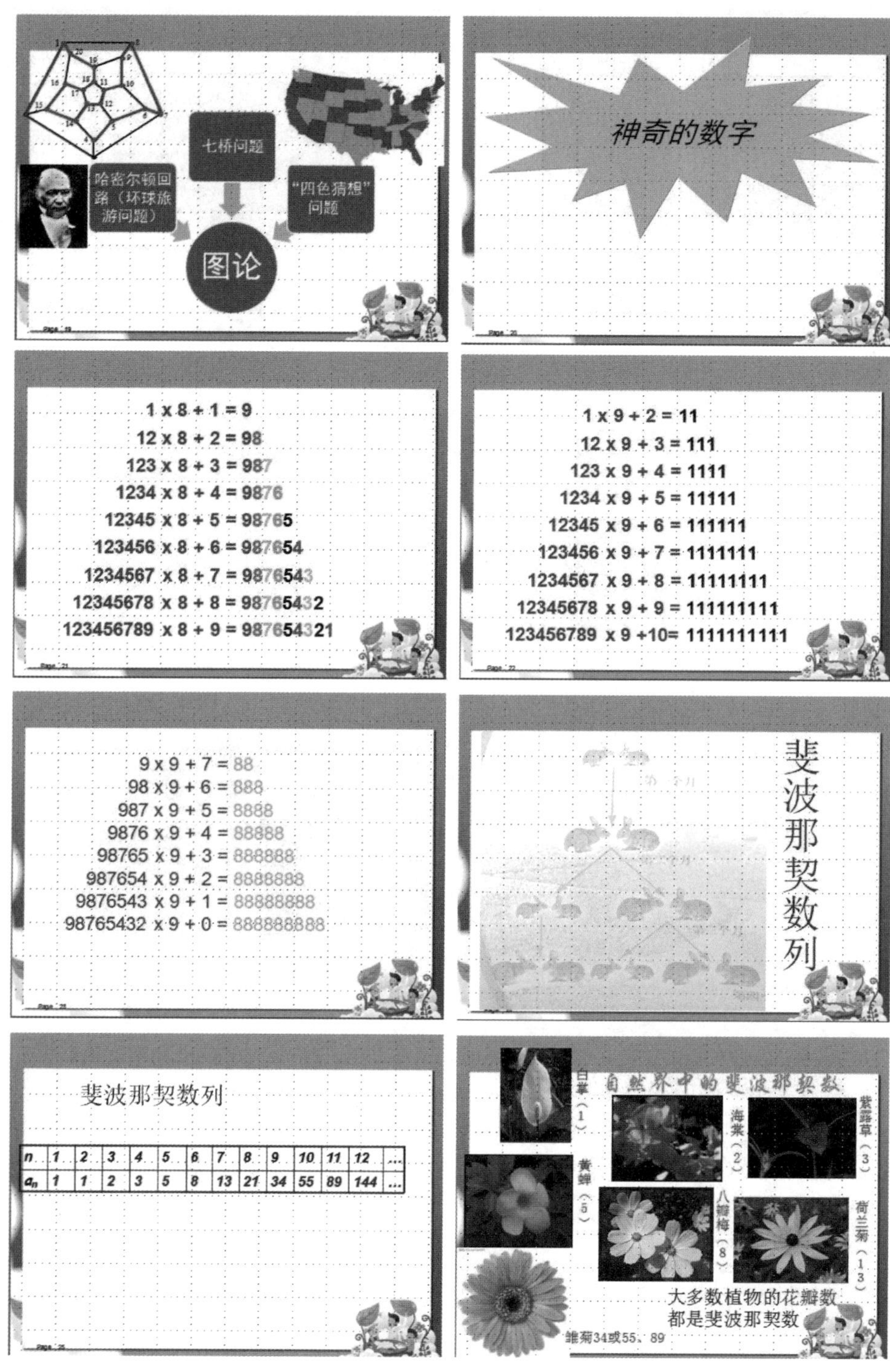
七桥问题
哈密尔顿回路（环球旅游问题）
"四色猜想"问题
图论
神奇的数字
1 x 8 + 1 = 9
12 x 8 + 2 = 98
123 x 8 + 3 = 987
1234 x 8 + 4 = 9876
12345 x 8 + 5 = 98765
123456 x 8 + 6 = 987654
1234567 x 8 + 7 = 9876543
12345678 x 8 + 8 = 98765432
123456789 x 8 + 9 = 987654321
1 x 9 + 2 = 11
12 x 9 + 3 = 111
123 x 9 + 4 = 1111
1234 x 9 + 5 = 11111
12345 x 9 + 6 = 111111
123456 x 9 + 7 = 1111111
1234567 x 9 + 8 = 11111111
12345678 x 9 + 9 = 111111111
123456789 x 9 +10= 1111111111
9 x 9 + 7 = 88
98 x 9 + 6 = 888
987 x 9 + 5 = 8888
9876 x 9 + 4 = 88888
98765 x 9 + 3 = 888888
987654 x 9 + 2 = 8888888
9876543 x 9 + 1 = 88888888
98765432 x 9 + 0 = 888888888
斐波那契数列
斐波那契数列
n 1 2 3 4 5 6 7 8 9 10 11 12 …
an 1 1 2 3 5 8 13 21 34 55 89 144 …
自然界中的斐波那契数
白掌（1）
海棠（2）
紫露草（3）
黄蝉（5）
八瓣梅（8）
荷兰菊（13）
大多数植物的花瓣数都是斐波那契数
雏菊34或55、89

图 7－2

教师在这些背景知识的基础上，设置了以下的过关问题（以神奇的数字为例）：

神奇的数字（小组成员共同完成）

同学们看到，这里有些表示年份的数：2004，2006，2008，…这些数据记录了中国申办奥运会、举办奥运会的历程。这里，每个数据都是由一个个数字组成的。数字具有很多神奇之处。请你开动脑筋，解决以下问题：

在三个相同的数字之间添加数学运算符号以及括号，使得结果等于6。

例如：$2\times2+2=6$，$\sqrt[3]{8}+\sqrt{8+8}=6$。

请写出尽可能多的符合要求的等式。（写出上面两个式子不再得分）

写出1～4个及以上的式子，得5分；

写出5～9个的式子，得8分；

写出10个及以上的式子，得10分。

教师在这个问题的设置中，明确了小组成员共同完成的探究方式，当然在实际的教学过程中，教师不应仅仅要求学生小组合作完成，还应给学生渗透与他人合作的基本原则与基本技巧，并在学习的过程中，即时评价、反馈学生的各种表现（如出现一名同学过于强势，代替了组内其他学生的工作以及出现两名同学观点不一致、争持不下等情况的评价与指导。）

二、高中阶段研究性学习教材分析与实践案例

与义务教育阶段课程标准的理念类似，普通高中阶段对于数学探究、数学建模两个研究性学习课程内容的处理都是采取了不做具体的课时安排，而是在日常的课堂教学中融入相应的学习过程的理念，同时原则上每学期安排一次完整的教学活动。

可以看到的是，随着学生数学认知水平的发展，相对于义务教育阶段数学研究性学习的要求，普通高中阶段的数学研究性学习更加贴近于真实的科学研究实践，更具有相对完整的研究过程，更具科学性。相对于初中阶段的要求，高中的研究性学习内容主要通过以下两种方式组织：

（一）渗透到各个必修、选修模块的教学之中

在人教A版必修1的第二章“基本初等函数（Ⅰ）”的“对数函数”内容中，设置了“探究与发现”的内容：

探究与发现：互为反函数的两个函数图像之间的关系

我们知道，指数函数 $y=a^x(a>0$，且 $a\neq1)$ 与对数函数 $y=\log_a x(a>0$，且 $a\neq1)$ 互为反函数。那么，它们的图像有什么关系呢？运用你所学的数学知识，探索下面的几个问题，亲自发现其中的奥秘吧！

问题 1　在同一平面直角坐标系（横、纵轴长度单位一致）中，画出指数函数 $y=2^x$ 及其反函数 $y=\log_2 x$ 的图像。你能发现这两个函数的图像有什么对称关系吗？

问题 2　取 $y=2^x$ 图像上的几个点，如 $P_1\left(-1,\ \frac{1}{2}\right)$，$P_2(0,\ 1)$，$P_3(1,\ 2)$，$P_1$，$P_2$，$P_3$ 关于直线 $y=x$ 的对称点的坐标是什么？它们在 $y=\log_2 x$ 的图像上吗？为什么？

问题 3　如果点 $P_0(x_0,\ y_0)$ 在函数 $y=2^x$ 的图像上，那么 P_0 关于直线 $y=x$ 的对称点在函数 $y=\log_2 x$ 的图像上吗？为什么？

问题 4　由上述探究过程可以得到什么结论？

问题 5　上述结论对于指数函数 $y=a^x(a>0$，且 $a\neq 1)$ 及其反函数 $y=\log_a x(a>0$，且 $a\neq 1)$ 也成立吗？为什么？

分析上述课程内容设计可以看到，教材本质上给出了一个由个别到一般的归纳式的纯数学结论探究过程（这是一个非开放性的研究问题）。当然这个过程是一个有明显线索的研究过程，教材设计者提供了足够的探究提示，如直观感受互为反函数关系的函数的图像关系，利用具体函数图像上的点明确反函数图像关系，形成猜想，对任意反函数论证该猜想。可以看到，教材编者基本给出了整个研究计划，学生的任务是在教师的指导下执行该计划。从这个意义上讲，这个研究性学习的过程是有局限的，但从学生体会研究性学习的基本过程和策略、积累研究性学习基本活动经验的角度，这个过程无疑是有意义的。教师在教学过程中，应当帮助学生完成每个子问题的探究工作（主要是研究计划的执行工作），同时，也是特别重要的工作是引导学生整体地体会对于反函数图像问题的研究过程、研究计划，从而为后续独立设计、执行研究计划积累经验。这也是学生介入研究性学习的渐进过程的体现。

当然，在实际实施的过程中，教师可以根据学生的情况，灵活掌握问题链的构造，如在学生基础比较好的班级，可以不急于提出问题链，而是引导学生独立设计研究方案，也可以适当缩短删减问题链，增加问题的挑战性。

（二）独立设置数学探究、数学建模活动课题

北师大版数学必修 1 提供了以下的探究活动设计。

探究活动：同种商品不同型号的价格问题

一、问题情境和探究任务

问题情境：在商场中，我们能看到这样的情形：同种商品会有大小不同的型号，价格各不相同，比如某品牌牙膏有 40 g，120 g，165 g 等几种包装，价格分别为：3.70 元、9.30 元、12.60 元。

任务 1　调查同种商品不同型号的价格，并研究该商品价格关于型号的函数关系；

任务 2　检验你建立的商品价格模型，并尝试对结果进行解释；

任务 3　对你的结论进行使用价值分析，如对消费者购买商品有无参考价值，此规律对其他商品价格是否适用等。

二、实施建议

1. 形成方案

可以组成学习探究小组，集体讨论，互相启发，形成可行的探究方案，通过独立调查，分析，研究，完成每个人的“成果报告”。

2. 对完成任务 1 的建议

对影响商品销售价格的因素进行分析，选择主要因素，忽略次要的因素；研究主要因素与价格的关系，从而得到一般的价格规律。

3. 对完成任务 2 的建议

可以选择一种建立函数关系式时未被使用的型号价格，将利用模型推算出的价格与该型号商品的实际售价进行比较，考虑模型是否能进一步改进，如何改进。

4. 对完成任务 3 的建议

在调查商品价格时，可以向售货员调查不同型号的销售情况，与自己的分析结论进行比较，考虑是否需要进一步的研究。考虑结论的适用条件，可举例说明。

5. “成果报告”的书写建议

成果报告可采用以下形式呈现：① 课题组成员、分工与贡献；② 探究的过程与结果；③ 参考文献；④ 成果的自我评价；⑤ 拓展（选做）：在解决问题的过程中发现和提出新的问题，可以延伸或拓展内容，得到新结果或猜想等；⑥ 体会：描述在工作中的感受等。

6. 成员交流

建议以小组为单位，选出代表，在班级中报告研究成果，交流研究体会。

7. 评价建议

采用自评、互评、教师评价相结合的形式，善于发现别人工作中的特色，可着重考虑以下几个方面：

(1) 调查、求解过程和结果是否合理、清楚、简捷；

（2）独到的思考和发现；
（3）恰当的使用工具；
（4）合理、简捷的算法；
（5）提出有价值的求解设计和有见地的新问题；
（6）发挥组员的特长，体现合作学习的效果。

这是一个以数学建模为背景的数学探究活动课题设计，兼顾了数学建模与数学探究活动两个角度。该课题以必修 1 中的函数学习为基础，包括调查研究方法的基本过程：数据搜集（任务 1）—数学建模（任务 2）—实践验证与模型推广（任务 3）。学生需要利用基本初等函数学习的基本知识拟合搜集的数据中各个因素与商品价格的函数模型，并利用实际数据验证推广该模型。需要注意的是，这个过程与传统的数学应用题不同。该问题具有很强的开放性，学生需要对于可能影响到商品销售价格的各个因素进行分析，不同商品可能具有不同的影响模式，关注主要因素，忽略次要因素（对于次要因素的标准往往具有相对性。在不同实践和应用要求的背景下，对于次要因素的选择标准往往不同）。通过对于研究过程的任务分解，帮助学生体会调查研究的基本过程，同时获得数学建模研究的基本策略。在实际的建模过程中，实际生产和生活中的某种现象的影响因素往往较多、较复杂，这就需要研究者在一定的限制条件和假设条件下，完成数学建模，这个过程本质上是对于真实现象的近似或模拟，同时对于结论的应用往往也并非如纯数学结论一样普遍适用。在一定的限制条件和精确度条件下能够应用的就可视为合理的结论，而非错误的结论。这无疑不同于纯数学非对即错的排中原则。这种思想实际上是科学研究的重要原则，如经典牛顿力学本身就是有局限的，其应用范围限于低速、惯性系等。

教师在教学过程中要引导学生充分分析数学建模过程与纯数学推理解题过程的差异，积极引导学生利用各种知识资源，尤其强调以积极合作、积极交流的态度完成上述课题。对于上述课题成果的评价也要区别与对于纯数学问题解答的逻辑推理过程真假的判断，这个数学建模问题的开放性特征希望评价是从定性的角度对学生多样化的研究结论进行分析、评价，特别是在特定的限定条件下对于结论合理性的评价（如对于特定种类商品的特定模型，或者特定价格区间商品的特定模型），不单纯强调对与错的差别，避免一味地强调模型的普适性。

阅读 7.4　淡化考试印记——数学论文的评价作用

拓展阅读

张思明. 理解数学：中学数学建模课程的实践案例与探索［M］. 福州：福建教育出版社，2012.

思考题

1. 试概述研究性学习作为国家课程标准规定内容的理论基础。
2. 试比较义务教育阶段和普通高中阶段研究性学习课程设置的异同。
3. 试分析实施研究性学习教学的基本原则。
4. 怎样理解教师在研究性学习教学中的作用?

第八章　中学数学“微积分及其他”内容分析

编者的话

通过本章的学习，可以了解“微积分”结构与内容；可以知道“集合与逻辑”结构与内容；可以研究“向量”结构与内容；可以分析“算法”结构与内容。

如果想要了解更多，使用手机扫描二维码，可以了解“微积分”“集合与逻辑”“向量”“算法”在课程标准中的具体要求；可以从历年高考视角审视相关内容；还可以基于国际视野考察不同国家在具体内容设置时的异同。

如果你还有更多的课余时间，本章推荐了关于“微积分教学研究”“相识数学逻辑”“复数与向量”“算法初步”等拓展内容，读一读，会让你在本章的学习中获得意外的收获哦！

要点提示

微积分是研究函数的微分、积分以及有关概念和应用的数学分支，是现代数学的重要内容，也是现代科学的重要基石。本章主要围绕高中数学教材中微积分、集合与逻辑、向量以及算法等内容展开内容解读并进行教材分析。

学习目标

1．掌握高中数学教材“微积分”的主要内容以及基本知识结构；

2. 掌握高中数学教材“集合与逻辑”的主要内容以及基本知识结构；
3. 理解高中数学教材“向量”的主要内容以及基本知识结构；
4. 掌握高中数学教材“算法”的主要内容以及基本知识结构。

视频 8.1　本章内容介绍

PPT8.1

第一节 “微积分” 结构与内容分析

一、“微积分” 教材结构分析

自 2004 年 9 月开始，各种版本的普通高中课程标准实验教科书开始在全国范围内发行。不同版本教材均根据《高中数学课标（实验）》中内容与要求进行编写，但整体结构略有不同。

例如，人教 A 版在选修 1-1、选修 2-2 中的章节结构如表 8-1 所示。

表 8-1 人教 A 版教材“导数及其应用”章节结构

选修 1-1	选修 2-2
第三章 导数及其应用	第一章 导数及其应用
3.1 变化率与导数	1.1 变化率与导数
3.2 导数的计算	1.2 导数的计算
3.3 导数在研究函数中的应用	1.3 导数在研究函数中的应用
3.4 生活中的优化问题举例	1.4 生活中的优化问题举例
实习作业：走进微积分	1.5 定积分的概念
	1.6 微积分基本定理
	1.7 定积分的简单应用
	实习作业：走进微积分

在选修 2-2① 中，“导数及其应用”出现在第一章，共分 7 节，另外还有一个实习作业。

(1) 为了突出导数概念的实际背景，教材选择了两个典型实例，引导学生经历从平均变化率到瞬时变化率的过程，从而理解导数概念的本质——导数就是瞬时变化率。在此基础上，教材借助函数图像的直观，阐明了曲线的切线斜率和导数间的关系。在介绍导数的定义、几何意义的过程中，教材结合内容揭示了逼近、以直代曲等数学思想。

(2) 教材通过求几何常见函数的导数，引导学生学习根据定义求导数的方法，使他们进一步理解导数概念；为了使学生能用基本初等函数的导数公式与运算法则求简单函数的导数，教材在直接给出公式和运算法则后，通过例题和习题引导学生模仿、操作，以熟悉和掌握导数的概念和基本运算。

(3) 教材介绍了导数在研究函数的单调性、极值和最值以及导数在解决生活中的优化问题中的应用，其中，运用导数研究函数的单调性是基础。

① 选修 2-2 内容为希望在理工、经济等方面发展的学生设置，较选修 1-1 内容广且深，此处以选修 2-2 展开分析。

(4) 在引导学生认识定积分概念的过程中，教材利用求曲边梯形的面积、变速直线运动的路程这两个典型问题，着重揭示出“以直代曲”“以不变代变”和“逼近”的重要思想方法，给出求解这类问题的一般步骤，进而引出定积分的定义，给出定积分的几何意义。

(5) 教材引导学生分析分别用变速直线运动的“位置函数”$y=y(t)$及其导数“速度函数”$v(t)=y'(t)$表示物体在某一时间段内的运动的方法，使学生体会微积分基本定理的内涵，了解导数和定积分之间的内在联系。

(6) 教材介绍了定积分在求一些简单平面图形的面积、变速直线运动的路程以及变力做功中的应用，使学生进一步体会定积分丰富的背景和广泛的应用。

其中，导数、定积分是“导数及其应用”的核心知识。通过三条线索(平均速度→瞬时速度，平均变化率→瞬时变化率，割线斜率→切线斜率)引出导数概念，进一步引出基本初等函数导数公式、导数运算法则、导数的简单应用。通过两条线索（曲边梯形的面积，变速直线运动的路程）引出定积分概念，进一步引出定积分在几何、物理中的简单应用。微积分基本定理将导数和定积分二者结合起来。

在北师大版教材中，章节结构与人教A版有较大差异，如表8－2所示。

表8－2　北师大版教材“导数及其应用”章节结构

选修1－1	选修2－2
第三章　变化率与导数	第二章　变化率与导数
1. 变化的快慢与变化率	1. 变化的快慢与变化率
2. 导数的概念及其几何意义	2. 导数的概念及其几何意义
3. 计算导数	3. 计算导数
4. 导数的四则运算法则	4. 导数的四则运算法则
	5. 简单复合函数的求导法则
第四章　导数应用	第三章　导数应用
1. 导数的单调性与极值	1. 函数的单调性与极值
2. 导数在实际问题中的应用	2. 导数在实际问题中的应用
	第四章　定积分
	1. 定积分的概念
	2. 微积分基本定理
	3. 定积分的基本应用
阅读材料：数学史上的丰碑——微积分	阅读材料：数学史上的丰碑——微积分

不难发现，人教A版教材章节结构严格按照《高中数学课标（实验）》内容：① 导数概念及其几何意义；② 导数的运算；③ 导数在研究函数中的应用；④ 生活中的优化问题举例；⑤ 定积分与微积分基本定理进行各节编写；⑥ 数学文化较集中地出现在实习作业中。

而北师大版教材将该部分内容用三章的篇幅展开，第二章变化率与导数对应《高中数学课标（实验）》内容①②；第三章导数应用对应内容③④；第四章定积分对应内容⑤，而对于数学文化的要求较为集中地以阅读材料的形式出现。

二、“微积分” 教材内容分析

在初步了解“微积分”内容在高中数学教材中结构的基础上，下面就其中一些关键点，进行教材内容的具体分析。

（一）关于导数概念的引入

《高中数学课标（实验）》突出导数概念的本质，不讲极限概念，不是把导数作为一种特殊的极限（增量比的极限）来处理，而是直接通过实际背景和具体应用实例，如速度、膨胀率、效率、增长率等反映导数思想和本质的实例，引导学生经历由平均变化率到瞬时变化率的过程，认识和理解导数概念；同时加强对导数几何意义的认识和理解。

例如，人教 A 版教材选修 1－1 中通过设置问题 1 气球膨胀率和问题 2 高台跳水，进而引出导数的概念：一般地，函数 $y=f(x)$ 在 $x=x_0$ 处的瞬时变化率是 $\lim\limits_{\Delta x\to 0}\frac{\Delta y}{\Delta x}=\lim\limits_{\Delta x\to 0}\frac{f(x_0+\Delta x)-f(x_0)}{\Delta x}$，称它为函数 $y=f(x)$ 在 $x=x_0$ 处的导数，记作 $f'(x_0)$ 或 $y'|_{x=x_0}$．

问题 1　气球膨胀率

很多人都吹过气球。回忆一下吹气球的过程，可以发现，随着气球内空气容量的增加，气球的半径增加得越来越慢。从数学的角度，如何描述这种现象呢?

问题 2　高台跳水

人们发现，在高台跳水运动中，运动员相对于水面的高度 h（单位：m）与起跳后的时间 t（单位：s）存在函数关系：

$$h(t)=-4.9t^2+6.5t+10$$

如果我们用运动员在某段时间内的平均速度 $\bar{v}$ 描述其运动状态，则

$0\leqslant t\leqslant 0.5$ 时，

$$\bar{v}=\frac{h(0.5)-h(0)}{0.5-0}=4.05(\mathrm{m/s})$$

$1\leqslant t\leqslant 2$ 时，

$$\bar{v}=\frac{h(2)-h(1)}{2-1}=-8.2(\mathrm{m/s})$$

北师大版教材选修 1-1 中通过另外两个问题——物体运动的快慢、体温变化的快慢，引出导数的概念：在数学中，称瞬时变化率为函数 $y=f(x)$ 在 x_0 点的导数，通常用符号 $f'(x_0)$ 表示。记作

$$\lim_{\Delta x\to 0}\frac{\Delta y}{\Delta x}=\lim_{\Delta x\to 0}\frac{f(x_0+\Delta x)-f(x_0)}{\Delta x}$$

问题 1 物体从某一时刻开始运动，设 s 表示此物体经过时间 t 走过的路程，显然，s 是时间 t 的函数，表示为 $s=s(t)$。

在运动的过程中测得一些数据，如表 8-3 所示。

表 8-3

t/s	0	2	5	10	13	15	…
s/m	0	6	9	20	32	44	…

物体在 0～2 s 和 10～13 s 这两段时间内，哪一段时间运动得快？如何刻画物体运动的快慢？

问题 2 某病人吃完退烧药，他的体温变化如图 8-1 所示。

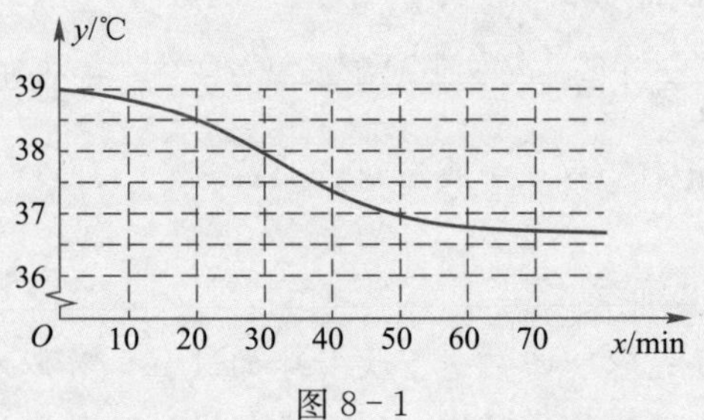

图 8-1

比较时间 x 从 0 min 到 20 min 和从 20 min 到 30 min 体温的变化情况，哪段时间体温变化较快？如何刻画体温变化的快慢？

值得一提的是，在江苏教育出版社出版的高中数学教材（以下简称苏教版教材）中，对导数的定义与其他两个版本略为不同：设函数 $y=f(x)$ 在区间 (a, b) 上有定义，$x_0\in(a, b)$，当 Δx 无限趋近于 0 时，比值 $\frac{\Delta y}{\Delta x}=\frac{f(x_0+\Delta x)}{\Delta x}$ 无限趋近于一个常数 A，则称 $f(x)$ 在点 $x=x_0$ 处可导，并称常数 A 为函数 $f(x)$ 在点 $x=x_0$ 处的导数，记作 $f'(x_0)$。在此版本的教材中，导数概念回避了极限符号。

把微积分作为大学微积分内容的一种简单下放，先讲一般极限概念，把导数作为一种特殊极限来讲，这就不可避免地会使形式化的极限概念成为学生学习时的障碍，教师教得费劲，学生学得乏味，更重要的是严重影响了对导数思想和本质的认识和理解。新课程突出概念的本质。不是在学习一般极

限的基础上，把导数作为一种特殊的极限来处理，而是直接通过实际背景和具体应用实例，引导学生经历由平均变化率到瞬时变化率的过程，认识和理解导数概念，在对实际背景问题研究的基础上，抽象概括出导数的概念。

（二）关于导数的几何意义

《高中数学课标（实验）》注重使学生学会数学思考的一种方式——几何直观。高中数学教材中都呈现了“导数的几何意义”。

例如，人教 A 版教材通过观察割线的斜率与切线的斜率之间的关系引入导数的几何意义，体现了以曲代直的微积分思想。

观察

如图 8-2，当点 P_n（x_n，f（x_n））（$n=1$，2，3，4）沿着曲线 f（x）趋近于点 P（x_0，f（x_0））时，割线 PP_n 的变化趋势是什么？

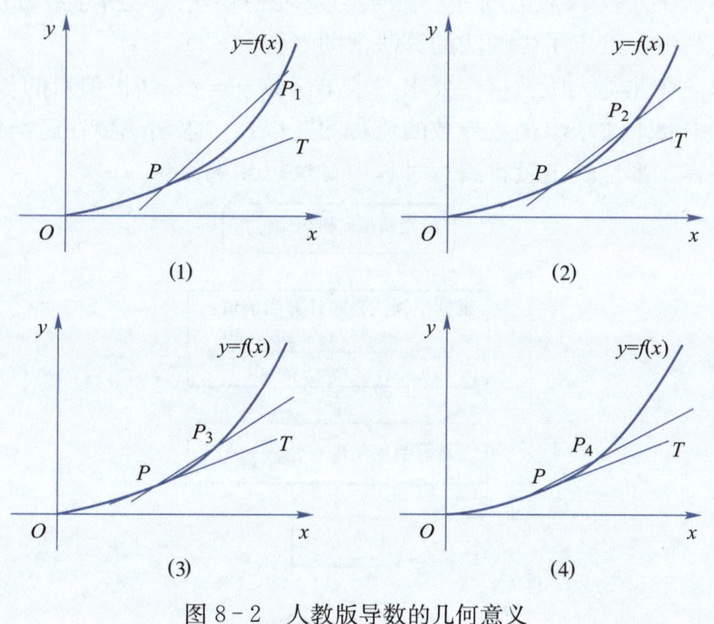

图 8-2 人教版导数的几何意义

利用信息技术工具，演示图 8—2 中 PP_n 的动态变化效果。做一做、看一看！

函数 $y=f(x)$ 的导数 $y'=f'(x)$，在几何上表示曲线 $y=f(x)$ 在点 $(x, f(x))$ 处切线的斜率。$f'(x)$ 随 x 的取值不同可以取正值也可以取负值，在数值上可大可小，这些差异反映在函数图像上说明了什么。例如，抛物线 $y=x^2$，函数的定义域为 $(-\infty, +\infty)$，导数 $y'=2x$，在点 $x=0$，$y'=0$，在区间 $(0, +\infty)$ 上 $y'>0$，在区间 $(-\infty, 0)$ 上 $y'<0$。当 $|x|$ 较大时，$|y'|$ 也较大。

教材注重通过几何直观让学生学会数学思考。反复通过图形去认识和感受导数的几何意义，加深对导数概念的认识和理解，同时在用导数的几何意义去解决问题的过程中。如导数的正负为什么体现了函数的增减变化、导数绝对值的大小位数增减的快慢等，学会一种数学思考的数学学习的方式。

（三）关于算法思想的渗透

《高中数学课标（实验）》关注算法思想的渗透。算法是数学及其应用的重要组成部分，是计算科学的重要基础。随着现代信息技术飞速发展，算法在科学技术、社会发展中发挥着越来越大的作用，并日益社会生活的许多方面，算法思想已经成为现代人应具备的一种数学素养。渗透算法思想是算法学习的一个重要方面。

阅读 8.1　《高中标准（实验）》中“微积分”的内容与要求

而这与《高中数学课标（实验）》要求，“算法除作为数学 3 的内容之外，其思想方法应渗透在高中数学课程其他有关内容中，鼓励学生尽可能地运用算法解决相关问题”，遥相呼应。

例如，在人教 A 版教材中“探索与发现牛顿法——用导数方法求方程的近似值”中，给出了牛顿法的算法框图（图 8－3）。

阅读 8.2　“微积分”高考视窗

又如，在北师大版教材中要求“求出函数 $y=f(x)$ 极值点的步骤”，苏教版教材中要求“求出函数导数的流程图”以及“求出函数在区间最值的步骤”等内容，都反映出教材编写过程中算法思想的渗透。

阅读 8.3　微积分课程设置的国际视野

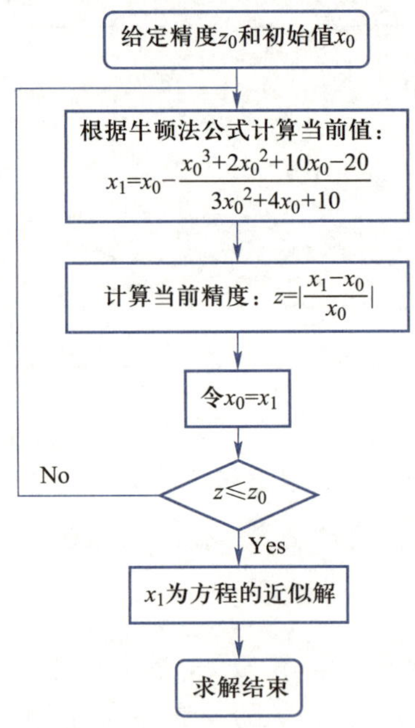

图 8－3　牛顿法的算法框图

拓展阅读

齐植兰，李心灿．普通高中新课程数学教学研究与资源丛书：微积分［M］．北京：高等教育出版社，2005.

第二节 “集合与逻辑” 结构与内容分析

一、“集合” 教材结构与内容分析

集合论是近代数学的一个重要的基础。一方面，许多重要的学科，如数学中的数理逻辑、近世代数、实变函数、泛函分析、概率统计、拓扑等，都建立在集合理论的基础之上。另一方面，集合论及其所反映的数学思想，在越来越广泛的领域中得到应用。集合语言是现代数学的基本语言，可以简洁准确地表达一些数学内容。高中数学只是将集合作为一种语言来学习，它的学习将为后面学习描述函数等内容做准备。

基于以上考虑，人教A版教材将“集合”与“函数”内容放在第一章中进行学习。“集合”作为第一节内容，同时增加阅读“集合中元素的个数”。而北师大版教材则“集合”内容单独成章（表8-4）。

表8-4 “集合”教材章节整体结构

人教A版	北师大版
数学1 第一章　集合与函数概念 　1.1 集合 阅读与思考：集合中元素的个数 　1.2 函数及其表示 阅读与思考：函数概念的发展历程 　1.3 函数的基本性质 信息技术应用：用计算机绘制函数图像	数学1 第一章　集合 　1 集合的含义与表示 　2 集合的基本关系 　3 集合的基本运算 　　3.1 交集与全集 　　3.2 全集与补集 阅读材料：康托与集合论

我们再以结构图的形式深入了解人教A版教材关于集合的知识结构（图8-4）。

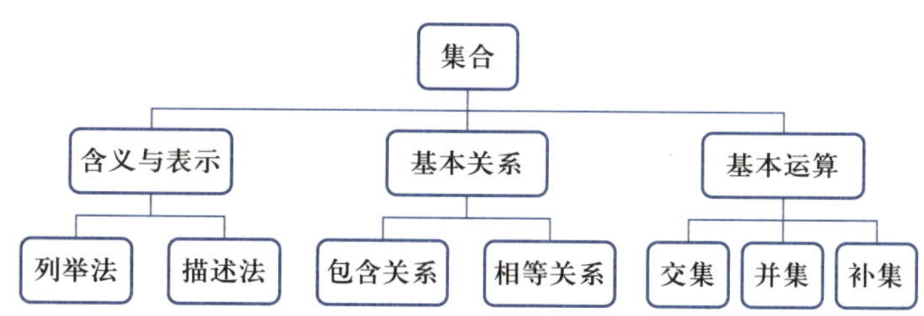

图8-4 人教A版“集合”知识结构

集合论是现代数学的一个重要的基础。在高中数学中，集合的初步知识与其他内容有着密切的联系，是学习、掌握和使用数学语言的基础。教材从学生熟悉的集合（自然数的集合、有理数的集合）出发，结合实例给出元素、集合的含义；通过类比实数间的大小关系、运算引入集合间的关系、运算，同时，结合相关内容介绍子集和全集等概念。在安排这部分内容时，教材注重体现逻辑思考的方法，如概括、类比等。

集合部分的教学重点是使学生了解集合的含义，理解集合间包含与相等的含义，理解两个集合的并集与交集的含义，会用集合语言表达数学对象或数学内容。

学生学习本部分内容时可能会在以下两个方面感到困难：

一方面，区别较多的新概念与相应的新符号，例如区别元素与集合、属于与包含、交集与并集等概念及其符号表示。

以“集合含义的引入”为例，看看高中数学教材是如何组织课程内容引入集合的，人教A版教材从8个集合实例入手，引入元素和集合的含义：一般地，我们把研究对象统称为元素，把一些元素组成的总体称为集合（简称集）。

人教A版教材示例

那么，集合的含义是什么呢？我们再来看下面的一些例子：

(1) 1～20以内的所有素数；

(2) 我国从1991—2003年的13年内所发射的所有人造卫星；

(3) 金星汽车厂2003年生产的所有汽车；

(4) 2004年1月1日之前与中华人民共和国建立外交关系的所有国家；

(5) 所有的正方形；

(6) 到直线l的距离等于定长d的所有的点；

(7) 方程$x^2+3x-2=0$的所有实数根；

(8) 新华中学2004年9月入学的所有的高一学生。

而北师大版教材则通过实例——湖泊水面面积分类（表8-5），引入元素和集合的含义：一般地，指定的某些对象的全体称为集合。集合常用大写字母A，B，C，D标记。集合中的每个对象称为这个集合的元素。

北师大版教材示例

表8-5　湖泊水面面积分类

湖泊名称	所在地	水面面积 /km^2	湖面海拔 /m	蓄水量 /（亿m^3）	湖水最深 /m	湖水性质
青海湖	青海	4340	3195	778.0	27	咸
鄱阳湖	江西	3583	22	150.1	29	淡
洞庭湖	湖南	2691	33	155.4	24	淡

续表

湖泊名称	所在地	水面面积/km^2	湖面海拔/m	蓄水量/（亿 m^3）	湖水最深/m	湖水性质
太湖	江苏	2428	3	51.4	3	淡
呼伦湖	内蒙古	2339	546	131.3	8	淡
纳木错湖	西藏	1962	4718	768.0	35	咸
洪泽湖	江苏	1577	12	27.9	4	淡
南四湖	山东	1097	33	16.1	3	淡
博斯腾湖	新疆	992	1048	80.2	16	淡

在《中国大百科全书·数学卷》中，给出了集合的定义——数学中的基本概念，集合论的主要研究对象。一定范围的、确定的、可区别的事物，当成一个整体来看待，就称为集合，简称集；其中各事物称为集合的元素或简称元。而《高中数学课标（实验）》指出：通过实例，了解集合的含义，体会元素与集合的“属于”关系。由此可见，教材中关于元素与集合的定义，进行了一定的处理，没有过于强调集合的三性，重点在于通过实例体会元素与集合的含义即可。

另一方面，表示具体的集合时，如何从列举法和描述法中做出恰当的选择。

在集合语言的学习中，《高中数学课标（实验）》要求能针对具体问题，恰当选择用自然语言、图形语言、集合语言（列举法或描述法）表示相应问题的数学内容，感受集合语言的意义和作用。这不仅是学习集合语言的需要，更是培养学生数学语义转换能力的需要。

二、“常用逻辑用语” 教材结构与内容分析

逻辑是研究思维形式及其规律的一门基础学科。学习数学，需要全面理解概念，正确地进行表述、推理和判断，这就离不开对逻辑知识的掌握和运用。更广泛地说，在日常生活、学习、工作中，基本的逻辑知识也是认识问题、研究问题不可缺少的工具，是人们文化素质的组成部分。正确使用逻辑用语是现代社会公民应该具备的基本素质。

基于《高中数学课标（实验）》内容要求，“常用逻辑用语”在不同版本教材中区别不大（表 8 - 6）。苏教版教材章节结构与《高中数学课标（实验）》从知识点、呈现顺序上完全一致；人教 A 版教材将“命题及其关系”分为 1.1、1.2 两节；而北师大版教材则将《高中数学课标（实验）》中“（2）简单逻辑联结词”置于第 4 节，将“（3）全称量词与存在量词”置于第 3 节。

表 8-6 “逻辑”教材章节整体结构

人教 A 版	北师大版	苏教版
选修 1-1 第一章 常用逻辑用语 1.1 命题及其关系 1.2 充分条件与必要条件 1.3 简单的逻辑联结词 阅读与思考“且”“或”“非”与“交”“并”“补” 1.4 全称量词与存在量词 小结	选修 1-1 第一章 常用逻辑用语 1 命题 2 充分条件与必要条件 3 全称量词与存在量词 4 逻辑联结词“且”“或”“非” 本章小结建议	选修 1-1 第一章 常用逻辑用语 1.1 命题及其关系 1.2 简单的逻辑联结词 1.3 全称量词与存在量词

图 8-5 所示是人教 A 版“常用逻辑用语”一章的知识结构框图。

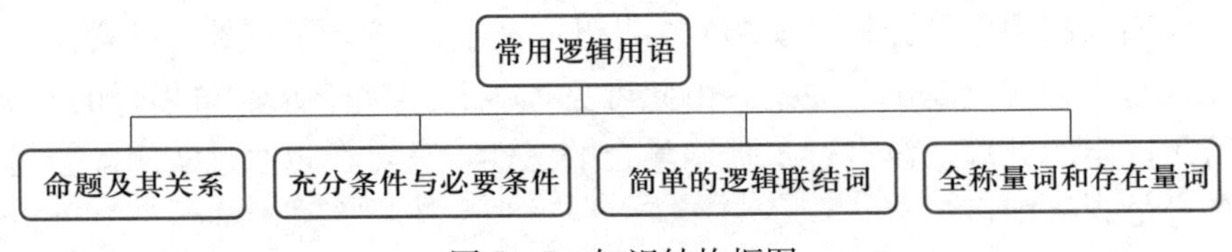

图 8-5 知识结构框图

本章共分 4 节，各节知识结构图如图 8-6 所示。

命题
真命题和假命题
四种命题
四种命题的相互关系

(a)

充分条件与必要条件
充要条件

(b)

简单的逻辑联结词
且
或
非

(c)

全称量词与存在量词
全称量词
存在量词
含有一个量词的命题的否定
含有一个全称量词的命题的否定
含有一个存在量词的命题的否定

(d)

图 8-6

逻辑是研究思维规律的学科。本章中要学习的是数学中常用的逻辑用语。逻辑用语在数学中具有重要的作用，学习数学需要全面准确地理解概念，正确地进行表述、判断和推理，这些都离不开对逻辑知识的掌握和运用。在日常生活中，为了使语言表达和信息的传递更加准确、清楚，常常要用一些逻辑用语和基本的逻辑知识。常用逻辑用语是认识问题、研究问题不可缺少的工具。

教材在章引言中简要阐述了学习常用逻辑用语的意义。接着，在各节中介绍了命题、真命题、假命题、命题的条件和结论的基本概念，以及原命题、逆命题、否命题、逆否命题的概念，归纳了四种命题之间的关系，借助于互为逆否命题具有相同的真假性，判断命题的真假。教材还简明扼要地介绍了充分条件、必要条件和充要条件。对于简单的逻辑联结词“且”“或”“非”，规定了判断由它们联结得到的新命题真假的法则。最后，简要介绍了全称量词、存在量词以及含义一个量词的命题的否定。

本章教学重点是了解命题的逆命题、否命题、逆否命题；充分条件与必要条件；了解逻辑联结词“且”“或”“非”的含义；理解全称量词和存在量词的意义。

教学难点是分析四种命题的相互关系，以及四种命题的真假性之间的关系；对必要条件概念的理解；理解用逻辑联结词联结得到的新命题 $p \wedge q$，$p \vee q$，$\neg p$ 的真假性的规定以及简洁、准确地表述新命题 $p \wedge q$，$p \vee q$，$\neg p$；全称命题和特称命题的真假的判定。

以下分别以知识点“充分条件与必要条件”“全称量词和存在量词”就教材展开分析。

人教 A 版教材定义

一般地，“若 p，则 q”为真命题，是指由 p 通过推理可以得出 q。这时，我们就说，由 p 可推出 q，记作

$$p \Rightarrow q$$

并且说 p 是 q 的充分条件，q 是 p 的必要条件。

北师大版教材定义

“若 p，则 q”形式的命题为真命题是指：由条件 p 可以得到结论 q，通常记作：$p \Rightarrow q$，读作“p 推出 q”，此时我们称 p 是 q 的充分条件。

如果“若 p，则 q”形式的命题 Ⅰ 为真命题，即 $p \Rightarrow q$，称 p 是 q 的充分条件，同时，称 q 是 p 的必要条件 。

充分条件和必要条件的区别在于：充分条件可能会有多余、浪费；必要条件可能还不足。充分条件、必要条件历来是教学的难点，可能是因为用自然语言表述时太拗口，“有之必然，无之未必不然”“无之必不然，有之为必然”等，反复讲解时，往往越讲越糊涂。这时表述要简单。

学生对于充分条件和必要条件的理解，需要经过一段时间的体会。为了

帮助学生理解概念，教学中可以适当举一些数学命题的例子，结合具体的数学命题来学习。数学上的充分条件和必要条件的概念，与日常生活中的“充分”“必要”的意义相近，教学中可以在讲解教材例题的同时，适当地借助于日常生活中的例子，帮助学生理解充分条件和必要条件。比如：

(1) 当集合 $A\subseteq B$ 时，如果 $x\in A$，那么 $x\in B$。所以，“$x\in A$”是“$x\in B$”的充分条件，“$x\in B$”是“$x\in A$”的必要条件。

(2) 如果今天某同学已经踢足球，那么他今天已经参加过球类活动。所以，“今天某同学已经踢足球”是“他今天已经参加过球类活动”的充分条件，“已经参加过球类活动”是“他今天已经踢足球”的必要条件。

(3) 如果某地发现了老虎，则某地发现了国家保护动物。所以“某地发现了老虎”是“某地发现了国家保护动物”的充分条件，“某地发现了国家保护动物”是“某地发现了老虎”的必要条件。

而对于量词，重在理解它们的含义，不要求追求它们的形式化定义。

人教A版教材通过“思考”栏目，引出全称量词的定义。

思考

下列语句是命题吗？(1) 与 (3)，(2) 与 (4) 之间有什么关系？

(1) $x>3$；

(2) $2x+1$ 是整数；

(3) 对所有的 $x\in\mathbf{R}$，$x>3$；

(4) 对任意一个 $x\in\mathbf{Z}$，$2x+1$ 是整数。

短语“对所有的”“对任意一个”在逻辑中通常叫做全称量词①，并用符号“$\forall$”表示。含有全称量词的命题，称为全称命题。

再进一步通过“思考”栏目引出存在量词的定义。

思考

下列语句是命题吗？(1) 与 (3)，(2) 与 (4) 之间有什么关系？

(1) $2x+1=3$；

(2) x 能被 2 和 3 整除；

(3) 存在一个 $x_0\in\mathbf{R}$，使 $2x+1=3$；

(4) 至少有一个 $x_0\in\mathbf{Z}$，x_0 能被 2 和 3 整除。

短语“存在一个”“至少有一个”在逻辑中通常称为存在量词②，并用符号“$\exists$”表示。含有存在量词的命题，称为特称命题。

全称量词与存在量词是《高中数学课标（实验）》新增内容，在教学过

① 常见的全称量词还有“对一切”“对每一个”“任给”“所有的”等。

② 常见的存在量词还有“有些”“有一个”“对某个”“有的”等。

程中要注意通过实例对于全称量词与存在量词的理解，以及数学符号的运用。在数学中，我们经常使用符号语言简洁、准确地表达数学的一些内容。教材将含有变量 x 的陈述句用符号 $p(x)$，$q(x)$，$r(x)$，… 表示，将变量 x 的取值范围用符号 M 表示。这样一来，就可以用符号 $\forall x\in M$，$p(x)$ 表示全称命题“对 M 中任意一个 x，有 $p(x)$ 成立”。数学中经常出现这种用符号语言表达的全称命题。如，$\forall x\in \mathbf{R}$，$\sin 2x=2\sin x\cos x$ 。同样，也可以用符号 $\exists x_0\in M$，$p(x_0)$ 表示特称命题“存在一个 x_0 属于 M，有 $p(x_0)$ 成立”。

另外，关于集合与逻辑的贯通问题也值得我们关注。

教材首先将集合与命题加以沟通，建立联系：

集合 $A=\{x\mid p(x)\}$ ，其中 $p(x)$ 是描述元素 x 的特征性质(命题)，它与“$x\in A\Leftrightarrow p(x)$ ” 等价。

其次，将集合与逻辑中有关命题的相关内容，通过探索与研究贯通一起。从而得出以下各相应关系，例如：

设 $A=\{x\mid p(x)\}=\{x\mid p\}$ ，$B=\{x\mid q(x)\}=\{x\mid q\}$ ，则

$A\subseteq B\leftrightarrow x\in A\Rightarrow x\in B\leftarrow\cdots\rightarrow p\Rightarrow q$

$A\cap B\leftrightarrow(x\in A)\wedge(x\in B)\leftarrow\cdots\rightarrow p\wedge q$

以上这些关联，不必要求死记硬背，要尽力使学生有所理解，有所领会，在今后学习中不断应用。

例如，试判定下列集合 A 与 B 的关系：

(1) $A=\{x\mid x$ 是 5 的倍数$\}$ ，$B=\{x\mid x$ 是 15 的倍数$\}$

(2) $A=\{x\mid x<-1\}$ ，$B=\{x\mid x<0\}$

(3) $A=\{x\mid x$ 是正方形$\}$ ，$B=\{x\mid x$ 是邻边相等的矩形$\}$

同时值得一提的是，虽然教材中没有将集合与充要条件明确地联系起来，但是应该明确两者之间有着密切的联系。

若令 A、B 分别为 p 命题和 q 命题成立的集合，而集合与充要条件的关系为：

若 $A\subseteq B$，则 p 为 q 的充分条件；

若 $B\subseteq A$，则 p 为 q 的必要条件；

若 $A=B$，则 p 为 q 的充要条件；

若 $A\not\subseteq B$ 且 $B\not\subseteq A$ 则 p 为 q 的既不充分也不必要条件。

阅读 8.4 课程标准中“集合与逻辑”的内容与要求

阅读 8.5 “集合与逻辑”高考视窗

阅读 8.6 数学中三种逻辑特点及对中学数学教学的启示

拓展阅读

黄忠裕，赵焕光. 相识数学逻辑 [M]. 北京：科学出版社，2010.

第三节 “向量”结构与内容分析

一、“向量”教材结构分析

教材上讨论的向量是一种带几何性质的量，除零向量外，都可以画出箭头表示方向。但是在高等数学中还有更广泛的向量。例如，把所有实系数多项式的全体看成一个多项式空间，这里的多项式都可看成一个向量。在这种情况下，要找出起点和终点，甚至画出箭头表示方向是办不到的。这种空间中的向量比几何中的向量要广泛得多，可以是任意数学对象或物理对象。这样，就可以把线性代数方法应用到广阔的自然科学领域中去。因此，向量空间的概念，已成为数学中最基本的概念和线性代数的中心内容，它的理论和方法在自然科学的各领域中得到了广泛的应用。而向量及其线性运算也为“向量空间”这一抽象的概念提供了一个具体的模型。

人教 A 版教材将平面向量放在数学 4 第二章当中，包括五节内容：平面向量的实际背景及基本概念（阅读与思考向量及向量符号的由来）；平面向量的线性运算；平面向量的基本定理及坐标表示；平面向量的数量积；平面向量应用举例（阅读与思考向量的运算与图形性质）。教材知识结构框图如图 8－7 所示。

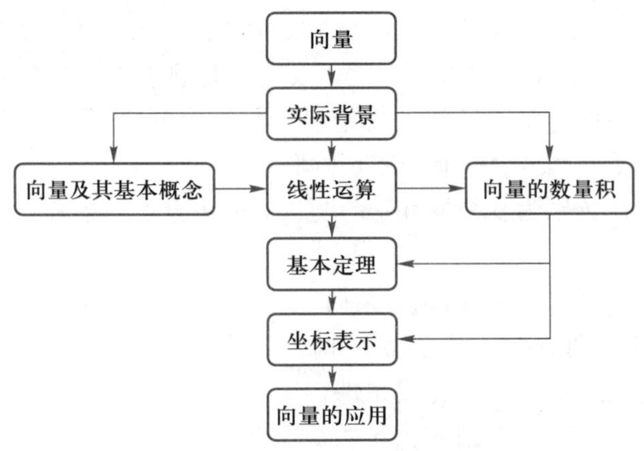

图 8－7 人教 A 版教材知识框图

在本章的这五节内容中，“平面向量的实际背景及基本概念”包括向量的物理背景及概念、向量的几何表示、相等向量与共线向量。教材以位移、力等物理量为背景，抽象出既有大小、又有方向的量——向量，并说明向量与数量的区别。然后介绍了向量的几何表示、向量的长度、零向量、单位向量、平行向量、相等向量、共线向量等基本概念。

“平面向量的线性运算”包括向量加法运算及其几何意义、向量减法运算及其几何意义、向量数乘运算及其几何意义。教材首先讲了向量的加法、加法的几何意义、加法运算律；其次用相反向量与向量的加法定义向量的减法，把向量的减法与加法统一起来，并给出向量减法的几何意义；然后通过向量的加法引入向量的数乘运算，并给出了相应的运算律；最后介绍了两个向量共线的条件和向量线性运算的运算法则。

“平面向量的基本定理及坐标表示”包括平面向量基本定理、平面向量的正交分解及坐标表示、平面向量的坐标运算、平面向量共线的坐标表示。平面向量基本定理是平面向量正交分解及坐标表示的基础。教材首先通过一个具体的例子给出平面向量基本定理，同时介绍了基底、夹角、两个向量垂直的概念；其次在平面向量基本定理的基础上，给出了平面向量的正交分解及坐标表示；然后介绍向量加、减、数乘的坐标运算和向量坐标的概念；最后给出平面向量共线的坐标表示。坐标表示使平面中的向量与它的坐标建立起了一一对应的关系。这为“数”的运算处理“形”的问题搭起了桥梁。

在选修 2－1 中“空间中的向量与立体几何”中，人教 A 版教材分为两节展开：空间向量及其运算（阅读与思考向量概念的推广与应用），立体几何中的向量方法。具体内容线索为：空间向量的定义及其运算→用空间向量表示点、直线、平面等元素→建立空间图形与空间向量的联系→利用空间向量的运算解决立体几何中的问题。其中，空间向量的运算还包括空间向量运算的几何表示（如平行四边形法则）以及空间向量运算的坐标表示（加减法、数乘、数量积）。

第一节“空间向量及其运算”包括空间向量的定义、空间向量的加减运算、空间向量的数乘运算、空间向量的数量及运算、空间向量的正交分解及其坐标表示、空间向量运算的坐标表示等内容。

空间向量的基本概念及其性质是这部分内容的基础知识，是后续学习的前提。由于空间向量是平面向量的推广，空间向量及其运算所涉及的内容与平面向量及其运算类似。因此，教材的框架结构与数学 4 中平面向量及其运算基本一致。

在学习了空间向量及其运算，并利用空间向量解决一些简单几何问题的基础上，教材第二节“立体几何中的向量方法”研究了用空间向量解决立体几何中的问题。教材首先介绍了如何利用空间向量表示点、直线、平面的位置，进而利用空间向量表示空间直线、平面的平行、垂直、夹角等，并通过解决几个立体几何中的问题，给出了利用空间向量解决立体几何问题的“三部曲”。利用向量解决立体几何问题是这部分学习的重点。

二、“向量” 教材内容分析

（一）关于向量的实际背景以及基本概念（图 8－8）

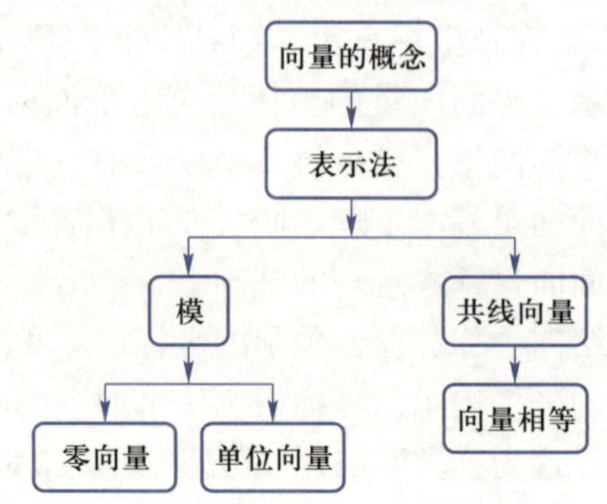

图 8－8　本节知识结构

《高中数学课标（实验）》指出“通过力和力的分析等实例，了解向量的实际背景，理解平面向量和向量相等的含义，理解向量的几何表示”。人教 A 版教材给出的实际背景为物体受到的重力、浮力以及弹力（图 8－9）。

你还能举出物理学中力的一些实例吗？

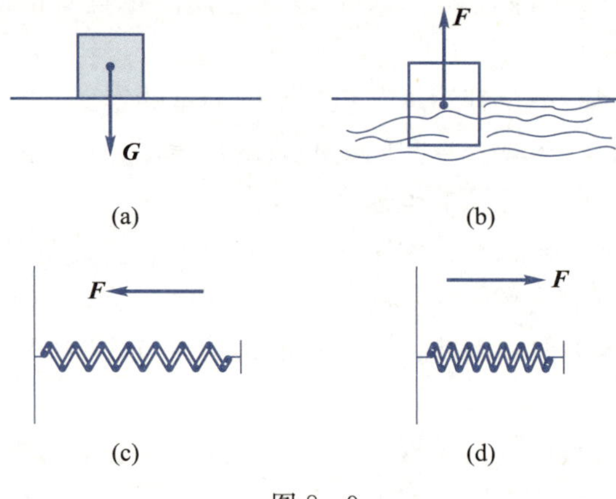

图 8－9

位移是物理中的基本量之一，也是几何研究的重要对象。几何中常用点表示位置，研究如何由一点的位置确定另外一点的位置。位移简明地表示了点的位置之间的相对关系，它是向量的重要的物理模型。力是常见的物理量，重力、浮力、弹力等都是既有大小又有方向的量。物理中还有其他力，教材在边白处给学生提出问题，让学生举出物理学中力的其他一些实例，目的是要建立物理课中学过的位移、力及矢量等概念与向量之间的联系，以此更加自然地引入向量概念，并建立学习向量的认知基础。

进而给出向量的概念：数学中，我们把这种既有大小，又有方向的量称为向量。而把那些只有大小，没有方向的量（如年龄、身高、长度、面积、体积、质量等)，称为数量。

与人教 A 版教材相比较，北师大版教材关于物理背景的阐述更多是以文字的形式呈现的（图 8－10）：

实例分析

在物理学中，我们学习过“位移”“速度”和“力”等物理量。

民航每天都有从北京飞往上海、广州、重庆、哈尔滨等地的航班。每次飞行都是民航客机的一次位移，由于飞行的距离和方向各不相同，因此，它们是不同的位移（如图 8－10）。

假如学校位于你家东偏北 30°方向，距离你家 2 000 m。从家到学校，可能有长短不同的几条路，无论走哪条路，你的位移都是向东偏北 30°方向移动了 2 000 m。

飞机向东北方向飞行了 150 km，飞行时间为半小时，飞行速度的大小是 300 km/h，方向是东北。

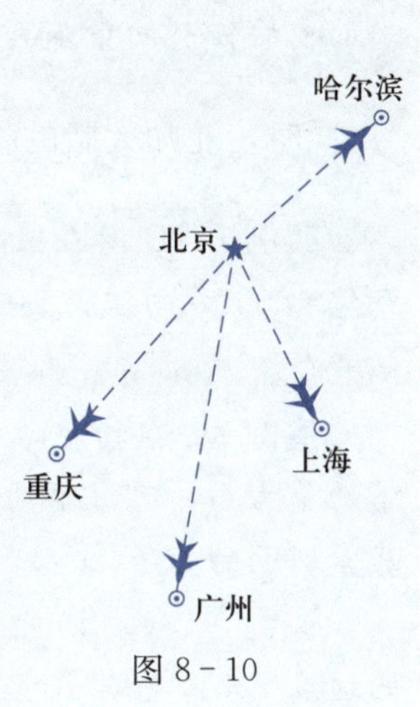

图 8－10

教材给出的是一些更为具体的实例。首先从民航客机的位移，学生从家到学校的位移，飞机的飞行速度，运动员投掷标枪的初速度，起重机吊装物体时物体受到的力，汽车爬坡时的牵引力等大量的实例出发，抽象概括出平面向量的概念：在现实世界中，像位移、速度、力等既有大小又有方向的量是很多的，如加速度、动量等，在数学中，我们把这种既有大小，又有方向的量统称为向量。

（二）关于平面向量的基本定理（图 8－11）

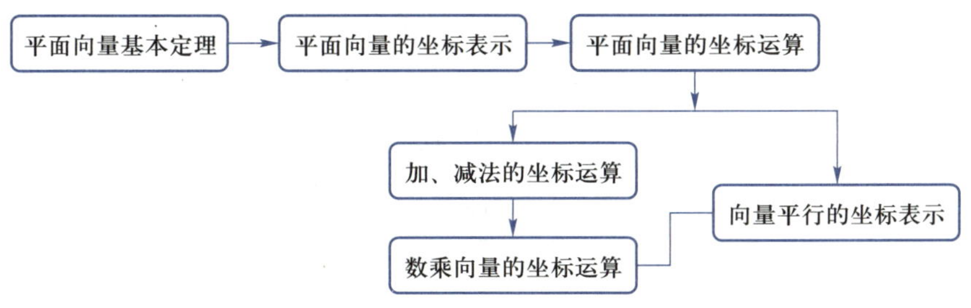

图 8－11　本节知识结构

人教 A 版教材首先以“思考”栏目的形式呈现，平面向量基本定理告诉我们同一平面内任一向量都可表示为两个不共线向量的线性组合，这样，如果将平面向量的始点放在一起，那么由平面向量基本定理可知，平面内的任何一个点都可以通过两个不共线的向量得到表示，也就是平面内的任意点可以由平面内的一个点及两个不共线的向量来表示。这是引进平面向量基本定理的一个原因。

思考

给定平面内任意两个向量 $\boldsymbol{e}_1$、$\boldsymbol{e}_2$，请你作出向量 $3\boldsymbol{e}_1+2\boldsymbol{e}_2$，$\boldsymbol{e}_1-2\boldsymbol{e}_2$，平面内的任一向量是否都可以用形如 $\lambda_1\boldsymbol{e}_1+\lambda_2\boldsymbol{e}_2$ 的向量表示呢？

同时，北师大版的教材接连以四个实例的形式引出平面向量基本定理：

实例1 B 港在 A 港东偏北 $60°$ 的 $100n$ mile 处，轮船从 A 港出发沿东偏北 $60°$方向航行 $100n$ mile 可到达 B 港。如果向东航行 $50n$ mile，再向北航行 $50\sqrt{3}n$ mile，也可到达 B 港。

实例2 在物理学中我们知道，一个放在斜面上的物体所受的竖直向下的重力 G，可分解为使物体沿斜面下滑的力 F_1，和使物体垂直于斜面压紧斜面的力 F_2。

实例3 飞机沿仰角为 α 的方向起飞的速度 v，可分解为沿水平方向的速度 $v\cos\alpha$ 和沿竖直方向的速度 $v\sin\alpha$ 。

实例4 一盏电灯，可以由电线 CO 吊在天花板上，也可以由电线 AO 和绳 BO 拉住。CO 所受的拉力 F 应与电灯重力平衡，拉力 F 可以分解为 AO 和 BO 所受的拉力 F_1 和 F_2。

通过实例可以看出，把一个向量分解到两个不同的方向，特别是作正交分解，即在两个互相垂直的方向上进行分解，是解决问题的一种十分重要的手段。

进而得到平面向量基本定理：如果 $\boldsymbol{e}_1$，$\boldsymbol{e}_2$ 是同一平面内的两个不共线向量，那么对于这一平面内的任一向量 $\boldsymbol{a}$，存在一对实数 λ_1，λ_2，使 $\boldsymbol{a}=\lambda_1\boldsymbol{e}_1+\lambda_2\boldsymbol{e}_2$。

（三）关于平面向量的数量积（图 8 - 12）

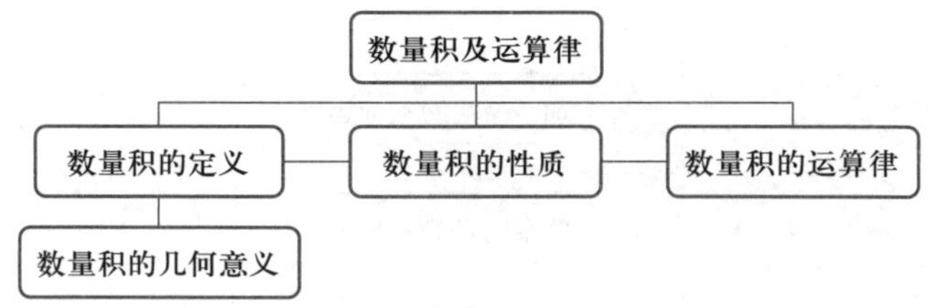

图 8 - 12 本节知识结构

《高中数学课标（实验）》指出：通过物理中“功”等实例，理解平面向量数量积的含义及其物理意义。由于向量的线性运算有非常明确的几何意义，因此利用向量的线性运算可以讨论一些几何元素的位置关系。既然向量可以进行加减运算，一个自然的想法是两个向量能否做乘法运算呢？如果能，运算结果应该是什么呢？另外，距离和角是刻画几何元素（点、线、面）之间度量关系的基本量。我们需要一个向量的运算来反映向量的长度和两个向量间夹角的关系。众所周知，向量概念的引入与物理学的研究密切相关。因此，向量数量积的概念也可以从物理学的概念出发进行研究。因此，教材都是通过物体在力作用下做功来引进数量积的定义的。

人教 A 版教材首先引入平面向量数量积的物理背景。

我们知道，如果一个物体在力 F 的作用下产生位移 s（图 8-13），那么力 F 所做的功

$$W=Fs\cos\theta.$$

其中 θ 是 F 与 s 的夹角。

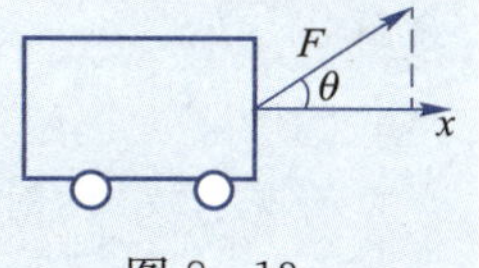

图 8-13

功是一个标量，它由力和位移两个向量来确定。这给我们一种启示，能否把“功”看成是这两个向量的一种运算的结果呢？

进一步引入“数量积”的概念：

已知两个非零向量 $\boldsymbol{a}$ 与 $\boldsymbol{b}$，我们把数量 $|a||b|\cos\theta$ 称为 $\boldsymbol{a}$ 与 $\boldsymbol{b}$ 的数量积（或内积），记作 $a\cdot b$，即 $a\cdot b=|a||b|\cos\theta$。

之后引导学生进行一系列“探究”活动。

探究

由向量数量积的定义，你能否得到下面的结论？设 $\boldsymbol{a}$ 和 $\boldsymbol{b}$ 都是非零向量，则

(1) $\boldsymbol{a}\perp\boldsymbol{b}\Leftrightarrow\boldsymbol{a}\cdot\boldsymbol{b}=0$.

(2) 当 $\boldsymbol{a}$ 与 $\boldsymbol{b}$ 同向时，$\boldsymbol{a}\cdot\boldsymbol{b}=|\boldsymbol{a}||\boldsymbol{b}|$；当 $\boldsymbol{a}$ 与 $\boldsymbol{b}$ 反向时，$\boldsymbol{a}\cdot\boldsymbol{b}=-|\boldsymbol{a}||\boldsymbol{b}|$。特别地，$\boldsymbol{a}\cdot\boldsymbol{a}=|\boldsymbol{a}|^2$ 或 $|\boldsymbol{a}|=\sqrt{\boldsymbol{a}\cdot\boldsymbol{a}}$。

(3) $|\boldsymbol{a}\cdot\boldsymbol{b}|\leqslant|\boldsymbol{a}||\boldsymbol{b}|$。

探究

运算律和运算紧密相连，引进向量数量积后，自然要看一看它满足怎样的运算律，你能推导向量数量积的下列运算律吗？

已知向量 $\boldsymbol{a}$、$\boldsymbol{b}$、$\boldsymbol{c}$ 和实数 λ，则

(1) $\boldsymbol{a}\cdot\boldsymbol{b}=\boldsymbol{b}\cdot\boldsymbol{a}$；

(2) $(\lambda\boldsymbol{a})\cdot\boldsymbol{b}=\lambda(\boldsymbol{a}\cdot\boldsymbol{b})=\boldsymbol{a}\cdot(\lambda\boldsymbol{b})$；

(3) $(\boldsymbol{a}+\boldsymbol{b})\cdot\boldsymbol{c}=\boldsymbol{a}\cdot\boldsymbol{c}+\boldsymbol{b}\cdot\boldsymbol{c}$。

北师大版教材也是从力做的功引出向量的数量积：

实例分析

在物理学中，我们知道，一个物体受到力的作用，如果在力的方向上发生一段位移，我们就说这个力对物体做了功。

如果力的方向跟物体运动的方向相同，功就等于力的大小和位移大小的乘积。如果当力 $\boldsymbol{F}$ 的方向与物体运动的方向成 θ 角时，将力 $\boldsymbol{F}$ 进行分解：

……

可见，力 $\boldsymbol{F}$ 对物体做的功为

$$W=|\boldsymbol{F}||\boldsymbol{s}|\cos\theta$$

……

力对物体所做的功，可以看作力 $\boldsymbol{F}$ 和位移 $\boldsymbol{s}$ 这两个向量的某种运算的结果。

从而引入向量的数量积的概念：

已知两个向量 $\boldsymbol{a}$ 和 $\boldsymbol{b}$，它们的夹角为 θ，我们把 $|\boldsymbol{a}||\boldsymbol{b}|\cos\theta$ 叫做 $\boldsymbol{a}$ 和 $\boldsymbol{b}$ 的数量积（或内积），记作 $\boldsymbol{a}\cdot\boldsymbol{b}$，即

$$\boldsymbol{a}\cdot\boldsymbol{b}=|\boldsymbol{a}||\boldsymbol{b}|\cos\theta$$

阅读 8.7 《高中标准（实验）》中“向量”的内容与要求

利用向量的性质及其相关法则来解决问题，称为向量法。用向量法解决立体几何问题，要熟练掌握空间向量基本定理，准确理解空间向量的概念，恰当引入向量运算，结合已知和所求，观察图形，联想相关运算法则和公式等，先把需要表示的向量与其他向量构成平行四边形或三角形，化几何证明、逻辑推理为简单的代数运算，以降低解题难度。

拓展阅读

张思汇. 复数与向量 [M]. 2 版. 上海：华东师范大学出版社，2012.

张景中，彭翕成. 绕来绕去的向量法 [M]. 北京：科学出版社，2010.

彭翕成. 向量、复数与质点 [M]. 北京：中国科学技术出版社，2014.

第四节 “算法”结构与内容分析

一、“算法”教材结构分析

“算法初步”是高中数学新课程中唯一新增加的必修内容。《高中数学课标（实验）》在必修课程数学 3 中把“算法初步”单列一章，并建议安排 12 课时的教学时间。在高中数学教学中引入算法内容的主要目的是让学生体会算法的思想，提高逻辑思维能力，在教材中介绍一定的程序语言，其目的是给算法的学习提供一个支撑，使学生体验从问题到流程图再到程序最后上机解决问题的过程，从而提高学习兴趣，更好地理解算法。

重点定位在算法的三种基本逻辑结构。要设计出一个结构良好、易读好懂的算法，就必须以三种基本逻辑结构为基础来构建算法。而且，三种基本逻辑结构中蕴含了比较深刻的思想：顺序结构反映的是“一步一步执行”（step by step）的思想，即把解决问题的方法步骤化；条件结构反映的是“先判断、后执行”的思想，计算机区别于其他机械的能力就来自用算法做判断和按判断的结果行动的能力；循环结构蕴含的是“递推”的思想。难点定位在循环语句中循环的形成与控制的理解。

人教 A 版教材将“算法初步”设置在数学 3 的第一章，分为三节：算法与程序框图；基本算法语句以及算法案例；阅读与思考割圆术。具体结构如图 8－14 所示。

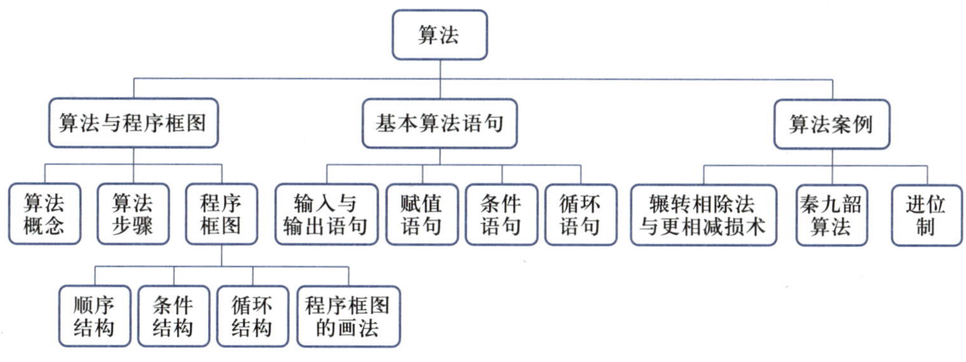

图 8－14 数学 3 第一章知识结构图

（1）算法至今也没有一个严格的统一定义。因此，教材通过概括解二元一次方程组的步骤，以“在数学中，算法通常是指按照一定规则解决某一类问题的明确和有限的步骤”来介绍算法的含义。在此基础上，又通过质数的判定，用二分法求方程的近似解这些学生熟悉的问题，分析其算法步骤，以帮助学生进一步理解算法的基本含义并渗透算法思想。

（2）在介绍算法概念时，教材是通过解决具体问题的算法步骤来表达算法的。这种形式所呈现的算法通俗易懂，但是不够准确。算法的基本结构也不清晰。因此，教材通过以框图形式表示“质数的判定”的算法，介绍了算法的逻辑结构（顺序结构、条件结构和循环结构），并分别用简单的例子对这三种基本逻辑结构作进一步阐述，使学生认识到程序框图可以表示算法，而且用程序框图表示的算法更直观、更准确。

（3）任何复杂的算法都可以用顺序结构、条件结构和循环结构这三种基本逻辑结构来实现。因此，这三种基本逻辑结构是程序框图的构成要素。教材把三种基本逻辑结构与程序框图结合起来，这不仅降低了这三种基本逻辑结构的学习难度，也为学习程序框图的画法提供了前提条件。

（4）当今世界，越来越多的事情交付计算机完成，而计算机完成任何一项任务都需要算法。因此，算法是计算机科学的基础。但是，用自然语言或程序框图描述的算法计算机是无法“理解”的，因此我们要需要将算法用计算机能够理解的语言表达出来，这就是通常所说的程序与程序设计，所用的语言称为程序设计语言。程序设计语言是由一些有特定含义的程序语句构成的，与程序框图中介绍的算法三种基本逻辑结构相对应。教材介绍了输入语句、输出语句、赋值语句、条件语句和循环语句。尽管不同的程序设计语言有不同的语句形式和语法规则，但基本结构是相同的。基于这样的原因，教材所介绍的语句形式及程序稍加修改就可以变为某些具体的程序设计语言形式的程序，并可以在计算机上执行。

（5）与其他数学内容的学习相比较，算法学习的一个最大特点就是操作实践性强。因此，了解经典的算法案例有助于学生深入理解算法的特征和进一步体会算法的思想。教材在 1.3 节安排了“辗转相除法与更相减损术”“秦九韶算法”“进位制”三个中国古代及西方数学中的经典算法案例，通过栏目设置给学生提供模仿、操作、探索的机会，帮助他们体会其中所蕴含的算法思想。除此之外，教材在安排教学内容时，特别重视将算法知识的学习与具体例子结合起来。例如，用“二元一次方程组的解法”介绍算法的含义；用“质数的判定”的程序框图介绍程序框、流程线与基本逻辑结构；用“用二分法求方程的近似解”介绍程序框图的画法；用“计算 $1+2+\cdots+100$ 的值”介绍“直到型”与“当型”两种不同的循环结构与循环语句；等等。

（6）“割圆术”是中国古代一个典型的算法。阅读与思考栏目对这个算法进行了详细的阐述：从刘徽对“割圆术”的描述出发，用递推公式表示算法的关键步骤，然后将算法写成计算机程序，其中体现了从古到今、从笔算到机算的过程，既展现了算法中所包含的以直代曲、无限趋近、内外加逼的思想，又说明了借助算法利用计算机解决问题的优势。

而北师大版教材将“算法初步”设置在数学 3 第二章，与人教 A 版不同的是，没有单独设置算法案例，而是将其渗透到整章内容之中，突出算法的基本思想；“算法框图的基本结构与设计”单列一节，“几种基本语句”为

第 3 节。每一节后面都附有阅读材料，最后有一个课题学习。

二、“算法” 教材内容分析

（一）关于算法概念

“算法”一词英译为 algorithm。初看起来，这个词与 logarithm（对数）一词相近，把 logarithm 头四个字母写的前后颠倒之后得到 algorithm。这个词一直到 1957 年之前在《韦氏新世界词典》中还未出现。数学史学家发现了 algorism（算术）一词的真实起源——阿拉伯著名数学家阿尔·花拉子米论述算术的著作。大约在公元 825 年，他在巴格达写了《算法》一书。

一本早期的德文词典《数学大全辞典》，给出了算法一词的如下定义：“在这个名称之下，组合了四种类型的算术计算的概念，即加法、乘法、减法、除法。”

按照不列颠大百科全书的说法，“算法就是能够在有限步产生问题结果的、一系列的数学步骤”。

由于算法至今也没有一个严格的统一定义。因此，在不同版本的教材中呈现的定义有所不同（表 8－7）。

表 8－7　不同教材中的算法定义

人教 A 版	北师大版	苏教版
通过解二元一次方程组的步骤，引出算法的定义： 算法一词出现于 12 世纪，指的是用阿拉伯数字进行算术运算的过程。在数学中，算法通常是指按照一定规则解决某一类问题的明确和有限的步骤。	通过两个例题， 例 1　物品猜价格游戏 例 2　将 936 标准质分解 引出算法的定义： 以上步骤是解决素因数分解问题的一个过程，只要依照这一系列步骤，都能解决这个问题。把这一系列步骤称为解决这个问题的一个算法。	通过物品猜价格游戏的步骤，引出算法的定义： 一般而言，对一类问题的机械的、统一的求解方法称为算法。

从教材内容不难看出，三个版本的教材都有意识地淡化算法这个学术界还没有统一的定义，而是通过对解决具体问题过程与步骤的分析，体会算法思想，了解算法的含义。

（二）关于算法的基本结构

算法的基本结构包括顺序结构、选择结构和循环结构，三个版本关于算法的基本结构如表 8－8 所示。

表 8-8　不同教材中算法的基本结构

人教 A 版	北师大版	苏教版
通过程序框图的介绍，运用实例引入算法的三种基本结构： 顺序结构 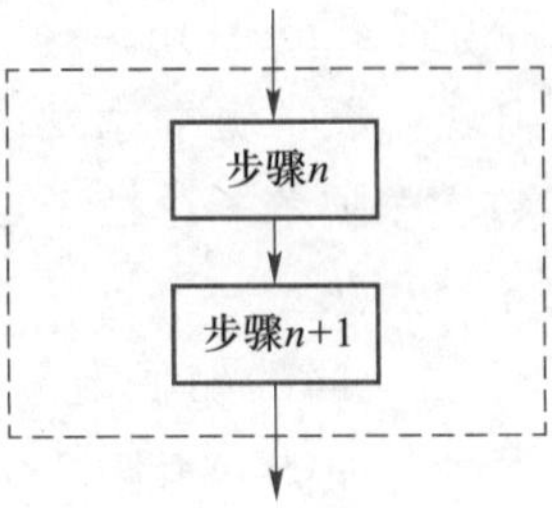 步骤n 步骤$n+1$ 选择结构 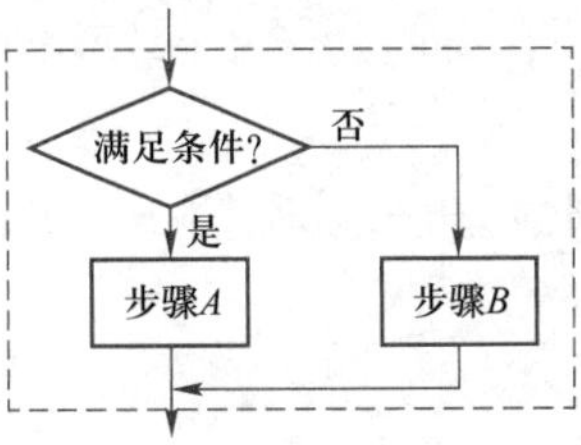 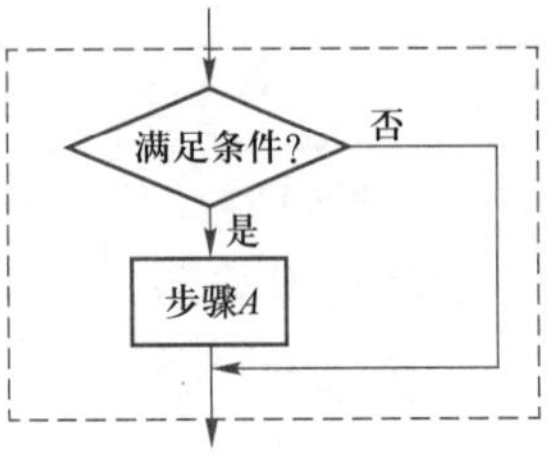 满足条件? 否 是 步骤A 步骤B 满足条件? 否 是 步骤A 循环结构 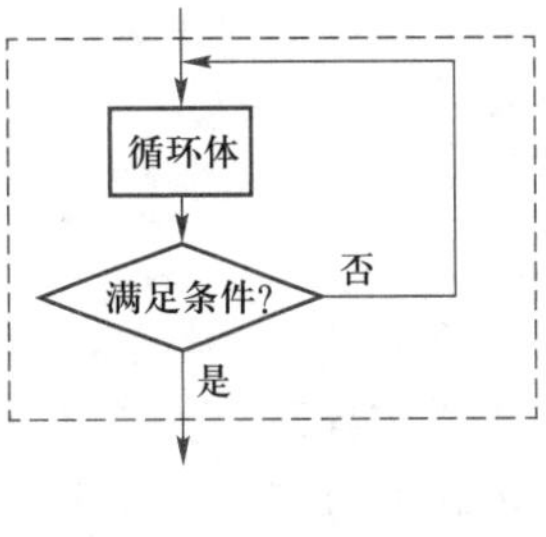 循环体 满足条件? 否 是	通过实例，首先引入顺序结构 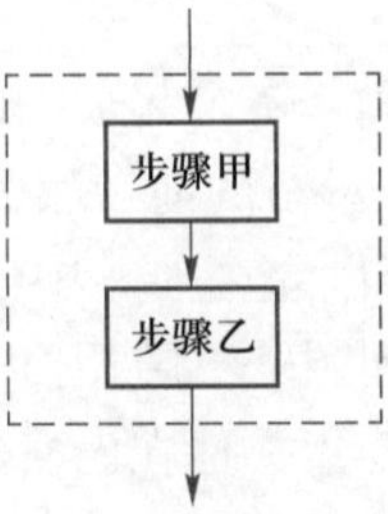 步骤甲 步骤乙 选择结构 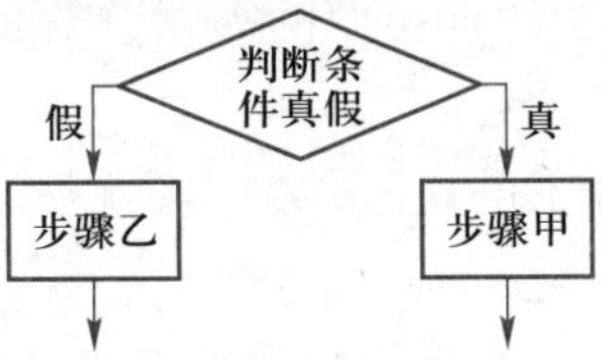 判断条件真假 假 真 步骤乙 步骤甲 在介绍了如何设置变量和给变量赋值之后，转入介绍循环结构 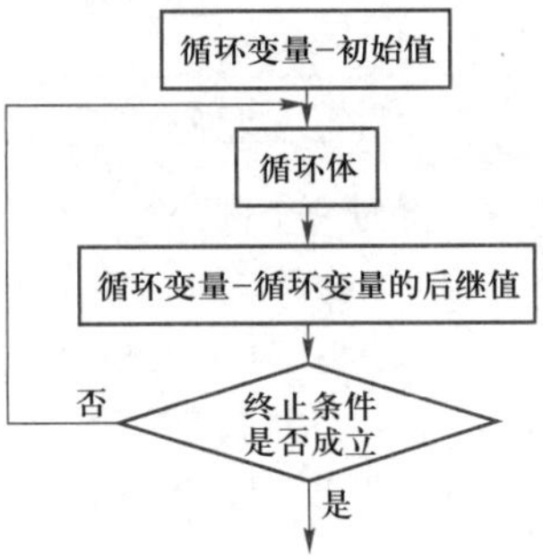 循环变量=初始值 循环体 循环变量=循环变量的后继值 否 终止条件是否成立 是	通过流程图的介绍，运用实例引入顺序结构 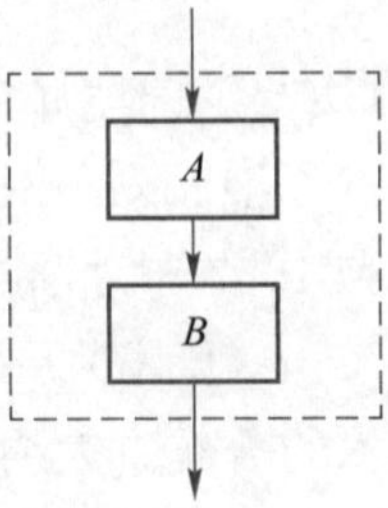 A B 选择结构 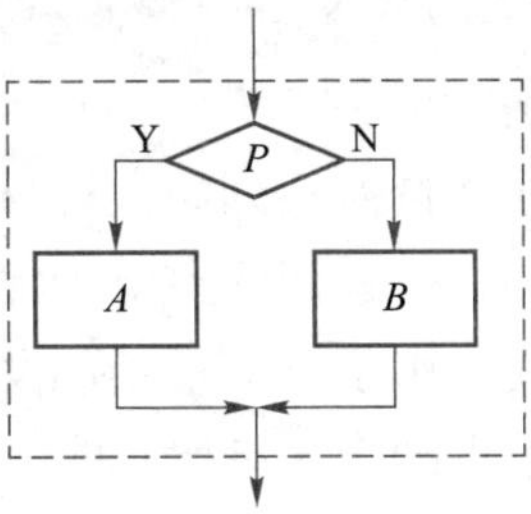 Y P N A B 循环结构 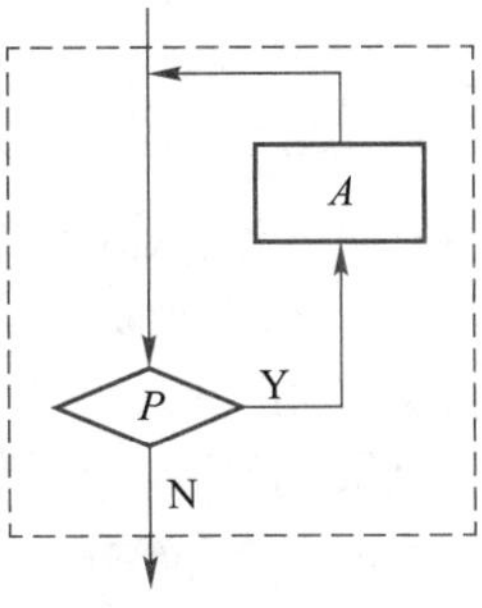 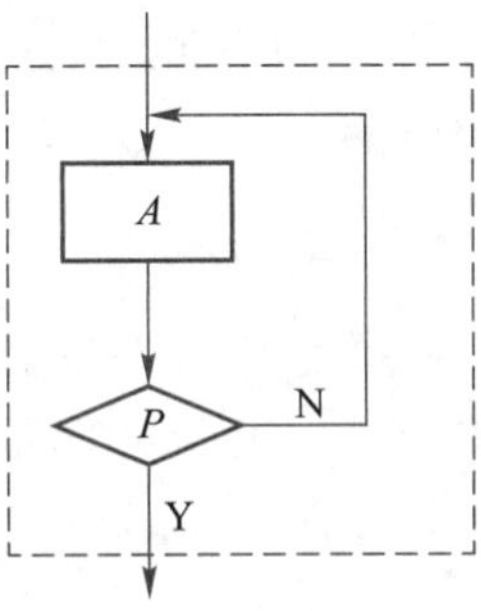 A P Y N A P N Y

当然，算法除了可以用流程图来描述，还可以用自然语言、伪代码以及高级程序设计语言表描述，为了有条理地、清晰地表达算法，往往需要将解决问题的过程整理成程序框图或伪代码语言。为了能在计算机上实现，还需

要将自然语言或程序框图翻译成机器语言（图 8-15）。

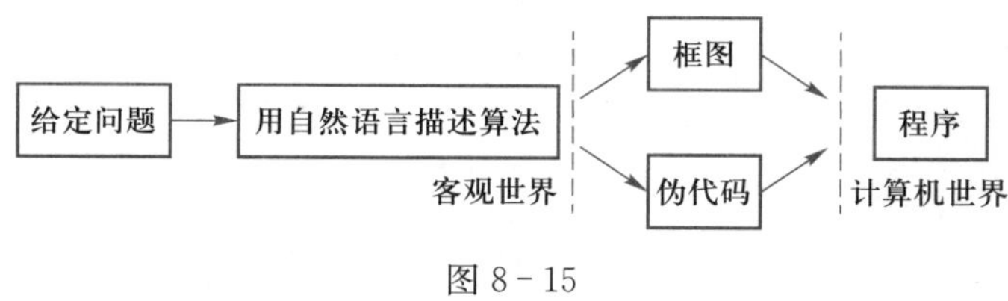

图 8-15

在介绍选择结构时，人教 A 版介绍了不对称的选择结构①以及对称的选择结构②；其余两个版本的教材主要介绍了对称的选择结构。选择结构还有一种常用形式——嵌套的选择结构（图 8-16）。该结构是选择结构的块中又包含选择结构。

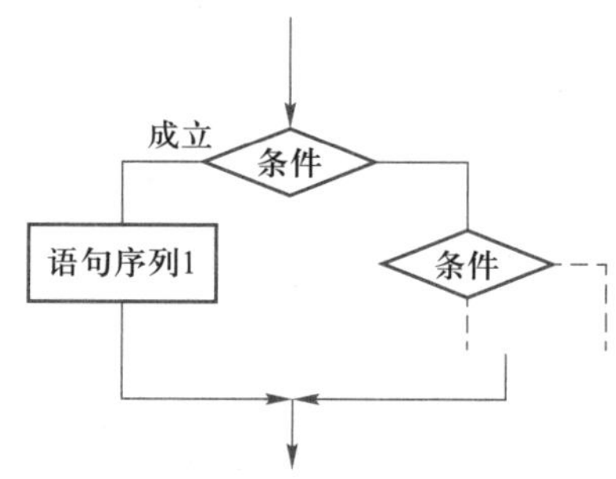

图 8-16　嵌套的选择结构

在介绍循环结构时，人教 A 版与苏教版主要介绍的是当型循环结构③；北师大版主要介绍的是次数型循环结构④。

（三）关于基本算法语句

数学课程标准中要求“理解几种基本算法语句——输入语句、输出语句、赋值语句、条件语句、循环语句”。

其中，人教 A 版教材使用的语句形式和语法规则与 Basic 语言类似，稍加改造就可以在计算机上运行实现。而北师大版教材以 Basic 语言为例介绍各种基本语句。略微不同的是，苏教版教材主要通过伪代码学习基本的算法语句。在伪代码中使用 VB（Visual Basic）语言的关键词。

（四）关于算法案例

数学课程标准中建议“通过阅读中国古代数学中的算法案例，体会中国古代数学对世界数学发展的贡献”。三个版本教材中所引用的算法案例略为

① 单分支选择结构，该结构是按照某个条件是否成立，来决定某块是否执行。

② 双分支选择结构，该结构是按照某个条件是否成立，从两块中选择一块执行。

③ 循环次数不固定，该结构是先判断控制循环的条件，条件成立则执行循环体。反复上述操作，直到条件不成立时退出循环。

④ 循环次数固定，该结构是反复执行循环体制定次数。

不同（表 8－9）。

阅读 8.8 《高中标准（实验）》中“算法初步”的内容与要求

阅读 8.9 “算法”高考视窗

阅读 8.10 “算法初步”在高中数学教科书中的编写与启示

阅读 8.11 数学文化与数学史

表 8－9　教材中的代表性案例

人教 A 版	北师大版	苏教版
1.3 算法案例 案例 1 辗转相除法与更相减损术 案例 2 秦九韶算法 案例 3 进位制 阅读与思考：割圆术	分散在全章内容中 “韩信点兵”问题 排序算法 阅读材料：物不知数 斐波那契数列 二分法算法 阅读材料：美索不达米亚人的开方算法 课题学习：确定线段 n 等分点的算法	1.4 算法案例 案例 1 韩信点兵——孙子问题 案例 2 欧几里得算法 阅读：辗转相除与更相减损 案例 3 二分法算法 阅读：二进制数 · 计算机

三个版本的教材都在正文中给出了中国古代数学中的算法案例。其中，北师大版通过“算法案例分析”引导学生体会算法思想。人教 A 版中案例 1 介绍了东西方求最大公约数算法的不同，案例 2 介绍我国古代优秀算法，案例 3 则与计算机紧扣。而苏教版中都提及“韩信点兵”这一颇具代表性的中国古代算法问题。相比较而言，人教 A 版选择的三个案例更具备一定的代表性。

拓展阅读

史炳星，王桂霞. 算法初步［M］. 北京：高等教育出版社，2005.

思考题

1. 分析课程标准中对微积分课程结构设计的基本理念。
2. 查阅相关教材，分析导数概念引入的不同方式和特点。
3. 关于“集合”与“常用逻辑用语”之间的贯通点有哪些?
4. 谈谈“向量”中所蕴涵的教育价值。
5. 我国2003年颁布的《普通高中数学课标（实验）》为什么要把“算法”列入必修课?

第九章　中学数学课程改革与发展趋势

编者的话

通过本章的学习，可以了解国内数学课程改革及其发展的基本情况；可以窥视国际数学课程改革及其发展的线索。

如果想要了解更多，使用手机扫描二维码，可以知道新中国成立以来我国颁布的中学数学教学大纲以及课程标准；还可以从国际比较研究的视角审视初中数学课程的内容分布情况。

如果你还有更多的课余时间，本章推荐了关于"高中数学课程内容的国际比较"等拓展内容，读一读，会让你在本章的学习中获得意外的收获哦！

要点提示

21世纪全球化日益加速，体力工作逐渐减少，数学显得更加重要，因为几乎所有的工作不仅依赖于基本的数学知识和技能，而且依赖于数学所培养的逻辑思维和认知能力。为此，世界各个国家投入大量的人力和财力进行课程改革，尤其是数学课程改革。数学课程改革其中的一个核心工作就是如何选择适当的内容，通过恰当的方式教给适当年龄段的学生。这些要求反映在各个国家编写的数学课程标准与教材之中。能否制定恰当的数学课程标准、编制高质量的数学教科书等成为数学课程改革的一个基本问题。基于美国、澳大利亚、加拿大、英国、法国、德国、俄罗斯、日本、韩国、新加坡、荷兰等国家最新的数学课程标准（小学、初中、高中），结合国内外数学教科书，探究展望未来国际数学课程发展趋势，为教师数学课堂教学提供参考与借鉴。

学习目标

1. 了解国内中学数学课程改革特点及其发展趋势；
2. 了解国际上中学数学课程标准的地位和作用；
3. 理解国际上中学数学课程标准的特点。

视频 9.1　本章内容介绍

PPT9.1

第一节　国内数学课程改革及其发展

回顾世纪之交进行的第八次基础教育课程改革，对我们认识和理解数学课程改革的诸多问题具有重要意义。在十多年中，中国数学教育发展重大的变革，也为我们思考和展望未来中国数学教育的发展提供了重要的借鉴。

众所周知，这一轮义务教育数学课程改革以2001年颁布并实施的《全日制义务教育数学课程标准（实验稿）》为标志，高中以2003年颁布并实施的《普通高中数学课程标准（实验）》为标志。新的课程改革实施以来，进行了一些较大的变化，引起了一些争辩，促进了数学教育理论研究者的一些思考。

一、继续贯彻以学生为本的理念

从《全日制义务教育数学课程标准（实验稿）》的核心理念“人人学有价值的数学，人人都能获得必需的数学，不同的人在数学上得到不同的发展”到《义务教育数学课程标准（2011年版）》的核心理念“人人都能获得良好的数学教育、不同的人在数学上得到不同的发展”，可以看出，“人人”指的是学习数学课程的所有人，而不是指少数人；这里的数学教育是大众教育，而不是精英教育。它关注学生，以学生发展为本，让每个学生主动地、生动活泼地发展，尊重教育规律和学生身心发展规律办教育。课程改革走到今天，乃至于展望未来，我们完全可以充分相信，以学生发展为本的理念会继续得以贯彻。这也同样体现在《普通高中数学课程标准（实验）》以及修订稿之中。高中数学课程标准的修订稿明确指出，高中数学课程以学生发展为本，通过发展学生数学核心素养，整体实现高中教育阶段的育人目标。面向全体学生，使得：人人都能获得良好的数学教育，不同的人在数学上得到不同的发展。

二、倡导多元化的数学学习方式

《义教数学课标（2011年版）》明确提出“数学教学活动，特别是课堂教学应激发学生兴趣，调动学生积极性，引发学生思考，鼓励学生创造性的思维”，“学生学习应当是一个生动活泼的、主动的和富有个性的过程。认真听讲、积极思考、动手实践、自主探索、合作交流等，都是学习数学的重要方式。学生应当有足够的时间和空间经历观察、实验、猜测、计算、推理、验证等活动过程”。

《高中数学课标（实验）》明确提出，“倡导积极主动、用于探索的学习方式”，认为“学生的数学学习活动不应只限于接受、记忆、模仿和练习，高中数学课程还应倡导自主探索、动手实践、合作交流、阅读自学等学习数学的方式。”一方面强调学生学习方式的转变，有效实现从被动学习到主动学习，从接受学习到发现学习，从个体学习到合作学习，从封闭学习到开放学习，从静止学习到移动学习的转变①；另一方面渗透和倡导多元化的数学学习方式。每个人的学习方式不是单一，而是多元的。学生学习数学的过程是学生数学思考的过程，知识内容内化的过程。促进学生数学地思考应当成为数学教学的永恒的主题。教学模式与教学方法的改革应当围绕这一核心问题展开，为学生提供更多的参与机会，提供更多的思考空间，有利于学生学习方式的转变。

三、保持并发扬优良数学教育传统

中国人珍重传统，讲究继承优秀传统。在数学教育界，我们应当坚持中国传统数学教育中的精华，以及当代数学教育的有益探索，如“双基”“九九乘法表”“变式教学”等，坚持教师在教学中的主导作用、鼓励学生勤勉地学习、重视基础知识和基本技能的学习和训练、教研制度等，这些都是世代传承，是中国数学教育优良的标志。保持这些优良传统的同时，必须要与时俱进，《高中数学课标（实验）》明确提出要“与时俱进地认识‘双基’”。“熟能生巧”是我们的优良传统，尽量避免“熟能生笨”“熟能生厌”这样事情的发生。

四、东西方教育理念的进一步融合

“东学为体，西学为用”。20 世纪以来，我国一直围绕东学和西学之间关系展开争辩，从杜威教育思想的引进、布鲁纳教育模式的推荐，到建构主义思想、多元智能等，都在不断地与中国的传统文化进行碰撞，影响着中国的数学教育。在这个过程中产生了两种截然不同的观点：一是主张应当学习西方开放的、自主探索的、多元的数学教育观，给予学生更多的自主探索、自由发展的空间，这也体现在课程标准倡导的一些新型学习方式之中；另一种就是中国传统数学教育有着与西方不同的发展脉络，要重视“双基”，重视“双基”是我们数学教育的优良传统，应当保持与发扬，譬如在高中课标中明确提出要与时俱进地认识“双基”。课改十多年的历程表明，东西方教育理念与模式的融合仍然是需要今后持续探索的问题。

① 吴立宝，康岫岩. 学习方式的五个转变［J］. 教学与管理，2005（12）：1－3.

五、建立中小学教材的统一编委会确保课程的一体化

过去，我国中小学数学教材的编写分为两个编委会，使得小学到初中、初中到高中，部分内容衔接不够，不利于学生的数学学习。义务教育数学教材和高中数学教材要确保连贯，相互衔接，螺旋上升，避免两者间的相互分割。因此，今后发展趋势应建立中小学统一编委会，确保数学课程的连贯和一体化。这应该是未来中国数学课程的发展趋势，至少从管理体制上确保课程的一体化。高中数学课程标准的修订，根据当今时代的发展对人才培养的数学要求，提出了六个数学核心素养：数学抽象、逻辑推理、数学建模、数学运算、直观想象、数据分析。

阅读 9.1　新中国成立以来我国颁布的中学数学教学大纲以及课程标准

第二节　国际数学课程改革及其发展

一、课程标准呈现统一化趋势

随着数学及其教育的不断发展，如何选择适当的内容，采取适当的方式进行教学的问题越来越引起人们的重视，这也催生了数学课程的改革运动，统一课程内容和要求的“标准化”成为一种基本走向。纵观世界上许多国家的中小学数学课程，都试图通过研制数学课程标准来实现这一目标。但不同的国家数学课程标准的地位和作用是不同的，依据此，主要分为以下几类：

（1）有统一的课标，并在全国统一执行，如俄罗斯、法国、韩国、芬兰、荷兰、南非、日本、新加坡、英国等。

（2）有统一课标，但并不严格执行，如美国、澳大利亚等。

（3）没有统一课标，如加拿大现有 4 种数学课程标准：加拿大西北部教育协定组织课程标准，安大略省课程标准，魁北克省课程标准和大西洋省数学课程标准①。

下面以俄罗斯、法国、美国、澳大利亚等国家为例简单介绍一下课程标准的发展。

【俄罗斯】1993 年莫斯科数学会中学组研制完成的《国家数学教育标准（讨论稿）》刊登在《学校数学》杂志上。1994 年，各门学科的首批标准作

① 曹一鸣，王光明，代钦．十三国数学课程标准评介（高中卷）[M]．北京：北京师范大学出版社，2013：45.

为暂行标准获准实施。1998 年，俄罗斯出版了“莫斯科地区数学教育标准”，及由俄罗斯教育科学院研制完成的联邦（国家）各科普通教育标准，其中包括数学教育标准。2003 年 12 月 23 日，俄罗斯教育科学院主席团发布了《为实施普通教育大纲而制定的联邦普通教育国家教育标准联邦课程与联邦基础教学计划草案》的联合命令。2004 年 3 月 5 日，俄罗斯教育部发布《关于批准初等普通教育、基础普通教育、中等普通教育国家教育标准联邦课程的命令》，并且颁布了最新的国家普通教育标准，其中数学标准由三部分组成：小学、基础中学、完全中学。

2005 年，俄罗斯联邦政府决定开始研制第二代国家教育标准。2009 年 10 月 6 日，第二代国家教育标准中的小学部分审定通过，初中部分、高中部分也相继于 2010 年 12 月和 2012 年 5 月审定通过。俄罗斯教育部网站于 2012 年 6 月 7 日公布了第二代国家教育标准，即《联邦国家中等（完全）普通教育标准》及实施法令。

【法国】由于历史传统，法国对教育的管理，一直实行中央集权制。1982 年以后，国家决定将部分教育权力下放给地方，并采取一系列非集中化措施。国家和地方的权限划分有了很大变化，但是国家仍然保留着一些重要的权力：制定教育方针和教学大纲。法国在中央政府层面上管理基础教育的主要机构是国民教育部，其作为教育行政部门的根本任务是，确定方针和制度，进行统一的领导和管理。中小学的所有教学大纲、周课时、学年课时都由教育部统一制定，5～7 年修订一次。法国小学课标最新修订于 2008 年 5 月 22 日，中学的新数学课程标准印刷于 2008 年 8 月 28 日，是对 2007 年课标的修改。2009 年 11 月 19 日，法国教育部公布的“面向 2010 年的新高中”，主要针对普通高中和技术高中的一年级（2010 年实施）、普通高中的二年级（2011 年实施）和普通高中的三年级（2012 年实施）。法国此次改革的主要意图使法国教育与欧盟及国际射社会接轨，促进教育与学校的持续发展。

【芬兰】20 世纪 70 年代，芬兰国家级别的《基础学校课程框架》首次颁布。在 1991 年，芬兰政府将国家普通教育委员会和国家职业教育委员会合并，成立国窖教育委员会，负责不断发展基础教育、普通高中教育和职业高中教育的教育目标、教学内容以及教学方法，制定并推行国家核心课程，评估芬兰教育系统。1994 年，国家课程委员会颁布了新的《综合学校课程框架》，提出了分级课程结构：国家课程、地方课程与校本课程等。《基础教育国家核心课程 2004》是由芬兰国家教育委员会依据《基础教育法案》制定，并于 2004 年发布的最新版本的国家级别课程标准，是地方课程、校本课程的开发依据。《基础教育国家核心课程 2004》不仅仅是规定了各学科课程标准，也对基础教育的方方面面都进行了详尽的说明。《普通高中国家核心课程》于 2003 年颁布。

【美国】20 多年前，美国没有国家课程标准，教师基本上享有充分的自由，可以教任何他们想教的学科内容。不过自“标准化改革运动”以来，出现了由学校和学区制定教学内容，到州和国家制定课程标准的深刻变革。20世纪90年代起，美国数学教师委员会率先设置了数学学业标准（简称为NCTM标准）。2010年全美州长协会和美国首席教育官员理事会联合推出了《统一州核心课程标准》（Common Core State Standards），这是建立国家课程标准的又一次尝试，涵盖了K－12各个年级，包括数学与英语通识两个基础学科的课程标准体系。各州自行决定是否采用《统一州核心课程标准》，各州的标准可超越全国统一标准的核心内容，只要统一的核心内容占到州标准的85%以上。

【澳大利亚】2011年3月8日，正式公布了1.2版的数学课程标准（the Australian Curriculum Mathematics，ACM），这是澳大利亚第一个全国统一的课程标准，由澳大利亚课程设置、考评与报告管理局制定。当然由于新的全国统一课程标准与各州、领地现有课程有很大的不同，因此各学习领域之间，各州、领地之间在全国统一课程标准的实施方面可能有所不同，具体实施日期可以灵活机动，根据各地区所需解决的问题而定，使得澳大利亚目前是国家课程标准与地方课程标准并存的现状。澳大利亚高中数学课程的最新版本于2012年12月10日公布，课程文件为Senior Secondary Australian Curriculum：Mathematics。在此之前，澳大利亚各州（领地）自行制定当地的高中数学课程标准，因此，该课程标准也是澳大利亚历史上第一个全国性的高中数学课程标准。

二、提供多样课程，实施分流，尤其是高中段

选择性和多样性是当今数学课程的一个主要特征。特别是在高中阶段，根据学生的特点以及未来社会对人才的不同需求因材施教，实施分流成为主流。澳大利亚数学课程标准（ACM）中强调学习者的多样性，希望每一个学生都有权利通过课程的方方面面增加其学习经历，在高中阶段设置了四种课程，分别是数学基础课程、普通数学课程、数学方法课程、专业数学课程，以满足不同高中学生群体的学习需求。数学基础课程与国内职业高中数学课程类似，主要针对今后希望接受职业教育的高中生；普通数学课程与国内文科数学（必修＋选修1系列）类似，主要针对今后希望接受大学教育，但所学专业对数学要求较低的高中生；数学方法课程与国内理科数学（必修＋选修2系列）类似，主要针对今后希望从事大学教育，同时所学专业对数学要求较高的高中生。与我国高中数学课程相比，澳大利亚高中数学课程的突出特点在于专业数学课程的设置，该课程旨在帮助有数学特长的学生在高中阶段学习更高深的数学课程。专业数学课程主要针对在数学学习方面更具潜力的学生，充分满足了这部分学生在高中阶段的学习需求，也使他们的数学素养得到更好的培养。与此同时，澳大利亚各州（领地）均配备了针对专

业数学课程的评价体系。每年都有10%左右的高中生选择参加专业数学课程的高中毕业考试，从而获得相应的学分并取得申请大学的资格。

在荷兰，中学教育主要有VWO、HAVO、VMBO、PRO四种类型。VWO为学生继续在学术性大学深造做准备；HAVO是高等职业教育的预备学习阶段；而从VMBO毕业的学生将升入职业教育学习；PRO则是为那些难以完成VMBO最低层次的学生设置的，目的是帮助他们独立进入社会、融入社会。荷兰的中等教育分为两个阶段：基础中等教育阶段和高级中学教育。基础中等教育包括VWO（学制6年）和HAVO（学制5年）的前三年，以及VMBO（学制4年）的前两年。高级中学教育包括VWO的后三年，HAVO的后两年，以及VMBO的后两年。学生拿到了VMBO毕业证后还可以参加HAVO类教育的最后两年学习并参加HAVO考试。同样，拿到HAVO毕业证后也可以继续参加VWO类的最后两年学习并参加VWO考试。这样既保证了学生获得更为高等的教育机会的权利，又极大地减少因学生的年幼以及对自己认知不充分所带来的负面影响。正因为学生可能在VWO、HAVO、VMBO系统间转换流动，数学课程的课程充分考虑了这一点，"稀释"课程结构整好适应了这一需求：某种程度上看，HAVO的数学课程是通过稀释VWO的对应课程得到的，而VMBO则是通过稀释HAVO得到的。

德国的中等教育分为两个阶段，第二阶段相当于我国高中阶段，为学生提供理论方面和职业方面的教育，包括普通教育、普通和职业教育相结合的教育、主要职业教育，并且根据学生的学习能力分为六类：完全中学高级阶段、专科高中、职业专科学校、职业高中、职业学校和专科学校。根据芬兰国家教育委员会的规定，高中阶段的课程分为必修课程、选修课程和应用课程三类。① 新加坡的教育宗旨在于帮助学生发现自己的才能，发挥自己的特长并实现终身学习，因此从小学4年级便开始施行典型的分流制度，在课程结构的设置上，注重灵活多样，让选择继续学习深造或就业的学生都有适合自己的学些平台，力求不同类型的学生都得到相应的发展，在新加坡初中阶段可供选择的学校类型就有：普通初中、整合方案（将初中和初等专科学院整合而成）、专业独立学校（为具备数学、科学、艺术和体育方面特殊才能的学生所建立的学校）以及私立学校等。Pearson出版集团出版的Math Insights Secondary Normal分为Express、Academic、Technical三个系列。

这些国家从课程文件与具体的课程实施方面显示出对学生个性化发展的重视，特别强调对于学生选择性的培养，尤其是高中出现的不同系列的选修课程，这在世界各个国家均有不同程度的体现。日本数学课程提倡选择性学习，学习指导纲要中增加了选修课课时，使得课程具有一定的弹性，适合不

① 康玥媛，Fritjof Sahlström. 芬兰高中课程改革及高中数学课程标准评介［J］. 数学教育学报，2013，22（4）：11-15.

同学生的需要。瑞典的教科书按照学生不同的能力水平编写，学生可以根据自己的水平选择不同难度的学习内容。在教学方面，美国的班级编排基于学生的不同能力水平；荷兰和瑞典之所以强调自主学习也是基于个体差异的存在。这些数学课程标准中的平等原则、分流性课程的设置方案、选修课的设计、区分学生能力的教材编写以及强调学生自主学习的教学方式，都体现了各国数学课程重视学生数学学习过程中的个体差异。

三、数学课程改革发展趋势

通过世界上主要国家现行的数学课程标准（小学、初中、高中）课程理念、课程目标、课程结构、课程内容等方面的比较，了解国际数学课程改革的趋势，是一种比较可行的途径。下面以美国和澳大利亚等国家数学教材为例。

（一）注重问题解决

美国数学家哈尔莫斯认为，问题是数学的心脏，数学真正的组成部分是问题和解。提高学生发现问题、提出问题、分析问题和解决问题能力成为现在数学教育的重要目标。把数学教学看成发现问题、提出问题、分析问题和解决问题的过程，把问题看作研究性教学的动力、起点和贯穿教学过程的主线，使教学目标由问题来触动，使教学过程由问题来激活，师生交流需要问题来展开，教学评价需要问题来表达，在各个国家数学课程标准和教材中均有不同程度的体现。

澳大利亚数学课程的目标第二条是“发展对于日益复杂的数学概念的理解与认识，完善分析过程的顺畅程度，能够提出并解决问题”，在高中数学课程标准中，也明确说明了数与代数部分侧重于如何使用离散数学的技能来解决实际背景中的问题，测量与几何部分侧重于分析和解决一系列的几何问题，概率与统计部分涉及统计探究过程，从而解决统计问题。法国在初中课程总目标中提到，从有限的知识出发去从事真正的数学活动是完全有可能的，带着悬而未决的问题进行研究，满怀惊奇地去寻找那些能让自己信服的结论。在加拿大魁北克省的高中数学课程标准教育重点强调了三个方面，第一个就是强调学生解决问题。在德国中学阶段数学教育标准第三条就是：“在运用数学方法解决问题的过程中，锻炼解决一般问题的能力。”韩国高中数学目标提道：“用数学角度来考察各种现象和问题，并合理地、有创意地解决数学问题。”新加坡高中数学课程教育目标第三条是：“发展数学思维和问题解决能力，并将这些技能运用在问题解决之中。”英国数学课程标准（2014）草案的课程目标第三条是：“培养学生问题解决的能力，能应用他们的数学知识去解决那些难度不断增加的常规和非常规的问题，包括把复杂的问题转化为几个简单的小问题，从而最终找到问题的答案。”

在美国，与NCTM标准的“问题解决、推理与证明、交流、表征与联系”的目标要求相类似，《统一州核心课程标准》也提出了与内容标准相对应的一般性的数学实践标准（Standards for Mathematical Practice），第一条就是“理解问题，并坚持不懈地解决它们”。全美数学教师委员会2003年颁布的数学教师专业标准，分小学、初中和高中数学教师标准三类，每类标准都包括四大部分，分别为过程标准、教学法标准、内容标准和领域经历标准。在过程标准中第一条就是要求学生掌握“数学问题解决的知识”，要求教师知道、理解并应用数学进行问题解决的过程，“应用并修改各种合适的策略解决问题；解决纯数学问题以及在其他情境中包含的数学问题；通过问题解决建立新的数学知识；检测并反思数学问题解决过程”。这也体现在美国IM数学教科书之中，教科书的设计理念以问题解决为主，而问题多以探究形式呈现。在IM教科书中每小节包括的探究数量一般为2～4个，譬如IM 1第9章9.1“理解方程”中包括三个小探究，分别是“探究1：等式与不等式”“探究2：带变量的方程”“探究3：指令和方向”，三个小探究构成对方程的初步理解。该教科书在每章第一节有一个探索，给出一个带有启发性的现实生活问题或者数学问题，引起学生探究，带着问题开始本节的学习，譬如在IM 1第1章“多边形、角与圆”第1节“几何模式”中，给出一个探索问题：在图9-1中，有多少个方格？（提示：答案超过16个。）在方程第一节中给出了一个有关等式挑战的游戏，增强学生的兴趣，提高学生解决问题的能力。里面还穿插了一个数学链接：详细介绍了等号“＝”的历史，Robert Recorde于1557年在他的著作Whetstone of Witte中首次使用，并且解释到“没有比这种符号更能表示相等了”。接着，就是小节核心内容，每一个小探究的模式类似，这些小探究组合在一起来呈现本节的主要概念、命题、例题以及解题策略等，探究是循环上升、逐步深入的，给予学生自主学习的空间。下面以6年级方程内容为例说明。

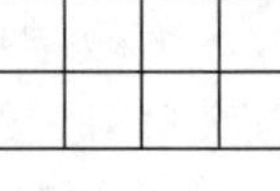

图9-1

探究1：等式与不等式。该部分主要要求学生掌握等式与不等式，重点是说明不等式，给出小探究的词汇：不等式（inequality）。引进三个常用的表示不等关系符号：≠，<，>，并分别给出符号、含义以及相应的例子。然后紧跟着6个语句，要求学生对其进行思考与讨论：上面语句哪些是正确的？哪些是错误的？对错误的能否通过改一个字、一个符号或者数字使其变成正确的？在教科书中该部分没有给出明确的答案。后面是一个类似于中国教科书的课堂练习（Develop and Understand），主要是为了巩固刚才出现的不等式这个概念，加强理解。在有些小探究里面还会出现更多的类似练习。最后是一个分享与摘要（Share and Summarize），解释等式与不等式的差异，并分别举出一个例子；给出等式或不等式的反例，并揭示如何变化使其正确。在该部分希望学生能举出合适的案例，依托案例进行说明，提高学生例证能力，锻炼学生举一反三的能力。现实生活是数学知识的原型，可以有效锻炼学生“举三反一”的数学归纳能力，掌握知识之后，训练学生“举一反三”的数学应用能力，把学到的新知识应用于新的情境之中。

在新加坡数学课程标准中，数学问题解决处于数学学习的中心位置，包括非常规问题、开放性问题以及真实情境问题等诸多情况下获得和运用数学概念和技能的能力，提出了数学课程框架的五边形模型，2000 年对大纲重新进行了修订，但是数学问题解决仍然是中小学教学大纲及其课程的中心主题。在南非国家高中数学课程标准设置了 9 个课程目标，其中第 9 条“教学过程中要注重对学生进行‘问题解决’和‘认知能力’的培养”①。培养学生解决问题的能力对于他们成为对社会有用的公民是非常必要的。为此数学课程和数学教学中需要为学生提供大量具有挑战性的问题，譬如那些需要数小时、数天甚至数周才能解决的问题，以及那些过程或者结果是开放的，甚至不一定有唯一确定答案的问题。

（二）注重数学与生活、数学与其他学科之间的综合

澳大利亚数学课程的目标第三条是“认识到数学各个领域与其他学科之间的联系，并将数学看成是可以学好、乐于学习的一门学科”；在高中普通数学课程目标提到“培养学生运用数与代数、几何与三角函数、图与网络以及统计学等不同学习领域中所设计的概念和方法解决应用问题的能力”。德国高中数学标准要求数学课程达到以下目的：“运用数学来认识和理解技术、自然、社会和文化现象，并从数学的角度对其进行批判；在解题过程中，通过数学语言、符号、图像和公式的意义，来认识和理解数学及其内部和外部的问题。”新加坡高中数学课程指出要“认识并运用数学思想间的联系，以及数学和其他学科间的联系”。美国的内容标准中的“关联”部分强调“帮助学生认识不同数学思想的内在联系，并能对此加以应用；理解数学思想如何彼此相关从而构成了一个协调的整体；能在数学以外的情境中辨认、应用和学习数学”。荷兰的数学教育以“现实数学教育”（Realistic Mathematics Education）思想而闻名于世，倡导数学必须联系现实，贴近学生的经验和社会生活。法国的中学数学课程标准认为，数学研究具有普遍性，可以用来研究不同的领域，如物理科学、资源与环境科学、技术、物理等，其中一些学科与数学学科有着特别紧密的联系，数学为它们提供了有效的方法和手段，反过来，它们为数学提供了问题的背景。例如，在园林艺术和建筑中所采用的一些几何原理是属于空间艺术；在园林的铺设建设中，角度的问题就设计了视觉艺术；在语言艺术中，一些文学构造可以建立在数学原理上，使得学生受到艺术学的熏陶。芬兰高中数学课程标准要求在教学过程中，检验数学与日常生活之间的联系，有意识地利用好任何机会，发展学生的个性。

① 李娜，曹一鸣，Lyn Webb. 南非国家高中数学课程与评价标准评介［J］. 数学教育学报，2013，22（4）：6－10.

日本初中数学学科目标中提到重视数学与日常生活的密切联系，将数学思维运用到日常生活中，并扩展到其他学科中。注重与生活的联系，是现在国际数学课程改革的另外一个特点。

在教材方面，新加坡的数学教材有着丰富的实际背景，充满着对现实生活的描述；日本的初中数学课程设置了“课题学习”；荷兰的 Profi 高中现实数学系列教材，揭示了数学与物理、化学、生物科学之间的联系。同样的情形也体现在澳大利亚的数学教材之中。在澳大利亚 HMZ8 教材中每章内容知识后面基本都有一节以上内容，单独讲本章相应知识的应用，凸显对数学应用的重视。此外，每一节课后习题以及章复习题中明确用“应用”(Applications) 类题目，并且这部分习题数量占习题总量的比例为 38.5%，共有 447 道，其背景与澳大利亚的一些社会现状相关，贴近学生生活，注重数学新知与现实生活以及其他学科间的联系，有利于把数学作为解决实际问题的工具，增强数学建模意识，彰显数学应用价值。这使学生容易发现数学扎根于生活，与社会、科技文化有着密切的关系。在学生应用新知解决问题的过程中，有利于发展学生对日趋复杂和精准的数学理解、熟练程度、逻辑推理、分析思考过程，以及问题解决技能，使得学生能够通过应用数学策略做出明智的决定，并高效地解决数学问题，以应对熟悉和陌生环境。在澳大利亚 HMZ 设置了一些开放性问题，譬如 HMZ 8 中，共有 1160 道习题，其中有 119 道开放性问题，这些题目均要求学生利用本节学到的知识，结合自己的经历，自编相关的问题，有利于提高学生表达和解释数学论据的技能，掌握数学表达、数学表示和数学运用的技能。① 美国 IM 教科书尤其强调多学科联系，使得多个学科整合在一起，直接在习题中表明数学知识如何应用于各个学科的，并且明确标出主题，如数学与物理：物理为数学创设问题情境，数学为物理提供解决问题的方法。此外，数学与化学、生物学、地理、经济、物理等多方面的联系，在这套教科书中的体现也很多。这使学生在一个比较广阔的知识上获得对数学多维度、多层面的认识，获得对其他学科的真正理解，有助于学生在一个综合知识背景下形成良好的数学素养。②

(三) 注重现代信息技术的作用

澳大利亚高中普通数学课程的课程目标的第五条是“培养学生适当且有效地选择和使用技术的能力”。新加坡高中数学课程教育目标中明确提到“在数学学习和应用中有效使用各种数学工具（包括信息和交流技术手段）”，在具体内容要求方面，也提到“在考试中允许使用没有计算机代数

① 吴立宝. 中澳数学教科书的习题比较研究——以人教社和 HMZ8 年级教科书为例 [J]. 数学教育学报，2013，22 (2)：58 - 61.

② 吴立宝，宋维芳，杨凡. 美国 IM 数学教科书编排结构特点及启示 [J]. 外国中小学教育，2013 (8)：60 - 64，34.

系统的图形计算器。试卷的命制以应试者可以使用图形计算器为前提。一般情况下，除非题目有特别说明，直接由图形计算器得出的没有提供具体解题过程的答案是允许的”。世界各国普遍重视信息技术在数学教与学中的作用。在课程标准方面，美国 NCTM 标准中明确提到“技术原则：数学教学应该使用技术来帮助所有学生理解数学，并为越来越技术化的社会中应用数学做好准备”；新加坡教育部提出的教育目标的重要方面之一就是“信息技术”，在数学学习和应用中有效使用各种数学工具（包括信息和交流技术手段）；澳大利亚课程标准认为数字技术的发展不仅对数学思想的发展有所贡献，还为数学中的探究活动提供了新的工具支持；加拿大安大略省课程标准提到现代技术的作用“使用 ICT 可以有利于创造教学情境，提高教学质量并支持学生‘做’数学；瑞典课程目标中强调，“培养使用微型计算器和计算机的能力”；新加坡允许学生使用没有计算机存储功能的图形计算器。由于科技支持学习进程，从而减少了花费在常规数学任务上的时间。南非高中课程标准第一条课程目标中规定“允许学生不借助计算器解决问题，计算器的使用仅在验证答案的时候使用”。课程标准提供了大量的例子来介绍如何使用多媒体资源、数据库、掌上电脑的辅助装置和计算机辅助学习平台，以丰富学习资源和途径。在《数学课程中信息技术运用的国际比较研究——基于中国等十四国小学初中数学课程标准的研究》一文中，从课程标准中提及信息技术使用的次数来看，最少的是美国（2 处）和芬兰（2 处），其次是日本（3 处）和俄罗斯（5 处），其余除荷兰外，各国的课标中对信息技术的提及均在 20 处以上，最多的为中国（44 处）和澳大利亚（53 处）。荷兰、澳大利亚、中国、英国、法国、德国在代数与数、图形与几何、统计与概率这三大类课程内容上都提及信息技术的使用，同样是覆盖三类基本课程内容，但具体对象的要求和使用程度却有所不同。

在数学教材方面。在澳大利亚 HMZ 教科书明确规定使用 TI-Nspire CAS 或 Classpad 图形计算器，每册书的正文前面都有一个“Using the TI-Nspire CAS in Year 7（8 或 9 或 10）”“Using the Classpad in Year 7（8 或 9 或 10）”的使用说明，其功能比我国学生的计算器强许多，TI-Nspire CAS 图形计算器和 Classpad 卡西欧可以进行计算、画图、检验等多项工作。以 HMZ 9 VE 为例，使用 TI-Nspire CAS 部分说明，包括开始、混合运算、代数应用、画草图、毕达哥拉斯定理与三角几何、数据应用，其应用涉及数与代数、测量与几何、概率与统计三个内容领域，与澳大利亚 2011 年公布的 1.2 版数学课程标准（The Australian Curriculum Mathematics）明确规定在数与代数、测量与几何、概率与统计三个内容领域都使用图形计算器相吻合。美国 IM 教科书力图反映信息技术与数学课程的相互促进与紧密结合，不仅给学生提供了丰富的学习环境和资源，而且有助于他们把精力集中在问题的思考和探究上，促进学生的数学学习。教材中有专门介绍如何运用现代技术（计算机、计算器）解决数学问题的章节。荷兰的 Profi 高中现实数学系列教材所设计的一个重要维度是“技术：计算机和科学计算器是必不可少的教学工具”。日本高中课程教学 B（部分选修）设置了“统计和计算机”。

在教学方面，美国数学课堂上用计算器的比例非常高，根据 2000 年的调查，9～12 年级，有 80％的数学课堂用到计算器，现在比例应该更高；新加坡的信息技术活动如今已充分地整合在数学教学过程之中，在考试时要求命题者以应试者可以使用图形计算器，除非做了特殊说明，一般情况下，由图形计算器得出的未经证实的答案是可以的。以上这些都充分说明了各国数学课程重视信息技术的使用。

（四）注重夯实基础

数学教育要面向全体学生，人人都能获得良好的数学教育，不同的人在数学上得到不同的发展，数学教育的大众化是时代发展的必然。美国数学教育虽然一再强调应用和创新，但是在《成功的基础：国家数学咨询组最后报告》报告中反复提到“基本概念的理解、过程的流利”“对关键主题的熟练、熟练是代数的基础、计算熟练、熟练计算依赖于充分和适当的练习”等，这也体现在新教育法《不让一个孩子掉队》（No Child Left Behind）中。在美国统一核心州数学课程标准中也力求为所有的学生提供平等的受教育的机会和资源，尽量确保所有学生获得同等水平的课程、教学材料与经验。澳大利亚数学课程也强调要求“在数与代数、测量与几何以及统计与概率方面为学生提供必需的数学知识和数学技能”。芬兰教育的核心理念就是为所有人建设好学校，而不是为部分人，折射出大众教育的韵味。南非国家课程与评价标准中要求所有学科遵循的准则明确提到“确保过去教育不均衡的程度得到改善，以及为所有我们国家的人民提供平等的教育机会”（第一条），“每个年级的学生都应该掌握最低标准所要求的知识和技能，还要为所有科目设置更高的但是能被学生所掌握的知识与技能的标准”。加拿大安大略省课程标准的基本原则就是“所有学生都可以成功地学习数学”。英国数学课程标准（2014）草案的课程目标第一条是：“熟悉数学的基础知识，包括能通过多变的和难度不断加大的练习来解决各种复杂的问题，目的是使学生对知识有概念性的理解并能回忆起所学的知识，从而应用所学知识快速而精准地解决问题。”

在教材方面，澳大利亚 HMZ 教材设计理念符合大众教育思想的，不是精英教育，而是重在基础，是为学生成为一名积极有用的公民服务。在其理论部分概念与命题大多数是以案例为载体，直观描述为主，贴近学生的生活实际，照顾大多数学生。对于一些法则命题，更是注重程序化的描述，知道具体如何使用操作，这也体现在例题设计上，所有例题均有详细的分析过程，注重从陈述性知识向程序性知识的转化，利于学生按图索骥，进行模仿性练习，规范基本格式，巩固基础知识，形成基本技能，学会解题奠定基础。譬如在澳大利亚 HMZ8 中课后习题有 47％的习题属于技能类型，这部分习题与例题匹配程度高，主要以学生掌握基础知识、形成基本技能为主，尤其是运算能力的培养，为巩固概念或者重要的公式、法则而设置的，都是属于基础试题，意在培养学生对于数学概念与命题的理解与认识，增强学好数学的信心，有利于提高学生在工作以及日常生活中所需要的计算能力，也为将来从事数学专业的学生学习提供必要的数学基础①。同样的结论也体现在美国 IM 教科书里面，注重基础知识的掌握和基本技能的形成。

（五）注重多文化融合

在数学课程发展的过程中，由于不同的教育传统和文化背景，欧美国家的数学教育与东亚国家的数学教育称为东西方数学教育，被视为数学教育的两个极端。随着东西方数学教育的交流和理念的碰撞，数学教育走向了融合，东方学西方，西方借鉴东方，慢慢趋于中和，出现以本国文化为底蕴，有机整合不同文化的教育教学倾向。尤其是澳大利亚，由于是移民国家，学生群体之间有较大差异，并且学生参差不齐，故在课程标准中单列有“学习者的多样性”这一部分内容，在澳大利亚课程中提到学习的学生有多重、多样、变化的需求，这些需求的形成源于个人的学习历史、个人的能力以及个人的文化语言背景和社会经济因素，在 ACM 中提出了七项一般能力，其中一项就是“跨文化理解”能力：“中国、印度以及其他一些亚洲国家正在快速发展，对全球的影响也在扩大。因此，对亚洲的了解将有助于澳大利亚学生能力的提高，并有助于将澳大利亚建设成为和谐共处的社会。”美国统一州核心数学课程标准中宣称借鉴了数学教育先进国家的经验，以确保学生在未来的全球化竞争中取得成功。南非国家课程与评价标准提到“提供的教育在质量、宽度以及深度方面可以与其他国家做比较”。

注重多文化融合教科书中也体现得较为明显，譬如在澳大利亚 HMZ 正文内容里面渗透大量的数学史内容，结合本国一些人文、自然景观进行渗透，进行数学文化教育，此外还以开放的视野接受其他国家的文化元素，譬如 HMZ 7 第 1 章第 1 节“数字系统（Number Systems）”讲到“阿拉伯数字系统”“埃及数字系统”“罗马数字系统”“巴比伦数字系统”“中国当代文字数字系统”；在第 1 章第 3 节“魔方（Magic Squares）”一节中，明确提到“洛书（the Lo-Shu magic square）”，是指大禹治水的故事，据说，大禹在洛水的一个神龟贝壳上看到了“洛书”（即九宫图），后面习题还提到美国伟大的思想家和发明家本杰明·富兰克林（Benjamin Franklin）发现一个 8×8 魔方。在数学活动中出现“计算长城”（Calculating the Great Wall），以中国的长城为背景素材以及相应的数学问题，还讲了中国中世纪出现的

① 吴立宝，曹一鸣，董连春．澳大利亚初中 Heinemann 数学教科书编排结构特点及启示［J］．数学教育学报，2013，22（5）：21－26．

算盘。

了解国际上其他国家数学课程的发展，有利于进一步推进我国数学课程改革。由于各国的历史文化背景不同、国情不同以及教育改革面临的问题等均有差异，因此需要批判的借鉴吸收。他山之石，可以攻玉，我们只有中西兼容并蓄，取长补短，才能更好地完善我国的数学课程，使得我国数学课程改革之路更顺畅。

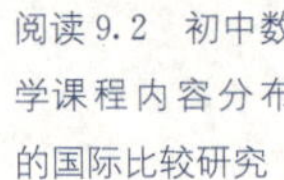

阅读9.2　初中数学课程内容分布的国际比较研究

拓展阅读

曹一鸣，严虹. 高中数学课程内容的国际比较研究［J］. 数学通报，2015（7）.

思考题

1. 国际数学课程改革的主要趋势是什么？

2. 国际数学课程标准的地位和作用有哪些主要类型？对我国课程标准的研究有什么参考价值？

3. 你认为我国高中数学课程设置是否需要分流，如果你认为需要分流，如何设置分流方案？

4. 数学课程中应如何重视信息技术与中学数学课程的整合？

5. 数学课程改革应如何处理好本国的文化传统与国际化之间的关系？